集团信息化项目委托
代理风险治理理论与实务

韩姣杰　主编

WUHAN UNIVERSITY PRESS
武汉大学出版社

图书在版编目(CIP)数据

集团信息化项目委托代理风险治理理论与实务 / 韩姣杰主编 .
武汉 : 武汉大学出版社，2024.12. -- ISBN 978-7-307-24647-8

Ⅰ. F272.7-39

中国国家版本馆 CIP 数据核字第 2024BK7695 号

责任编辑:唐 伟　　　责任校对:鄢春梅　　　整体设计:韩闻锦

出版发行: **武汉大学出版社**　　(430072　武昌　珞珈山)

(电子邮箱: cbs22@ whu.edu.cn　网址: www.wdp.com.cn)

印刷:武汉图物印刷有限公司

开本:787×1092　1/16　印张:11.75　字数:268 千字　插页:1

版次:2024 年 12 月第 1 版　　2024 年 12 月第 1 次印刷

ISBN 978-7-307-24647-8　　定价:48.00 元

前　　言

随着信息技术的发展，企业信息化已经成为全球发展的总趋势。集团型企业的信息化建设具有规模大、高复杂性等特点，由于企业技术能力等方面的限制，为了保证信息化项目的成功实施，企业在信息化建设过程中需要多方专家提供支持。众所周知，企业信息化面临着众多的不确定因素和诸多的风险，并且随着参与的代理人数目的增多，信息的不对称程度就会加大，风险也会越大。因此，防范委托代理风险，建立风险治理机制是降低信息化风险的有效措施之一。

通过综合分析当前的学术文献和研究动态，可以发现：在企业信息化项目的委托代理关系以及风险治理方面，现有的研究相对较为有限。尽管已有的研究成果为我们提供了一定的理论基础和实践指导，但与信息化项目快速发展的步伐相比，这些研究仍然显得不足。随着信息化项目的不断成熟和规模的日益扩大，项目参与主体也日益多元化。监理、咨询方、系统集成商等第三方机构开始逐步加入信息化项目，这不仅丰富了信息化项目的传统参与模式，也对原有的信息化委托代理模式产生了深刻的影响。这种多元化的参与模式，在一定程度上有助于分散和规避原有模式可能带来的风险，但同时也引入了新的风险因素。这些新的风险因素，包括但不限于第三方机构的专业能力、合作协同性、信息共享程度等，都可能对信息化项目的顺利实施产生影响。因此，原有的 IT 风险治理研究在面对这种新的参与模式和风险因素时，已经显得力不从心，难以满足当前信息化项目风险管理的实际需要。在此背景下，学术界和实践界都需要对信息化项目的风险治理进行更深入、更全面的研究。这不仅需要我们对现有的风险治理理论进行更新和完善，也需要我们探索适应新参与模式的风险管理策略和方法。同时，还需要加强对第三方机构的管理和协调，确保其能够在信息化项目中发挥积极的作用，共同推动企业信息化的健康发展。

在当前信息化快速发展的现实背景下，本书旨在深入探讨集团企业在实施信息化过程中如何妥善处理各方利益关系，以及如何有效识别和规避潜在风险，从而为企业提供坚实的理论支撑和实践指导。本书的研究工作将遵循以下步骤：首先，本书将通过广泛的文献收集和综述，全面了解当前学术界和实践界在信息化项目中的委托代理关系和风险治理方面的研究进展和现状。这一步骤将包括对国内外相关研究的梳理，以及对现有理论、方法和实践案例的深入分析。在充分了解研究现状的基础上，本书将针对集团信息化项目中的委托代理关系进行深入的分析。这将涉及对不同参与方的角色、责任、利益和风险的系统梳理，以及对各方之间相互作用和影响的探讨。进一步地，本书将基于对委托代理关系的分析，构建相应的风险模型。这些模型将用于识别和评估集团信息化项目中可能出现的各种风险，包括技术风险、管理风险、市场风险等，并为风险的量化分析和评价提供科学的方法和工具。最后，本书将根据委托代理关系分析和风险模型的研究成果，提出一个全面的集团信息化风险治理体系。该体系将涵盖风险识别、评估、监控、应对和沟通等各个环节，为集团企业提供一套系统化、科学化的风险管理框架和策略。通过上述研究步骤，本书希望能够为集团企业在实施信息化过程中的风险治理提供有益的理论指导和实践参考，帮助企业更好地平衡各方利益，有效应对风险挑战，促进信息化项目的顺利实施和企业的可持续发展。

本书的内容主要包括以下几个方面：

（1）项目风险管理与治理。阐述项目风险、项目风险管理、项目风险治理与IT风险治理的相关概念和理论。

（2）集团信息化项目中的多层委托代理关系研究。作为本书的重点，本部分深入探讨了集团信息化项目中的委托代理关系，并将其细化为不同的层次。对每个层次中的委托代理关系进行了详尽的分析，揭示了不同层级间的相互作用和潜在问题。

（3）委托代理风险分析。本部分以委托代理理论为基础，识别了影响委托代理风险的关键因素，并构建了相应的风险模型。这一模型旨在量化风险的大小，为风险管理提供决策支持。

（4）基于委托代理的企业信息化风险治理研究。在前人研究和本书对集团信息化委托代理关系的分析的基础上，本部分提出了一个基于委托代理理论的信息化项目风险治理体系。该体系包括风险识别、评估、监控、应对和沟通等关键环节，为集团企业提供了一套系统化的风险管理策略。

（5）实例研究。为了验证理论模型和风险治理体系的实用性，本书选择了C集团和T集团企业信息化建设作为案例进行深入分析。本书最后部分以C集团和T集团的信息化实施为背景，对其在实施过程中遇到的问题进行了剖析，并提出了有针对性的风险治理建议。

本书的研究和出版得到了国家自然科学基金面上项目（项目编号：72271246）的资助。作者在此还要感谢中南财经政法大学管理科学与工程专业项目管理方向研究生颜涵、张婷、杨业兴在本书撰写和整理过程中付出的努力，有了他们的帮助，本书才得以顺利完成。

由于本书是以现实案例为背景形成的，因此具备一定的可操作性和实用性，为集团型企业实施信息化建设的风险治理机制建立提供了理论支持。本书可作为管理科学与工程项目管理专业本科生和研究生的专业课教材，并可供项目管理专业管理人员阅读。

鉴于作者才疏学浅，书中出现纰漏在所难免，恳请读者批评指正。

韩姣杰

2024 年 3 月

目　　录

第1章 项目风险管理与治理

1.1 项目风险及其管理

1.1.1 风险、项目管理与项目风险

1. 风险的含义

风险无处不在，它是人类历史上长期存在的客观现象，不仅存在于我们的日常生活中，并且同我们的生产活动紧密地联系在一起。人们对于风险的认识是在同风险的不断斗争中逐渐深化的。一般来说，风险表示为损失的不确定性，但不同领域的学者对风险的内涵并没有统一界定。国外学者 Willett 最早提出关于风险的定义，他将风险界定为"风险是关于不愿发生的事件发生的不确定性之客观体现"，该定义强调两点：一是风险是客观存在的，是不以人的意志为转移的；二是风险的本质是不确定性（Willett，1901）。美国经济学家奈特从概率角度对风险下了定义，认为"风险"（Risk）是客观概率已知的事件，而"客观概率"未知的事件叫作"不确定"（Uncertainty）。日本学者武井勋认为："风险是在特定环境中和特定期间内自然存在的导致经济损失的变化。"国内学者中，郭晓亭等人认为风险因素、风险事件和风险结果是构成风险的基本要素，风险因素是风险形成的必要条件，风险事件是风险存在的充分条件，行为主体承担风险结果的可能性（郭晓亭等，2004）。丁齐英等人将风险简单定义为"未来结果的不确定性对目标的影响"，并划分为广义风险和狭义风险。广义风险强调风险表现为不确定性，有可能导致损失或者收益，从而致使目标不能按期实现或者提前实现，广义风险适用于金融风险分析；狭义风险更强调风险表现为损失的不确定性，其只能导致损失，而并不能使人从中获益，这种损失会影响到目标的顺利实现，狭义风险适用于保险理论与实务中（丁齐英和魏玖长，2022）。杜端甫教授从风险要素的交互角度解释风险的本质，认为风险是指损失发生的不确定性，是人们对未来行为的决策及客观条件的不确定性而可能引起的后果与预定目标发生多种负偏离的综合，并给出了如下数学公式：

$$R = f(P, C)$$

其中，R 表示风险，P 表示不利事件发生的概率，C 表示不利事件发生的后果。

综上所述，风险包括以下三方面的内涵：①风险是不确定性。风险首先是指项目实施过程中不确定事件发生的概率对目标项目产生的不利影响。其次是产生结果的不确定性，

即损失程度的不确定性(尤完,2021)。例如,沿海地区每年都会遭受或大或小的台风袭击,有时安然无恙,有时却损失惨重。但是人们对未来年份遭遇的台风是否会造成财产损失或人身伤亡以及损失程度如何却无法预知。②风险是损失的不确定性,风险是可测定的不确定性,是指事前可以知道所有可能的后果以及每种后果的概率。不确定性对项目的影响可能是不利的影响,也可能是有利的影响。风险是损失的不确定性强调风险对项目的不利影响给项目造成的损失。对于项目来说,对项目有利的影响并非项目的风险,只有那些对项目不利的影响,才能给项目带来损失,这些才是项目的风险,才需要对其进行管理与治理。③风险是实际结果与预期的偏差。预测多是以过去实际的数据对未来变化情况进行估计,然而未来实际情况不可能完全与预测相吻合,往往会偏离预期的结果。实际结果与预期结果较大的负偏差可能为风险,这种偏差可以用数理统计的方法进行分析。

2. 风险的特征

(1)客观性。风险是由客观存在的自然现象和社会现象所引起的,而自然现象和社会现象都有自身的发展规律,所以风险是客观存在的。也就是说,风险的存在取决于决定风险的各种因素,不管人们是否意识到风险,只要决定风险的各种因素出现了,风险就会出现,它是不以人们的主观意志为转移的。因此,要减少和避免风险,就必须及时发现可能导致风险的因素,并进行有效管理。从另一方面看,在项目活动过程中,产生风险的因素又是多种多样的,要完全消除或有效控制风险也是不可能的,很多因素本身就具有不确定性,如技术、环境、汇率、通胀率等。因此,风险总是客观存在于项目活动的各个方面。风险的客观性要求人们应充分认识风险、承认风险,采取相应的管理措施,以尽可能降低或化解风险。

(2)突发性。风险的产生往往给人一种突发的感觉。人们面临突然产生的风险,往往不知所措,其结果是加剧了风险的破坏性。风险的这一特点要求我们加强对风险的预警和防范研究,建立风险预警系统和防范机制,完善风险管理系统。

(3)二重性。风险损失与收益是相辅相成的。也就是说,决策者之所以愿意承担风险,是因为风险有时不仅不会产生损失,如果管理有效,风险甚至可以转化为收益。风险越大,收益可能就会越多。从投资的角度看,正是因为风险具有二重性,才促使投资者进行风险投资。

(4)潜在可变性。无论是风险因素的性质还是风险事故的影响都会随着活动的进程而发生变化。风险因素的可变性包括风险性质的变化与风险量的变化。风险性质的变化与风险量的变化是指某些风险随着活动时间的推移、风险管理技术水平的提高或降低等,原有风险因素的性质、种类和量会发生变化,一些风险因素可能减弱或消失,也可能产生新的风险因素。例如,企业在生产经营管理中面临的市场就是一种处在不断变化过程之中的风险。当市场容量、消费者偏好竞争结构、技术资金等环境要素发生变化时,风险的性质和程度也将随之改变,因而要求实施动态、柔性的风险管理。

(5)相对性。主体的地位和拥有的资源不同,对风险的态度和能够承担的风险就会有差异,拥有的资源越多,承担风险的能力就越大。不同组织或个体面临同一风险时的态度与防控能力有较大差异，这就表现出风险的相对性。风险的相对性具体包括风险影响、风险承受能力以及风险应对措施的相对性。风险的相对性要求我们在管控风险时充分考虑不同主体和决策的影响，制定有针对性的风险管控策略，并通过实施有效的风险管理措施、持续监控与改进来降低风险对目标的影响。

（6）不确定性和可测性。不确定性是风险的本质，形成风险的核心要素就是决策后果的不确定性。这种不确定性并不是指对事物的变化全然不知，人们可以根据统计资料或主观判断对风险发生的概率及其造成的损失程度进行分析，风险的这种可测性是风险分析的理论基础。虽然风险的不确定性增加了人们认识和把握风险的难度，但只要掌握了风险管理的科学理论，系统分析产生风险的内外因素，恰当地运用技术方法和工具手段，就能有效管控风险。

（7）多样性。随着项目和项目环境的复杂化、规模化，在一个项目中往往存在着许多不同种类的风险，如政治风险、经济风险、技术风险、社会风险、组织风险等，而且这些风险之间存在着交错复杂的内在联系，它们相互影响，交互作用。因此，必须对项目风险进行系统识别和综合考虑。

（8）发展性。人类社会在自身进步和发展的同时，也创造和发展了风险，尤其是当代高新科学技术的发展与应用，使风险的发展尤为突出。风险的发展性主要表现在以下三个方面：第一，某些风险消失了。随着人类的进步，一些固有的疾病已经在地球上的某些国家和地区彻底消失了。第二，某些风险减少了。随着人们素质的提高，人们的一些不良行为逐渐减少，如不乱扔烟头、遵守交通规则等，均可在一定程度上减少风险事故的发生。第三，新的风险出现了。随着新产品、新技术的出现，人们又会面临着一系列新的、不确定的风险，如原子弹和核技术的发展，会带来核污染及核战争等风险。

3. 项目管理的概念

项目是在限定的资源及限定的时间内需完成的一次性任务。具体可以是工程、服务、研究课题及活动等。为了在预定的时间内实现特定的目标，必须推行项目的科学管理。项目管理，从字面上理解应是对项目进行管理，即项目管理属于管理的大范畴，同时也指明了项目管理的对象应该是项目。

项目管理既具有一般管理共有的内涵，又有自身的个性需求。项目管理有两种不同的含义，一是指一种管理活动，即一种有意识地按照项目规律特点，对项目进行组织管理的活动。二是指一种管理学科专业，即以项目管理活动为研究对象的一门学科专业，是探求项目活动科学组织管理的理论与方法。基于上述的认识，所谓项目管理，是以项目为对象，对项目资源进行有效整合以达成项目预定目标与责任的动态创造性活动过程。

动态创造性活动过程，是指运用系统理论、思想及其技术方法，对项目全过程实施全系统、全寿命的系统管理。在项目寿命周期管理过程中，进行资源的有效配置，综合权衡和系统优化性能、时间、费用等项目活动，不断做出科学决策，在预定的时间内成功地达成特定的项目目标。项目的特点也表明，它所需要的管理及其技术方法与一般作业管理不同。一般的作业管理只需对效率和质量进行考核，并注重将当前的执行情况与前期进行比较；而在传统的项目管理中，尽管一般的管理技术方法也适用，但项目管理是以项目经理负责制为基础的目标管理，是以项目活动为基础，以便实施对时间、费用和人力的预算控制并对技术、风险等进行管理。在现代项目管理过程中，更加注重人的因素，注重用户，注重柔性管理，强调进度、费用、质量和风险的和谐统一，追求利益相关者的满意度和项目目标的综合优化，并已形成完整的学科体系。因此，项目管理的一个主要方面就是要对项目中的不确定性和风险因素进行科学管理。

4. 项目风险的内涵

项目风险广泛存在于各种项目中，并往往会在项目立项、实施和推进的过程中带来一些障碍。项目与风险多种多样，每一个项目都会有各自具体的问题，但项目中也存在如下的共性问题：

第一，由于信息的不对称性，项目组织者不能够完完全全地了解项目各组成部分的全部知识。第二，项目各个组成部分不是简单的线性加总关系，难以厘清项目各组成部分之间复杂的非线性逻辑关系。第三，项目处于动态发展变化中，风险难以被及时发现和应对。第四，项目处于一种复杂的环境之中，环境的不确定性会导致项目的最终结果偏离预期。

结合风险的含义和项目管理概念，本书认为，项目风险是指在项目生命周期内，由于不确定的项目及其环境和条件，以及项目相关利益主体不能对影响因素进行准确的预测或控制，从而导致项目最终结果与相关预期有所偏离，造成项目损失的风险。随着项目的不断发展，各种风险相互交错、相互作用，对项目的顺利进行产生联合阻碍，这就体现出项目风险管理的重要性。为了控制项目风险或者对项目风险进行有效的管理，有必要对其进行科学的认识和分析。

5. 项目风险的分类

每个项目所具有的风险不同，处于不同阶段的项目，其风险表现形式也不同。为了全面地认识项目风险，以帮助项目团队更好地识别、评估、监控和应对风险，依据不同的维度和标准，项目风险会被划分为不同的类别，如图 1-1 所示。

(1)按风险来源划分。根据项目风险来源或损失产生的原因可以将其分为外部风险和内部风险。外部风险是指外部环境中存在的不确定性因素，如在自然力作用下财产毁损或人员伤亡的风险。内部风险指内部环境对项目(目标)产生影响的不确定性，具体可细分为行为风险、组织风险和管理风险等。行为风险是指由个人或组织的不当行为导致的财产毁损、人员伤亡的风险；组织风险是指由项目相关方的关系不协调以及其他不确定性而引起的风险；管理风险是指管理层在经营活动中所面临的失误或其他不确定事件的可能性，这种风险主要源于管理过程中的信息不对称、管理不善、判断失误等因素。

(2)按风险性质划分。根据风险性质的不同将其划分为纯粹风险和投机风险。纯粹风险是指不能带来机会、不能获利的风险。纯粹风险只能导致没有损失或者造成损失这两种结果。纯粹风险造成的损失是绝对的，也就是说整个社会因为活动主体蒙受损失而跟着受

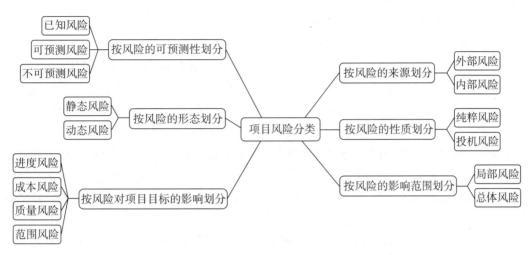

图 1-1　项目风险分类

损。投机风险是指既有可能带来机会、获利，又有可能隐含威胁、造成损失的风险。投机风险可能会导致没有损失、造成损失或者获得利益这三种后果。当一项活动由于投机风险受损时，整个社会并不一定受损，相反，其他人甚至可能会从中获利。在一定条件下纯粹风险和投机风险是可以相互转换的，项目管理人员需要尽量避免投机风险转化为纯粹风险。

（3）按风险影响范围划分。根据风险的影响范围可以将其划分为局部风险和总体风险。局部风险影响范围小，总体风险影响范围大，这两种风险是相对的。项目管理组织有必要更为关注总体风险。例如，项目所有的活动都可能被拖延，但是如果较为关键的活动被延迟的话，整个项目的完成日期就要被推迟，这就形成了总体风险。非关键路线上活动的延误通常是局部风险。

（4）按风险的可预测性划分。根据项目风险可预测性的不同，可以细分为已知风险、可预测但结果不确定的风险以及不可预测风险三类。已知风险：这类风险是项目执行过程中较为常见且易于识别的，通过详尽的项目分析和计划制订，可以明确其存在并预测其可能带来的后果。尽管已知风险的发生概率较高，但由于其可预测性，通常能够采取相应措施减少损失，将其控制在较低水平。项目管理中典型的已知风险包括：进度计划过于乐观、项目目标设定不清晰或频繁发生的施工方案变更等。可预测但结果不确定的风险：此类风险虽能根据历史经验或专业知识预判其发生的可能性，但具体结果却难以精确预测，其潜在影响可能相当严重。项目管理中常见的例子有：分包商因故延误交付、关键仪器设备突发故障、业主审批流程冗长导致项目停滞等。这些风险要求项目团队具备高度的应变能力和风险管理策略，以减轻其潜在的不利影响。不可预测风险：这类风险具有高度的不确定性和突发性，其发生概率及具体影响均难以预测，常被称为未知风险或未识别风险。它们往往源自外部环境或新兴因素，如战争、自然灾害（如地震）、政策急剧变动、经济通货膨胀等。面对此类风险，项目管理者需保持高度警惕，建立灵活的应对机制，以减轻其对项目整体目标的冲击。

(5)按风险发生的形态划分。根据风险发生的形态划分，区分为静态风险与动态风险两大类别。静态风险，顾名思义，是存在于相对稳定的社会经济环境中的风险类型。它主要源于自然界的不可抗力因素的不规则作用，以及人类因误解或不当行为所引发的风险事件。简而言之，静态风险是那些相对可预见且受自然环境与人类行为直接影响的风险。相对而言，动态风险则紧密关联于社会经济的动态变化之中。它是由社会经济环境的变迁、生产方式的革新、工程技术的进步、管理组织的调整以及人们偏好与需求的变化等多种因素直接触发的风险。在当前的全球化与快速变革的时代背景下，社会经济结构的复杂性加剧，工程实践日新月异，使得动态风险的研究显得尤为重要。它要求我们不仅要关注风险的即时影响，还需深入分析其背后的深层次原因与长远趋势，以便更有效地识别、评估与应对这类风险。

(6)按风险对项目目标的影响划分。根据风险对项目目标的影响可以将其细分为进度风险、成本风险、质量风险和范围风险等。进度风险指的是影响项目按时完成的风险，这种风险主要源于项目实施过程中某些环节或整个项目的时间延误。成本风险是指影响项目预算的风险，这种风险主要源于项目实际成本超出预算的可能性。质量风险是指影响项目成果质量的风险，这种风险主要源于项目成果未能达到预定标准或要求的可能性。范围风险是指影响项目范围的风险，这种风险主要源于项目范围的不确定性或变化。

1.1.2　项目风险管理的发展概况

风险是无形的，其管理过程充满了挑战。正是这些挑战，驱使着人们在与风险不懈的较量中，不断深化对风险本质的理解，并逐步构建起一套相对成熟和完善的风险管理系统理论框架。在这一历程中，若干重大事件扮演了至关重要的角色，基于这些标志性事件所引发的风险管理变革，并结合学术界对风险管理演进路径的深入研究，我们可以将风险管理的发展大致划分为四个阶段。

1. 风险管理的启蒙阶段

风险管理理论的初步形成可追溯至保险业的诞生背景中。其思想根源深植于古代的商业实践之中，具体体现在公元前 916 年国外的共同海损(general average)制度和公元前 400 年的船货押贷制度。航海贸易不仅承载着财富的希望，也伴随着巨大的风险。为了应对这种不确定性，当时的商人们逐渐形成了一种共识：当为了船舶与货物的共同安全而不得不牺牲部分货物时，由此产生的损失应由所有因此受益的各方按比例共同承担，这便是"共同海损"原则的雏形。与此同时，中国古代商朝时期，长江沿岸的商家们也已展现出朴素的风险管理智慧。他们采取了一种独特的方式来减少货物运输过程中的风险——将货物分散装载于同一条航线上行驶的不同船只之上。这种做法不仅体现了对风险分散原则的初步应用，也展示了古代商人在面对自然与市场的双重不确定性时，表现出的智慧与策略。这些早期的实践，虽未形成系统的风险管理理论，但无疑为后世风险管理思想的发展奠定了坚实的基础。

2. 传统风险管理阶段

18 世纪产业革命时代，以流水线为特征的大工业生产，促进了产品生产效率的提升和企业经营管理的普及。在这一背景下，法国管理学家亨利·法约尔（Henri Fyaol）在其著作《一般管理和工业管理》中，开创性地将风险管理思想正式引入企业经营管理领域，标志着企业管理者们开始积极审视并应对由市场波动、技术革新、人力资源变动以及管理决策本身所带来的各种不确定性因素及其潜在影响。

作为系统的科学方法，风险管理则产生于 20 世纪初的德国。第一次世界大战之后德国发生了严重的通货膨胀，造成经济衰竭，因此提出了包括风险管理在内的企业经营管理等问题。但是，风险管理理论则始于美国。1931 年，美国管理协会保险部开始倡导风险管理，并进行风险管理及保险问题研究。风险管理真正在美国工商企业中引起足够重视而得到推广则始于 20 世纪 50 年代。当时，美国企业界发生了两件大事：其一是美国通用汽车公司的自动变速器装置引发火灾，造成巨额经济损失；其二是美国钢铁行业因团体人身保险福利问题及退休金问题诱发长达半年的工人罢工，给国民经济带来难以估量的损失。这两件大事强化了人们对风险管理的重视程度，促进了风险管理在企业界的推广，引发了风险管理的蓬勃发展，因而，美国也被认为是风险管理的重要发源地。

在 20 世纪 70 年代，风险管理的概念、原理和实践已传播到加拿大和欧洲、亚洲、拉丁美洲的一些国家。在欧洲，日内瓦协会（又名保险经济学国际协会）协助建立了"欧洲风险和保险经济学家团体"，该学术团体的会员都是英国和欧洲其他国家的大学教授，讨论风险管理和保险学术问题。美国的风险与保险管理协会（Risk & Insurance Management Society）是美国最重要的风险管理协会之一；1978 年，日本风险管理协会（JRMS）成立；英国则有工商企业风险管理与保险协会（AIRMIC）。

在传统风险管理阶段，风险管理活动主要聚焦于信用风险和财务风险的评估与控制。尽管针对这两类风险的测量技术取得了显著进步，但风险管理的研究范围仍显狭隘，往往局限于单一、局部或独立的领域，未能全面覆盖复杂多变的风险管理挑战。风险管理的方法论缺乏系统性和全局视角，难以有效应对多维度、跨领域的风险交织问题。此外，这一阶段的风险管理往往采取事后应对的被动策略，即仅在管理者明确识别到风险存在后，才会启动相应的处理和管理措施，缺乏前瞻性和预防性。

3. 现代风险管理阶段

20 世纪 80 年代末 90 年代初，随着科技、金融和工商业的不断发展，企业所处的环境更加发展化、动态化，从墨西哥金融危机、亚洲金融危机到巴林银行、爱尔兰银行等事件中可以看到，这些事件导致的损失不是由单一风险造成的，而是由信用风险、市场风险和操作风险等多种风险因素交织作用而导致的，从而使人们充分认识到，在动态变化的复杂环境条件下，一个组织或企业，不同部门或不同业务的风险，其不再是单纯的单向作用，而是多项的复合影响作用。因此，必须从风险复合影响作用、企业寿命周期的角度来看待风险，于是形成了全面风险管理的思想理论（沈建明，2018）。全面风险管理形成和发展的主要标志如下：

第一，在众多企业中，原先以零散、非集中化方式管理企业风险的管理者角色已被直接向董事会汇报工作的高级风险管理专家所取代。在 1933 年，这一职位名称——"首席风险总监"（Chief Risk Officer, CRO）首次被启用。CRO 的设立，不仅是风险管理领域从传统模式迈向现代模式的分水岭，更象征着现代风险管理新时代的开启。

第二，1995 年由澳大利亚标准委员会和新西兰标准委员会成立的联合技术委员会经过广泛的信息搜集、整理和讨论，并多次修改，制定和出版了全球第一个企业风险管理标准——澳大利亚/新西兰风险管理标准（AS/NZS4360，以下简称澳洲风险标准）。该标准的特点是适用范围广泛，为各行业各部门的风险管理提供了一个共同框架，在全世界国家和地区广受欢迎（严复海等，2007）。从澳洲风险标准诞生之日起，一些发达资本主义国家纷纷效仿，制定全国性的风险管理标准，指导和推动了风险管理的发展。

第三，整体风险管理的思想形成及成熟。整体风险管理理论认为：对一定量的风险进行控制是金融风险管理的最终目的，风险管理必然要涉及风险偏好和风险估价因素，将金融风险管理中的价格、偏好和概率三要素综合起来进行系统和动态的决策，从而实现对风险的全面控制。由于整体风险管理的思想一般仅适用于金融界，在实践的驱动下，更加完备通用的风险管理理论体系正在逐步形成。

4. 全面风险管理阶段

1999 年，《巴塞尔新资本协议》形成了全面风险管理发展的一个推动力，《巴塞尔新资本协议》将市场风险和操作风险纳入资本约束的范围，提出了资本充足率、监管部门监督检查和市场纪律三大监管支柱，蕴含了全面风险管理的理念。

进入 21 世纪，尤其以 2001 年美国遭受恐怖主义袭击、安然公司倒闭等重大事件为标志，风险事件的发生使众多企业意识到风险是多元的、复杂的，必须采用综合的管理手段。全面风险管理的概念获得广泛认同。2004 年，COSO（The Committee of Sponsoring Organizations of the Treadway Commission）适应时代要求，出台了《企业风险管理-整合框架》。COSO 的风险管理整合框架中的风险管理概念、内容、框架构成了现代全面风险管理理论的核心。COSO 的全面风险管理框架的出台，对学术界、企业界的风险管理研究与实践产生了巨大影响，促进了全面风险管理发展。

风险管理和项目管理的日益普及，迫切需要更为规范的项目管理学科体系作为理论基础，于是世界各国的项目管理专业组织纷纷建立各自国家的项目管理知识体系。我国也于2001 年 5 月由中国优选法统筹法与经济数学研究会项目管理研究委员会正式推出了中国的项目管理知识体系文件《中国项目管理知识体系》，对风险管理也进行了详细规范，以作为项目管理规范化运作的理论基础和技术指南。2006 年 6 月，国务院国有资产监督管理委员会发布《中央企业全面风险管理指引》，这是中国的第一个全面风险管理指导性文件，也标志着中国开始走上风险管理的中心舞台，并开启风险管理的新篇章（刘俊颖，2021）。可以预见，随着我国经济建设速度的不断加快、国际化进程的不断深化，项目风险管理的理论和实践必将在我国跃上一个新的台阶。

1.1.3 项目风险管理的内涵

1. 项目风险管理的含义

早在20世纪初，第一次世界大战的硝烟散去后，德国便率先倡导在重建过程中实施风险管理策略，其核心聚焦于风险的有效控制、合理分散、充分补偿、灵活转嫁、前瞻预防以及必要的回避与抵消等多元化手段。相比之下，美国直至20世纪50年代才逐步转向全面风险管理的轨道，而欧洲的一些发达经济体则是在20世纪70年代才广泛接纳这一先进理念。美国国防部认为，风险管理是一种用来解决风险的实践活动。比如，制订风险问题规划、评估风险、拟定风险处理备选方案、监控风险管理状态。目前比较权威的定义是由美国的小哈罗德·斯凯博（Skipper, 1998）提出来的：风险管理是指经济主体通过对风险的识别、评估和处置，以最小的成本赢得最大安全保障的一种管理活动（尹晓阳，2011）。这一定义既说明了风险管理的本质、目的和基本程序，也与当代实际经济生活相契合，受到学术界的普遍认可（范道津，2010）。

项目风险管理是指项目承担单位对项目全寿命期内可能遇到的风险进行预测、识别、分析、评估，并在此基础上采取措施，提出对策，减少风险的损失，从而实现项目目标的科学管理方法（马海英，2017）。项目风险管理的目标是控制和处理项目风险，防止和减少损失，减轻或消除风险的不利影响，以最低成本取得对项目保障的满意结果，保障项目的顺利进行。项目风险管理的目标通常分为损失发生前目标和损失发生后目标，这两者共同组成风险管理的系统目标。其主要内容是控制和处理项目风险，预防和减少损失，减轻或消除风险的负面影响，尽量用最低的成本取得比较满意的项目安全保障结果，以保证项目的顺利进行。项目风险管理的主体是项目管理组织。项目风险管理要求项目管理组织主动应对风险事件发生后出现的各种状况。当项目管理人员处理复杂的、不同性质的多重风险时，需要着眼全局，抓住最关键问题。

从系统论与过程管理的视角审视，项目风险管理构成了一个复杂而系统的过程，它紧密嵌入项目管理流程的每一个环节，成为不可或缺的有机组成部分。这一过程涉及诸多相互关联的因素，要求项目管理者运用广泛的系统工程管理技术和方法，以确保项目在面对不确定性和风险时能够稳健前行。

2. 项目风险管理的基本原则

项目风险管理的首要目标是避免或减少项目损失的发生，进行项目风险管理主要遵循以下原则：

（1）全面性原则。全面性原则就是要用系统的、动态的方法进行风险控制，以减少项目过程中的不确定性，主要表现在项目全过程的风险控制、对全部风险的管理、全方位的管理、全面的组织措施等。

（2）经济性原则。在进行项目风险管理时，经济性原则是不可忽视的。它要求项目团队在实施风险管理活动时，要充分考虑成本和效益的平衡。虽然投入更多的资源可以降低风险，但过度投入也可能导致项目成本上升，影响项目的整体效益。因此，经济性原则指导我们在风险管理过程中寻求最佳的投入产出比。

（3）灵活性原则。面对复杂多变的项目环境，灵活性原则强调项目团队应具备快速响应和调整的能力。当风险发生时，项目团队能够迅速作出决策，调整项目计划、资源分配等，以减轻风险对项目的影响。灵活性原则还要求项目团队在制订风险管理计划时，预留一定的缓冲余地，以应对可能出现的不确定性。

（4）社会性原则。项目风险管理计划和措施必须考虑周围地区及一切与项目有关并受其影响的单位、个人等对该项目风险影响的要求。同时风险管理还应充分注意有关方面的各种法律、法规，使项目风险管理的每一步骤都具有合法性。

（5）持续改进原则。持续改进原则是项目风险管理的长期目标。它要求项目团队在每次项目结束后，都要对风险管理过程进行回顾和总结，提炼经验教训，以便在未来的项目中不断完善和优化风险管理策略。通过持续改进，项目团队可以逐步提升风险管理能力，为项目的成功提供更有力的保障。

1.1.4 项目风险管理的适用范畴

通过上述对项目管理、项目风险以及项目风险管理的分析可以看出，项目风险管理，无论是从不同种类的项目出发，还是从不同种类的风险着手，其研究内容都具有复杂性和广泛性。为确保项目管理的有效性和针对性，有必要对项目风险管理进行一定的范围界定。

首先是适用的项目类型。由于风险是普遍存在的，项目风险管理是普遍适用的，可应用于军事、工业、高新技术、建筑等各个不同领域中，下面从不同角度阐述适合风险管理的项目。从项目分类角度，风险管理尤其适用于以下一些项目：

（1）工程项目。工程项目是项目风险管理最常见的应用领域之一。这些项目包括建筑工程、基础设施项目(如公路、桥梁、隧道等)、能源项目(如水力发电站、风力发电场等)等。在这些项目中，风险管理对于确保项目安全、控制成本、保障进度和质量至关重要。

（2）研发项目。研发项目通常涉及新技术、新产品的开发，具有高度的不确定性和风险性。风险管理在研发项目中可以帮助项目团队识别技术风险、市场风险、财务风险等，并制定相应的应对策略，以最大程度地降低风险对项目成功的影响。

（3）金融项目。金融项目(如投资、融资、保险等)涉及大量的资金流动和复杂的金融交易，因此风险管理尤为关键。金融项目风险管理需要关注市场风险、信用风险、流动性风险等多种风险类型，并制定相应的风险管理措施，以确保项目的稳健运行。

（4）跨国合作项目。跨国合作项目涉及不同国家、不同文化、不同法律体系的合作，面临着政治风险、文化风险、法律风险等多种复杂风险。通过有效的风险管理，可以确保项目在跨国合作中顺利推进，避免或减少因风险导致的损失。

其次，从项目特性的维度考量，风险管理对于具备以下特征的项目尤为关键：高创新性与广泛应用新技术的项目；前期预研不足、蕴含众多不确定因素的项目；项目目标尚未最终明确的项目；设计、施工与科研并行模式的项目；涉及巨额投资的项目；受多重外部条件限制及业主严格监管要求的项目；高度依赖外部资源或合作伙伴的项目，当项目高度依赖外部供应商、服务提供商或合作伙伴时，其稳定性和可靠性成为关键风险因素，风险管理需关注供应链安全、合作伙伴风险评估及备选方案制定；数据密集型或技术驱动型项目，随着大数据、人工智能、云计算等技术的广泛应用，数据安全、隐私保护、技术兼容性和创新风险成为重要议题，需建立完善的数据治理体系和技术风险防控机制；以及承载重要政治、军事、经济或社会影响力的项目。此外，还包括代表国家意志与行为的重大项目等，均应作为风险管理的重点对象。

最后是项目风险管理措施的限制。项目风险管理的领域和管理措施，与保险有显著的区别。项目风险管理不仅关注纯粹风险的识别与量化，还涉及对这些风险的综合评估与优先级排序。这意味着管理者需要具备敏锐的洞察力，能够准确判断哪些风险对项目目标构成最大威胁，并据此制定相应的应对措施。而保险只是对付纯粹风险的一种方法。风险管理与安全管理之间亦存在显著区别。尽管安全管理或损失管理构成了风险管理框架内的重要一环，但风险管理的全貌远不止于此。它涵盖了风险识别与量化之后的策略选择与决策过程，这使得项目风险管理的范畴超越了单一的保险与安全管理领域。同时项目风险管理并不等同于应急管理。风险管理的核心理念在于对未来潜在的不确定性事件及其潜藏的危险进行前瞻性的识别、评估与预防控制，体现了一种主动性的管理策略。相反，应急管理则侧重于在事件已然发生后的迅速响应、处理与控制，更多地表现为一种应对性的行动方案。因此，两者在目标与执行时机上存在本质区别。项目风险管理是一个不断优化和改进的过程。随着项目的推进和外部环境的变化，原有的风险管理策略和措施可能会逐渐失效或不再适用。因此，项目管理者需要保持高度的警觉性和创新意识，不断总结经验教训、探索新的风险管理方法和工具，以不断提升项目风险管理的水平和效果。

1.1.5 项目风险管理的作用

随着科学技术和社会生产力的大发展，项目活动的规模化以及技术和组织管理的复杂化突出了项目管理的复杂性和艰巨性。作为项目管理的重要一环，项目风险管理对保证项目实施的成功具有重要作用和意义。项目风险管理的研究和推广应用，对于项目组织具有重要的现实指导意义，能以最经济的资源消耗将项目风险损失降到最低程度，可靠高效地保障项目预定目标的达成。其作用主要体现在以下几个方面：

（1）项目风险管理在推动项目实施决策过程中发挥着至关重要的作用，它促进了决策的科学化与合理化，显著降低了决策所伴随的风险水平。项目风险管理利用科学系统的方法，管理和处置各种项目风险有利于承担该项目的项目组织减少或消除各种经济风险、技术风险、决策失误风险等，这对项目科学决策、正常经营具有重大意义。

（2）项目风险管理能为项目组织提供安全的经营环境。处置项目风险提供了各种措施，从而消除了项目组织的后顾之忧，使其全身心地投入各种项目活动中去，保证了项目的稳定发展。

（3）防止危机发生或控制风险后果的蔓延。项目生命周期中可能会遇到各种风险，特别是对于大型工程项目而言，其技术的高度复杂性、研制周期的漫长性以及诸多不确定因素的存在，使得各种潜在风险尤为显著且易于发生。这些风险一旦触发，其后果可能各异：有的影响较为轻微，而有的则可能引发连锁反应，初期看似不严重的状况最终可能演变为灾难性的后果。更有甚者，某些风险起初可能仅存在于项目局部，但随着时间的推移和事态的发展，其影响范围可能迅速扩大至整个系统层面。因此，进行项目风险管理有利于对早期风险进行防范，防止危机发生或不良后果的蔓延。

（4）项目风险管理能促进项目组织经营效益的提高。项目风险管理是一种以最小成本达到最大安全保障的管理方法，它将有关处置风险管理的各种费用合理地分摊到产品、劳务之中，减少了费用支出，同时项目风险管理的各种监督措施也要求各职能部门提高管理效率，减少风险损失，这也促使项目组织经营效益得到提高。

项目风险管理的研究和推广应用不仅对单个组织有重要意义，而且对整个社会的发展都有积极的作用：

（1）项目风险管理在推动社会经济健康发展方面扮演着关键角色。面对环境快速变迁、竞争日益激烈以及资源日益稀缺的挑战，我国社会经济建设正处于一个充满不确定性的环境中。特别是随着全球经济一体化的深入，我国经济建设更加需要科学且全面的风险管理机制。项目风险管理通过有效识别、评估与控制社会经济建设中的各类风险，减少了不确定性因素，规范了社会经济行为，为我国社会主义市场经济的稳健前行提供了强有力的保障。

（2）项目风险管理在优化资源配置、提升资金使用效率方面展现出显著优势。它并非简单地承担风险，而是积极采取预防与控制措施，最大限度地减少风险带来的损失，并通过合理的风险补偿机制，引导社会资源和资金向更具潜力和效益的产业部门流动。这一过程不仅有助于消除或减轻因风险存在而造成的资源浪费，还促进了社会资源和资金的良性循环，为国民经济产业结构的优化升级提供了有力支撑。

（3）项目风险管理是经济社会稳定发展的重要基石。其有效实施能够显著减少风险对经济、社会造成的直接损失及间接影响，保障社会生产的顺畅进行，为经济稳定增长和效益提升创造有利条件。同时，各组织通过项目风险管理机制的建立与完善，有效维护了经济社会的整体稳定与持续发展，为社会的和谐与繁荣奠定了坚实的基础。

1.2　项目风险治理

1.2.1　项目治理的概念

现代管理学范畴中的"治理"一词源于拉丁语，有"统治"或"掌舵"的意思，在希腊文中则有"舵手"之义。无论是一个国家，还是一个地区；无论是一个非营利组织，还是一个营利性组织，都需要治理。治理决定了组织运营的目标和方向，治理的有效性决定了组织目标的实现程度。治理有四个特征：①治理是一种过程，不是一套规章制度，也不是一种单纯的活动。②治理过程的基础是协调，而不是控制。③治理不仅有私人部门，还有公共部门。④治理是一种持续的交互活动，不是一种静态的规范制度。

项目治理概念的出现与项目管理和公司治理密切相关，涉及项目、项目母组织等多种层面，涵盖计划、指挥、协调、控制等多种功能，涉及单一组织发起项目和多个组织共同完成项目等多种情景。为了更好地理解项目治理的含义，我们先明确项目管理和项目治理的区别。从过程模型的角度来看，项目管理针对过程内部，力求整合已有资源来高效、可靠地实现目标；项目治理针对过程外部，如设定项目目标和约束条件、提供资源等。APM(Association for Project Management)将项目治理类比于公司治理，项目治理的目的是确保项目目标与组织目标一致，保证项目实施过程的有效性和可持续性。Ahola 等(2014)通过文献综述，将项目治理分为外部治理和内部治理两个方面。其中，内部治理来源于项目所有者，确定项目目标并提供相应资源；外部治理面向项目的利益相关方，目的在于通过设定各个利益相关方在项目中需要遵循的"游戏规则"来保证目标和期望的实现。王卓甫等(2014)辨析了项目管理与项目治理的概念，认为项目治理面向组织和人，目的是实现对交易合同的监管。严玲等(2014)由项目委托代理链的特殊性，构建了包含公共项目与市场环境的利益相关方共同治理结构，提出内部治理与外部治理的概念，前者指内部利益相关方的参与，后者指外部环境的制约作用，并将公共项目治理绩效、治理水平量化。

综上所述，多数学者提出的概念具有相关性，但是不具有继承性，即后者不是在前者的基础上发展而来的。由于项目的规模越来越大，同时项目利益相关方在项目中所发挥的作用越来越大，更多的项目需要利益相关方之间的合作，传统的项目管理的相关理论主要关注项目中单一利益相关方管理问题，难以系统性解决项目中遇到的问题。因此，项目治理越来越受到相关研究机构以及学者的重视。本书沿用丁荣贵所提出的关于项目治理的观点，项目治理即建立和维护项目利益相关方之间规制关系的过程，该过程可以降低治理角色承担的风险，为确立项目以及实现其目标提供可靠的管理环境。项目治理的主要工作是设定项目目标，提供完成项目所需资源，决定实现项目目标的方法和监控绩效的手段(丁荣贵等，2012)。

1.2.2 项目风险治理的内涵

项目风险管理已经发展得比较成熟，项目风险治理则是针对各种不同的风险采取不同的措施进行控制或排除，项目风险治理与项目风险管理在管(治)理主体、管(治)理目标以及管(治)理核心内容上存有差别，具体如表 1-1 所示。

表 1-1 项目风险治理与项目风险管理比较

类别	管(治)理对象	管(治)理主体	管(治)理目标	管(治)理核心内容
项目风险治理	单项目	项目利益相关方	实现项目目标和相关方满意	相关方的治理角色关系
项目风险管理	单项目	项目经理	实现项目目标	完成任务的时间、费用和质量

因此，本书认为，项目风险治理是一个系统性的流程，涵盖了规划、识别、深入分析、制定应对策略、持续监测及有效控制项目风险的各个环节，通过计划、组织、指挥、协调等职能，综合运用各种系统、科学的方法来保证项目顺利完成。风险治理具有生命周期性，它贯穿于项目实施的每一个阶段，要求在各个阶段均需实施风险治理活动，随着项目推进及风险状况的动态变化，风险治理策略需相应地进行灵活调整与优化，以实现全生命周期内风险管理的动态化、精准化控制。

项目的开发是具有生命周期的，如图 1-2 所示，本书将其细化为四个关键阶段。首先是项目投资前期，这一阶段聚焦于项目的启动与规划，包括项目的正式立项以及深入探索市场需求与定位。第二阶段是投资建设期，此阶段涵盖了对项目进行全面可行性研究的重要工作，以及为项目顺利推进所必需的资金筹措活动。第三阶段是项目的试运行期，这一阶段侧重于项目的实际测试与研发调整，确保技术方案的可行性与有效性。第四阶段是项目的验收期，此阶段标志着项目成果的转化与应用，同时需深入分析市场需求，为项目的市场推广与商业化运营奠定基础。在项目生命周期的每一阶段，都伴随着各自独特的风险挑战。投资前期，技术的不确定性构成了主要风险；进入投资建设期后，风险范围扩大至资金筹措、技术实现以及项目管理等多个维度；项目试运行期间，资源调配、人力资源配置及管理效能成为风险防控的重点；而到了验收期，市场风险则成为影响项目成功与否的关键因素。除了上述各阶段特有的风险外，项目全周期还可能遭遇政策变动、政治环境不稳定以及自然灾害等不可预测的外部风险，这些风险因素同样需要项目团队保持高度警惕，并制定相应的预防与应对措施。

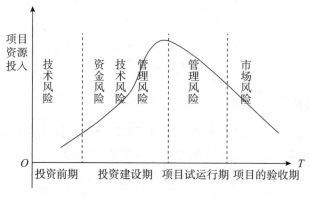

图 1-2　项目生命周期中面临的风险

1.2.3　项目风险治理的全过程

项目风险治理的主体是项目治理者以及各利益相关方的代表（包括项目业主，银行等金融机构，政府相关部门，项目设计、施工、监理方等，供应商，项目用户等）。图 1-3 为项目风险治理的主体，其中牵头负责方可以为项目治理团队。项目风险治理的客体是项目所面临的风险或不确定性，实施重大项目应设置专门的风险治理机构和相应的风险负责人。

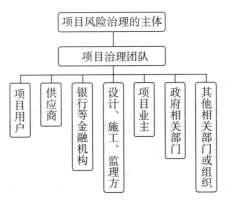

图 1-3 项目风险治理的主体

本书认为项目风险治理的内容应该包括项目风险治理规划、项目风险识别、项目风险评估、项目风险处理和项目风险监控这几个方面：

1. 项目风险治理规划

项目中的各项治理活动几乎都离不开规划，规划工作的质量集中地体现了一个组织治理水平的高低。风险治理规划是风险治理工作大纲，是项目全寿命周期治理总要求的一个组成部分。风险治理规划是对整个项目生命周期内如何组织和进行风险识别、风险分析、风险应对、风险监督和控制的规划。在项目风险治理规划阶段需要考虑以下两方面的问题：①风险治理策略是否正确、可行。②实施的治理策略和手段是否符合总目标。项目风险治理规划包括风险治理方法、风险判断的依据、风险评价基准、风险分析人员以及信息收集与沟通等方面的内容。

制订项目风险治理规划的目的是通过主动地、系统地对项目风险进行全过程识别、评估及监控，降低项目风险、减少风险损失，甚至化险为夷、变不利为有利。这些目的贯穿项目风险治理的全过程。具体来看，我们制订项目风险治理规划的目的主要有以下四个：①尽可能消除风险。②隔离风险并使之尽量降低。③制订若干备选行动方案。④建立时间和经费储备以应付不可避免的风险。可见，制订项目风险治理规划的目的，简言之，就是强化有组织、有目的的风险治理思路和途径，以预防、减轻、消除或遏制不良事件（风险事件）的发生及发展。

项目风险治理规划是规划和设计如何减少项目风险的过程。项目风险治理规划对于能否成功进行项目风险治理、完成项目目标至关重要。其主要内容包括定义项目组及成员，确定项目风险治理的行动方案及方式，选择合适的风险治理方法，确定风险判断的依据等。项目风险治理规划主要用于对风险治理活动的计划和实践形式进行决策。它形成的规划结果是整个项目风险治理全寿命周期的战略性与指导性纲领。项目风险治理规划就是为了实现风险的可控制、可治理的特性。单个风险应对策略及措施将在风险应对计划中制

15

定。在进行风险规划时，主要应考虑的因素有项目风险治理策略、预先定义角色和职责、雇主的风险容忍度、风险治理模板和工作分解结构等。

2. 项目风险识别

风险识别是风险治理过程的基础环节，该环节要了解研究对象具体存在什么样的风险，对与风险有关的信息进行收集、鉴别和整理，并遵循相应的原则建立风险指标体系（皮光林，2016）。项目风险识别是真正开始实施项目风险治理的第一步，是项目风险评估、项目风险控制、制定项目风险应对措施等项目风险治理工作的基础，项目风险识别的好坏，直接决定着项目风险的成败。所以，项目风险识别是项目风险治理的首要工作，是实施项目风险治理的重要内容。从概念上说，项目风险识别就是对存在于项目中的各类风险源或不确定性因素，按产生的背景、表现特征和预期后果进行界定和辨识，对项目风险因素进行分类的过程。实质上，项目风险识别就是确定何种风险事件可能影响项目，并将这些风险的特性整理成文档，进行合理归类。

可见，项目风险识别是项目治理者识别风险来源、确定风险发生条件、描述风险特征并评价风险影响的过程。项目风险识别需要确定一个相互关联的要素系统，这个要素系统包括以下三方面内容。①风险来源，主要来自于项目的内、外部环境变化，如时间、费用、技术、法律等。②风险事件，给项目带来积极或消极影响的事件。其内容主要涉及三个方面：风险事件可能的后果、风险事件的预期和风险事件发生的频数。③风险征兆，又称为触发器或预警信号，是指示风险已经发生或即将发生的外在表现，是风险发生的苗头和前兆。例如，项目治理没有按照计划程序进行，或者项目组成员矛盾重重，沟通欠缺，组织混乱，关键资源没有应急获取措施等都是项目风险的触发器。

理解项目风险识别，需要研究其与其他项目风险治理工作不同的方面。项目风险识别具有的特征如下。①项目风险识别者身份的独立性。项目风险的识别不只是项目经理或项目组个别人的工作，而是项目个体成员参与并共同完成的任务。项目风险识别的参加者主要包括：项目经理、项目团队、项目实施组织的项目风险治理人员、项目业主、技术专家和其他项目相关利益主体，这些参加项目风险识别的人员应该尽可能客观独立地识别项目的风险。②项目风险识别的系统性。项目风险无处不在，无时不有，决定了风险识别的系统性。项目生命期过程中的全部风险都属于风险识别的范围。③项目风险识别的动态性。项目风险识别并不是一次性的，它是一项贯穿项目全过程的风险治理工作，在项目计划、实施甚至收尾阶段都要进行项目风险识别。虽然项目风险涉及各个方面，但主要是由项目的内外部环境的不确定性造成的，因此当项目内外部环境发生变化时，必须重新对项目风险进行识别。④项目风险识别的信息性。风险识别需要做许多基础性工作，其中重要的一项工作是收集相关的项目信息。信息的全面性、及时性、准确性和动态性决定了项目风险识别工作的质量和结果的可靠性与精确性。⑤项目风险识别的综合性。风险识别是一项综合性较强的工作，除了在人员参与、信息收集和范围上具有综合性特点以外，风险识别的工具和技术也具有综合性，即风险识别过程中要综合应用各种风险识别的技术和工具。

在具体分析资料、识别风险时，还可以利用一些具体的工具和技术，这样在整个风险治理过程中，就可以提高效率，减少偏差。如可以采用德尔菲法、头脑风暴法或者专家面谈法等信息收集技术来获取新的项目风险信息资源，或采取 SWOT 技术、风险核对表等从已有的资料中识别出风险事件。

3. 项目风险评估

项目风险评估是在对项目风险进行识别的基础上，估算风险可能发生的概率、风险对项目的影响范围、变化幅度、维持时间和频度，以此找出影响项目的主要风险源和风险因素。项目风险评估使项目风险治理建立在科学的基础上，为治理者进行风险决策、选择最佳治理方案、制定技术措施提供可靠的科学依据。风险分析和评估的方法主要有：专家打分法、蒙特卡罗模拟法等。

项目风险评估就是在项目风险规划和识别的基础上估计项目的单个风险因子的性质，全面系统地分析风险事件发生的概率及其后果的严重程度，以明确项目的不确定性。因为在一个项目中存在着各种各样的风险，用估计可以说明项目风险的实质，但这种评估是在有效辨识项目风险的基础上，根据项目风险的特点，对已确认的风险，通过定性与定量分析方法估计其发生的可能性和破坏程度的大小，对风险按潜在危险水平进行优先排序。项目风险评估对项目风险评价和制定项目风险对策和选择项目风险控制方案有重要的作用。对项目进行风险评估时必须做到以下五点：①确定项目变量的数值。②计量项目变量的标度。③查明项目进行过程中各种事件的各种各样的后果，以及它们之间的因果关系。④根据选定的计量标度确定风险后果的大小，考虑哪些风险有可能增加以及哪些潜在的威胁可能演变为现实的风险事件。⑤如果潜在的威胁已经演变为现实的风险事件，必须考虑其后果的严重程度。

4. 项目风险处理

项目风险处理就是对项目风险提出处置意见和办法，选择最佳的风险处理技术是实施风险治理的关键。风险处理方法的选择是一种综合性的科学决策行为。在决策时，既要针对实际存在的风险因素，又要考虑风险主体的资源配置情况，还应注意各种风险处理方法的效用与可行性。一般来说，风险处理方法的选用不是选择一种处理方法去处理一种风险，而是需要将几种方法组合起来加以运用。风险处理的效益大小取决于能否以最小风险成本换取最大安全保障，风险处理还要考虑风险治理目标与整体治理目标是否一致，风险处理具体措施的可行性、可操作性以及有效性。

项目风险处理策略的选择和制定，主要依据以下几个核心维度的考量与分析：①项目风险自身的特性。项目风险处理工作和措施的首要依据就是项目风险自身的特性，这包括项目风险有无预警信息的特性、项目风险引发原因的特性、项目方向发展变化的特性等。②项目风险触发因素特性。识别并理解风险背后的三大主要驱动力至关重要：一是外部环境不可预见的变动，二是项目内部各要素整合失当，三是项目相关利益方(包括风险管理决策者)的行为或决策失误。每种触发因素所展现的独特性是制定有效风险管理措施的关键依据。③项目风险演变动态。这是指项目风险发展变化的方向、速度和具体情况等方面的特性。例如，有的项目风险发展变化只是涉及项目风险损失或项目风险收益大小的变化，而有的项目风险发展变化则会涉及由项目风险损失向项目风险收益的转化。有的项目风险的发展变化相对快捷而需要紧急应对策略，有的项目风险的发展变化相对缓慢，使人们可以从容应对。这些都是选择和制定项目风险应对策略的依据。④项目风险优先级排序。人们只有按照项目风险排序去安排、选择和制定项目风险应对策略，才不会出现过度应对或应对不足的情况。所以对项目风险排序也是决定项目风险应对策略的主要依据。⑤可供选择的项目风险处理策略。可供选择的项目风险应对策略也是制定和选择项目风险应对策略的重要依据之一，即使项目组织或项目团队应对项目风险的能力再强，如果所处的环境或条件缺乏他们需要的项目风险应对手段，他们也是无能为力。对于项目的不同风险，可供人们选择的项目风险应对策略主要有项目风险容忍、项目风险回避、项目风险转移、项目风险分担、项目风险消减以及项目风险机遇的应对等多种。

5. 项目风险监控

项目风险监控就是通过对项目风险识别、估计、评估、处理全过程的监视和控制，保证风险治理能达到预期的目标。项目风险监控主要依赖于项目内部信息的传递及各种方法和工具的综合运用，其内容主要包括风险的跟踪和风险的控制。项目风险治理者采用不同的方法和工具对不同类型的风险事件进行跟踪和控制，项目风险监控常用的方法有：风险监视单、风险报告等。

根据项目风险监控的概念，总结归纳项目风险监控的特点如下：①项目风险监控的集成性。这是指项目风险监控必须从系统的角度同时监控项目各种风险和项目风险的各种征兆与后果的情况，因为项目风险及其后果之间都是相互关联和相互影响的，每个项目风险的发展变化都会影响其他项目风险的发展和变化。②项目风险监控的经济性。这是指项目风险监控必须从成本收益的角度去考虑安排投入和产出，因为任何"得不偿失"的项目风险监控工作都是没有意义的。③项目风险监控的时效性。这是指项目风险监控工作必须根据项目、项目风险、环境变化的特性去及时开展，否则就会出现所做工作过了时效期而成为"马后炮"的结果。④项目风险监控的相对准确性。这是指项目风险监控给出的工作结果必须准确地提供能够满足人们开展项目风险治理需要的信息，否则人们开展项目风险监控工作的作用和效果就会遭受影响。

1.3　IT 风险治理

1.3.1　IT 项目风险

1. 信息化时代背景

在信息化时代，人类社会活动的一切领域，如政治、经济、军事、文化、个人生活等都是根植于信息的搜集、处理、传输与共享之中。信息化不仅极大地简化了人类获取与传递历史以来所有文明成果的过程，还赋予了这一过程前所未有的便捷性。信息化提供给人类非常有效的信息交流手段，促进人们之间密切交往和对话，增进相互理解，有利于人类的共同繁荣。信息化提高了社会生产力和管理水平，改变了经济管理体制、组织形态和结构(刘江玲等，2013)。

随着信息化的全面覆盖，信息化IT产品逐渐增多，信息化IT产品应用层出不穷，范围也越来越广泛。IT产品作为一种信息化产品有别于传统产品。美团、饿了么等美食IT产品，12306、智行网等购票IT产品，雨课堂、中国慕课等教育IT产品等竞相上线，智联网汽车"车路云一体化"应用试点也正在如火如荼地开展。企业为搭乘这一时代便车，也正积极通过IT产品建立的信息系统实现运营管理的最优化。

党的十九大报告中明确提出，"推动互联网、大数据、人工智能和实体经济深度融合，在中高端消费、创新引领、绿色低碳、共享经济、现代供应链、人力资本服务等领域培育新增长点、形成新动能"。推动互联网、大数据、人工智能和实体经济深度融合，既是党的十九大为我国数字经济发展指出的方向，也是振兴实体经济的重要途径。当前，在农业、制造业等领域，互联网、大数据、人工智能等IT技术已经展现出十分广阔的应用前景。以农业为例，目前，我国农业已经从分散经营逐步迈向合作发展、规模经营的新阶段，这就需要对传统农业服务体系进行彻底的改革和调整，更好适应这一阶段性变化。在此过程中，互联网、大数据、人工智能对增强农业竞争力、确保农产品质量安全、解决农业发展中深层次问题，以及实现农业增产、农民增收都具有重要意义。通过将人工智能等高新技术渗入农产品需求分析、农业生产过程、农产品营销，打造农业发展新商业模式和农业生产服务体系，将成为推动农业转型升级的一个重要方向。同时，传统产业的管理模式将向智慧化管理转型，社会经济正经历着从工业经济向知识经济转型的过程，人们越来越清晰地看到经济增长背后真正的动力所在。人工智能的迅猛发展，无疑使企业对信息、知识的需求日趋强烈，新一轮信息化升级项目投资也将成为必然。

根据中华人民共和国工业和信息化部发布的2023年软件业行业经济运行情况可知(见图1-4)，我国产品和信息技术服务业发展态势良好，业务收入持续较快增长，利润总额保持两位数增长，出口降幅持续收窄。2023年1—11月，我国软件业务收入110447亿元，同比增长13.9%。同年1—11月，软件产品收入25862亿元，同比增长11.3%，占全行业收入的比重为23.4%。其中，工业软件产品收入2509亿元，同比增长12.2%。

图1-4　2023年软件业务收入增长情况

　　无论是复杂的操作系统还是简单的应用 IT 产品,都要进行 IT 产品项目的开发。随着 IT 产品项目的发展速度越来越快,IT 产品项目的风险性表现得也越来越明显,复杂的产品项目开发的周期比较长,而简单的应用 IT 产品项目生产周期较短,尤其在项目进行的过程中,相应的风险因素也将随之增多。因此,现实中有太多企业的 IT 项目都以失败告终,以 ofo 共享单车和某些快速崛起的出行服务应用为例,这些曾经风靡一时的产品,最终在激烈的市场竞争中黯然退场。IT 项目高风险、低成功率的现实既影响了 IT 产品开发企业自身的发展,也影响了项目使用单位的积极性和对信息系统的信任度,进而严重阻碍了社会信息化的进程。信息时代带来了新的 IT 项目风险,也催生了新的 IT 风险治理模式。

　　2. IT 项目风险

　　IT 产品项目有别于其他一般项目,其独有的特性决定了它的高风险性。IT 项目相对于一般的工程项目具有如下特点:①技术依赖与创新性。从 IT 项目的性质来看,它属于知识密集型和资金密集型的创造性项目。IT 项目高度依赖技术进步与创新,从软件开发、系统集成到网络安全,每个 IT 项目都需要特定的技术知识和专业技能。IT 项目往往涉及新技术、新方法的运用,需要项目团队具备前瞻性思维,不断探索新的解决方案,以满足不断变化的市场环境和用户需求。②时限性与紧迫性。IT 项目往往有明确的开始和结束时间,项目团队需要在限定的时间内交付成果。同时,随着信息技术的飞速发展,IT 项目的生命周期越来越短,时间甚至成为项目成功的决定性因素。③高风险性,IT 项目在初期往往存在需求模糊和目标不确定的情况,这增加了项目的风险,市场环境和用户需求的变化也可能对 IT 项目造成风险。综上所述,IT 项目的特点主要表现在:IT 产品更新速度快、开发经验失效快、复杂度高、人为因素大、过程可见性差以及市场模式不完善等。

　　IT 项目的特点导致了 IT 项目的不确定性。由于不确定性是导致风险发生的主要原因,因此,想要有效地治理风险,首先得分析出 IT 项目开发中常见的风险因素,可归纳总结为以下几类风险:

　　市场需求风险。需求风险是 IT 项目中一个至关重要的方面,它涵盖了由于项目需求不明确、频繁变动或沟通不善而可能引发的一系列潜在问题。这些风险包括但不限于:需求定义不清晰,随着项目的推进需要不断补充和完善,进而扩大了项目的实际范畴。项目需求在作为基准后继续发生变动,导致项目范围难以控制;客户或利益相关者在项目执行过程中不断添加额外的需求,这些新增需求可能并未在最初的项目计划中考虑,从而增加了项目的复杂性和工作量;以及客户在需求制定过程中的参与度不高,导致需求与实际需求之间存在偏差,进而影响项目的最终成果。

　　技术风险。"技术"是指开发 IT 产品时所使用的开发平台,包括开发时的开发环境、开发语言、开发策略等。具体而言,技术风险可能源于项目遇到了难以攻克的技术难题,如系统架构设计复杂、算法实现困难等,这些问题可能需要额外的时间和资源去解决,从而延误项目进度;此外,随着技术的不断进步和更新,项目所使用的技术可能在短时间内就被更先进、更高效的技术所取代,这种技术过时的风险也可能对 IT 开发项目造成不利影响。

成本风险。IT 项目开发的最终目标都是获取利益，成本风险是指项目在实施过程中，由于各种不可预见或管理不善的因素导致项目实际成本超出预算范围的可能性。这些风险可能源于需求变更导致额外开发工作量增加、资源分配不当造成效率低下、技术选型失误引发高昂的维护或更换成本、供应商或外包合作方成本超支等。

管理风险。管理风险的发生一般是由风险管理人员的经验水平不足造成的。风险管理人员对 IT 项目开发的总体计划、各阶段计划认识不足，对工作范围的划分不清晰，对 IT 项目风险的估计不准确，从而无法有效进行项目管理。

进度风险。IT 项目中的进度风险指的是在项目实施过程中，由于各种原因导致项目无法按照预定时间计划完成的风险。这些原因可能包括 IT 产品开发技术的难点解决不及时造成的进度延误，开发人员对需求的理解错误造成 IT 项目返工而引发的进度风险等。

1.3.2 IT 治理

1. IT 治理的含义

IT 治理诞生于 20 世纪 90 年代，伴随企业信息化的普遍应用和相关信息技术资产的不合理配置等问题的出现开始产生与发展。通过研究国内外的相关文献，发现明确提出 IT 治理的学者和机构有很多，但似乎还没有一个统一、精确的定义。本书摘取一些具有代表性的定义，如表 1-2 所示。

表 1-2   **IT 治理定义**

研究机构/学者	IT 治理定义
麻省理工学院	在 IT 的使用过程中，为了对期望行为形成鼓励而对决策权归属以及责任担当进行明确的规定就称为 IT 治理
Weill 和 Ross(2004)	IT 治理是在 IT 应用过程中，为鼓励期望行为而明确的决策权归属和责任担当框架
李维安和王德禄(2005)	IT 治理是组织信息技术活动中决策权力、责任的配置以及相应机制的形成过程
IT 治理国际标准	IT 治理是指导和控制组织目前以及将来如何使用 IT 的系统。适当的 IT 治理有助于组织保障合规和提高绩效
涂伟和张金隆(2008)	IT 治理是以股东为中心的组织利益相关者设计的有关 IT 的决策、激励和约束机制，为了解决 IT 决策中的信息 不对称问题，以实现 IT 收益最大化

表中定义是学者和机构进行多角度考虑 TT 治理内涵的结果，从中可以看出它们的共同之处：一是 IT 治理需要解决 IT 决策权的部署问题；二是 IT 治理贯穿于整个企业的业务流程，进而为企业提供一定的服务；三是 IT 治理关注于 IT 资源的有效管理和控制、信息化投资收益最大化、适当的 IT 风险控制；四是 IT 治理在战略目标和业务目标中扮演着重

要的角色。

2. IT 治理与公司治理的关系

公司治理最早出现在 20 世纪 80 年代的经济学文献中，到 90 年代以后公司治理迅速成为全球性的研究课题，其中英国的 *Cadbury Report*、*Greenbury Report* 和 *Hampel Report* 被认为是全球公司治理运动的奠基性文献，它们为建立制度化的、自律基础上现代公司治理机制立下了汗马功劳。而 OECD 公布的《公司治理结构原则》修订版，则标志着公司治理从关注调整股东、董事会和经营层之间的授权、监控和制约，拓展到了关注企业发展的各方利益相关者间的平衡协调。

公司治理具有狭义和广义之分。其中，狭义的公司治理是解决由于所有权和控制权相分离所产生的代理问题。而广义的含义可以理解为有关企业组织方式、控制机制、利益分配的一系列法律、机构、文化和制度安排。它所界定的内容不仅包含企业与其所有者之间的关系，还有与其所有利益相关者的关系。总而言之，公司治理是一套程序、惯例、政策、法律及机构，影响着如何带领、管理及控制公司。其目的是为公司提供战略方向，确保目标的实现、风险的适当管理以及企业资源合理使用(王胜，2009)。IT 治理是公司治理的一个组成部分，二者相互依存、相互促进。公司治理驱动和制约 IT 治理原则，而 IT 治理又为公司治理提供"输入"，是公司战略计划的重要组成部分，也是公司治理框架下的一个组成部分。它可以提高公司的信息质量，完善公司的内部控制，还能提供更多具有价值的信息给企业的利益所有者，从而使公司的治理水平得到显著提高(谢志华，2007)。IT 治理可以确保企业战略和 IT 治理目标一致，IT 治理侧重于信息资源的有效利用和管理，为公司治理提供信息化支持(李维安和王德禄，2005)，缺乏 IT 治理的公司治理是不完整的，也是不科学的。

3. IT 治理同 IT 管理的区别

企业的高层管理团队，包括董事会成员，通过实施 IT 治理机制，对管理层在信息技术(IT)战略决策执行过程中的每一步进行严密的监督，以确保企业的整体发展严格遵循既定的战略规划。IT 管理的核心，在于依据既定的 IT 治理模式，紧密围绕企业的业务经营目标，开展一系列旨在优化运营、提升效率的管理活动。IT 治理为企业 IT 运作构筑了基础框架，IT 治理的焦点不仅限于 IT 战略的规划与应用系统的部署，更涵盖了构建合理框架、制定运营决策、激励机制以及实施有效控制等全方位要素。企业通过 IT 治理可以实现 IT 资源和服务的科学有效配置，确保企业在经营管理过程中可以获得有效信息的支持。IT 管理的直接目标就是基于相关规范和框架，围绕着 IT 目标而采取相关措施，确保 IT 战略目标最终实现。

IT 治理的目标是确保董事会和股东利益相关者实现利益平衡，激励和控制企业管理层，IT 管理的目标是通过管理行为实现效益的最大化；IT 治理的执行主体是股东和董事会等利益相关者，IT 管理的执行主体是 IT 管理人员；IT 治理侧重于决策制定和实现利益相关者达成公平分配机制，IT 管理则更侧重执行决策，助力 IT 实施和运营落地执行。IT

治理与 IT 管理既相互区别又相互联系：IT 治理对 IT 管理起到促进作用，能够为 IT 管理创造良好的管理环境，是 IT 管理的基础；IT 管理体现了 IT 治理的具体结果；IT 治理和 IT 管理都是由高层推动的；IT 治理是战略导向的，而 IT 管理是任务导向的（王庆磊和张国波，2014）。因此对于 IT 项目来说，要在风险治理的基础上进行有效的风险管理，确保项目目标达成。

1.3.3 IT 风险治理

1. IT 风险治理的定义

IT 风险治理属于 IT 治理的一部分。在 IT 应用及引领过程中，应充分考虑资金、信息技术、人员数据等因素，建立健全多层次、系统化的 IT 风险治理体系，增强 IT 风险态势的全面感知、分析评估和预警处置水平，以实现 IT 风险全面管控下的 IT 价值。

依据我国 IT 治理标准化文件的规定：治理主体以组织章程、监管职责、利益相关方期望、业务压力和业务要求为驱动力，建立评估、指导、监督的治理过程并明确任务。治理主体应通过 IT 战略和方针，指导管理者对 IT 及其应用的管理体系进行完善，并对 IT 相关的方案和规划进行评估、对 IT 应用的绩效和符合性进行监督。组织的 IT 风险治理应在 IT 治理框架下进行，并与 IT 治理保持一致。本书认为 IT 风险治理的定义是：IT 项目利益相关方通过一系列的策略、流程、技术和控制措施，来识别、评估、监控、应对和报告与信息技术相关的风险，以确保项目相关方的 IT 资产得到妥善保护。

IT 风险治理原则包括：①一致性原则，指在建立 IT 风险治理体系时，应确保 IT 风险治理目标与战略发展目标的一致性。②适应性原则，指 IT 风险治理应当与 IT 风险状况、信息化程度等相适应，并根据环境变化进行调整。③全面性原则，指 IT 风险治理应当覆盖实现信息化的各个条线，覆盖所有分支与附属机构、部门、岗位和人员，覆盖所有风险种类和不同风险之间的相互影响，贯穿决策、执行和监督的全部管理环节。④系统性原则，指应进行统筹规划，建立多层次、系统化的 IT 风险治理体系。⑤独立性原则，指应当建立独立的 IT 风险治理组织架构，赋予风险综合管理部门足够的授权、人力资源及其他资源配置，建立科学合理的报告渠道，与实现信息化的各个条线之间形成相互制衡的运行机制。⑥有效性原则，指在 IT 风险治理过程中应充分考虑治理的效率和效果，并根据 IT 价值确定 IT 风险边界。

IT 风险治理策略应围绕组织 IT 发展战略，确定 IT 风险偏好、IT 风险承受度、IT 风险管理有效性标准，明确风险治理策略，包括：①总体策略，建立包含风险偏好、风险限额和风险容忍度等的风险偏好体系。②具体策略，包括风险承担、风险规避、风险转移及风险降低等。

2. IT 风险治理框架

顶层设计包含与 IT 风险治理相关的战略规划、组织构建和架构设计，是 IT 风险治理实施的基础。战略规划是指治理主体应制定独立的 IT 风险治理中长期规划，明确 IT 风险治理战略规划实施的策略，IT 风险治理规划应与业务规划、信息技术规划保持一致。而组织构建应聚焦 IT 风险治理责任主体及责权利，通过完善组织机制，获得利益相关方的理解和支持，制定 IT 风险治理的流程和制度，以支撑 IT 风险治理的实施，包括：①建立支撑 IT 风险战略的组织机构和组织机制，明确相关的实施原则和策略，明确决策、实施及监督机构，设立岗位并明确角色，确保责权利一致。②建立相关的授权、决策和沟通机制，保证利益相关方理解、接受相应的职责和权利。③实现决策、执行、控制和监督等职能，评估运行绩效并持续改进和优化。最后架构设计应关注应用架构、数据架构、技术架构、和架构管理体系等，通过持续的评估、改进和优化，支撑 IT 风险的管控。风险治理环境包含外部环境、内部环境及促成因素，是 IT 风险治理实施的保障。治理内容包含管理体系的治理和要素的治理两部分。其中，管理体系的治理包含 IT 应用风险管理体系、IT 支撑风险管理体系、IT 研发与运营风险管理体系和 IT 审计管理体系等。要素的治理包含专业人员、风险类型、风险管理流程、信息系统、数据和风险文化等。管理体系的治理和要素的治理均为风险治理实施的对象。IT 风险治理框架如图 1-5 所示。

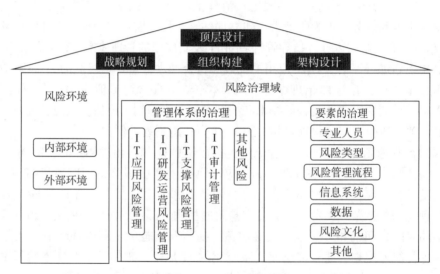

图 1-5　IT 风险治理框架

风险治理实施过程包含统筹和规划、构建和运行、监控和评价以及改进和优化，是风险治理实施的方法。

3. IT 风险治理过程

首先，着手统筹规划与布局，确立明确的 IT 风险治理目标与任务，并营造适宜的治理环境，为实施工作奠定坚实基础。此阶段涉及对当前资源、环境及人员能力的全面评估，同时对比分析法律法规、行业监管标准、业务发展战略及利益相关方需求之间的差距，以此为据，精准制订 IT 风险治理方案。方案需详尽规划组织机构架构、权责分配、治理范围与任务界定，以及实施策略与流程设计。全程监督规划过程，确保现状评估的客观公正、组织设计的科学合理及治理方案的切实可行。

其次，进入构建与运行阶段，致力于搭建高效运行的 IT 风险治理体系。此阶段评估治理方案与现有条件的匹配度，指导实施方案的制订，涵盖组织机构与团队的构建、权责明确、实施路径规划、方法选择及管理制度的建立与执行。监督 IT 风险治理的构建和运行过程，保证 IT 风险治理实施过程与方案的符合、治理资源的可用和治理活动的可持续。

随后，实施监控与评估，构建完善的监控、绩效评估、内控及审计体系，制定相应评价机制与流程。定期评估 IT 风险治理的成效与目标达成情况，必要时引入外部专业机构进行独立评估，为方案的持续优化提供依据。同时，加强对治理实施的有效性与合规性的监控，确保 IT 应用全面符合法律法规与行业监管要求。

最后，聚焦于改进与优化工作，不断推动 IT 风险治理体系的完善。持续评估治理相关的各方面因素，包括资源、环境、能力、实施效果与绩效等，为体系建设提供支撑。指导并推动治理方案的调整与优化，改进实施策略、方法、制度及流程，强化风险管理体系的健全性、资源的高效配置及基础工作的扎实性。通过监督改进与优化过程，为 IT 及其应用的风险有效控制与价值最大化创造坚实保障。

本章思考题

1. 请简述项目风险管理的核心。
2. 请简述什么是主动风险管理。
3. 你认为项目风险管理的最佳时机是什么？
4. 请简述项目风险治理的意义。
5. 你认为应当如何对项目进行全过程风险识别？
6. 请简述项目风险监控的作用。
7. 请简述 IT 风险治理环境。
8. 请简述如何规范 IT 风险管理活动，构建科学的 IT 风险治理体系。

第2章 集团信息化项目风险治理概述

2.1 集团信息化项目概述

2.1.1 企业信息化的基本概念

随着21世纪的到来，全球信息化技术迎来了前所未有的发展高潮，技术革新的浪潮一波接一波，推动着社会各个领域向前迈进。在这样的大背景下，企业评价的标准也在悄然发生着变化。过去，人们常常以企业的规模和体量来衡量其成功与否，但如今，企业的稳健发展和内在实力被赋予了更高的价值和意义。信息化不仅仅是一种技术手段，更是一种战略思维和发展方向。它已经成为企业实现可持续发展，提升竞争力的关键因素。面对信息化的浪潮，我国政府高度重视，从中央到地方，各级政府相继出台了一系列政策和措施，以推动企业信息化进程，促进经济结构的优化升级。

在党的十九届五中全会上，"信息化"被明确提出，并纳入全面建设小康社会的战略布局之中，这标志着信息化已经成为国家战略的重要组成部分。信息化的发展，不仅关系到国家的长远发展，也是现代企业经营不可或缺的支撑。信息化对国民经济的影响是全方位的，它渗透到生产、管理、服务等各个环节，提高了生产效率，优化了资源配置，增强了企业的市场反应速度和创新能力。对于现代企业而言，信息化是连接市场、客户、供应链的重要桥梁，是提升企业核心竞争力的有力工具。

因此，企业必须紧跟信息化的步伐，积极拥抱变革，通过信息化手段，实现管理的智能化、服务的个性化、生产的自动化，以适应快速变化的市场环境，满足消费者日益增长的需求。只有这样，企业才能在激烈的市场竞争中立于不败之地，实现长远的发展和繁荣。

1. 信息的基本概念

（1）信息的定义。

物质、能量、信息是构成客观世界的三大要素（范玉顺，2008）。它们相互依存、相互作用，共同推动着宇宙的运转和社会的发展。自古以来，无论是在原始的部落社会，还是在现代的工业文明中，人类的生存和发展都与这三个要素密切相关。在人类历史的长河中，信息的传递和应用经历了从简单到复杂、从原始到现代的演变过程。从最初的口头传递，到文字的发明，再到印刷术的普及，每一次技术的革新都极大地推动了信息的传播和人类文明的进步。电报技术的出现，使得信息能够跨越空间的限制，实现远距离的即时传递；计算机网络的兴起，则彻底改变了信息的存储、处理和交流方式，为人类社会带来了前所未有的变革。信息的内涵非常广泛，它既可以是具体的数据、事实，也可以是抽象的概念、思想。由于信息的这种多样性和复杂性，学术界对信息的定义一直存在争议。在经济管理领域，信息被视为支撑决策的最有效数据来源之一。信息的获取、处理和应用，对于企业的经营决策、市场竞争和创新发展具有至关重要的作用。数学家香农在他的经典论文《通讯的数学理论》中，将信息定义为用来消除随机不定性的东西。这一定义深刻揭示了信息的本质特征和功能价值。在信息论的研究中，信息是用来减少不确定性、提高预测准确性的重要工具。通过对信息的分析和处理，我们可以更好地理解事物的本质规律，做出更加科学合理的决策。随着信息技术的不断发展，信息在现代社会中的作用越来越重要。它不仅关系到个人的生活、工作和社会交往，也关系到国家的经济建设、政治稳定和文化传承。因此，我们必须高度重视信息的获取、处理和应用，不断提高信息素养，培养信息意识，以适应信息社会的发展要求。同时，我们也要认识到，信息本身并不是目的，而是手段。信息的价值在于它能够帮助我们更好地认识世界、解决问题、创造价值。因此，在信息的获取和应用过程中，我们要坚持理性、客观、科学的立场，避免盲目追求信息的数量和速度，而忽视了信息的质量和深度。只有这样，我们才能真正发挥信息的作用，推动社会的进步和发展。

在深入探讨信息的本质和作用时，我们可以从多个维度来理解其在现代社会中的重要性。本书综合已有的观点，提出了对信息的全面认识，认为信息既是对客观事实的反映，也是具有价值的数据知识。首先，信息作为对客观事实的反映，是现实世界中各种现象和变化的直接映射。无论是自然界的温度变化、生物体的基因序列，还是社会经济领域的收入分配，信息都以其独特的方式记录和呈现了这些事物的特征和状态。这种反映是信息的基础功能，它为我们提供了认识世界、理解现象的原始材料。其次，信息的价值在于其作为数据知识的属性。信息不仅仅是简单的数据集合，而是经过加工、分析和解释后，能够为决策提供支持的知识。这种知识能够帮助人们更快速、更有效地管理和控制经济社会中的各种潜在风险。在企业经营中，翔实、完备的信息是企业应对市场不确定性、制定战略规划、优化资源配置的关键。进一步地，信息的价值还体现在其对创新的推动作用。在知识经济时代，信息成为了创新活动的重要源泉。通过对信息的深入挖掘和创新应用，企业和个人能够发现新的商业机会，开发新的产品和服务，提高竞争力。信息的流通和共享，促进了知识的积累和扩散，加速了技术进步和产业升级。此外，信息还具有社会协调的功能。在复杂的社会系统中，信息的传递和交流是实现社会成员之间有效协作的基础。通过信息的共享，不同的组织和个体能够更好地理解彼此的需求和期望，协调行动，实现共同的目标。这种社会协调作用对于维护社会稳定、促进社会和谐具有重要意义。最后，信息的安全和隐私保护也是现代社会面临的重要挑战。随着信息技术的快速发展，个人信息的收集、存储和使用越来越普遍，但同时也带来了隐私泄露和数据安全的风险。因此，我们需要建立完善的信息安全管理体系，加强对个人信息的保护，确保信息的合法、合规使用。综上所述，信息在现代社会中扮演着多重角色，它不仅是认识世界的工具，也是推动社会发展的动力。我们应该充分认识到信息的价值，合理利用信息资源，同时加强信息安全管理，以实现信息的最大效益，促进社会的全面进步。

（2）信息的特征。

①客观性。

信息的客观性是其最根本的特性之一。信息是对现实世界中事物状态和变化的直接映射，它独立于人的主观意识而存在。这种客观性保证了信息的真实性和可靠性，是企业进行科学决策的基础。只有确保信息的真实、准确和客观，企业才能在复杂多变的市场环境中做出正确的判断和选择。信息的客观性要求我们在收集和处理信息时，必须摒弃偏见，保持客观公正的态度，避免主观臆断对信息真实性的干扰。

②可传递性。

信息的可传递性是其广泛应用的前提。信息可以通过语言、文字、图像、声音等多种方式进行表达和传递，使得知识、经验和智慧得以跨越时间和空间的界限，实现人与人之间的交流和共享。随着计算机技术和通信技术的发展，信息的传输手段更加多样化，传输速度更快，传输范围更广，传输成本更低。高效的信息传递不仅促进了全球化进程，也为远程工作、在线教育、电子商务等新型社会活动提供了可能。

③可存储性。

信息的可存储性是其价值得以延续和发挥的关键。信息可以通过纸张、书籍、电子设备等多种介质进行记录和存储，使得人类能够积累和保存知识，形成丰富的信息资源库。信息的可存储性不仅为个人提供了学习和研究的资料，也为社会提供了历史记忆和文化遗产。随着数字技术的发展，信息存储的方式更加多样化，存储容量更大，存储成本更低，存储时间更长。数字化的信息存储不仅方便了信息的检索和使用，也为信息的保护和传承提供了新的途径。

④可共享性。

信息的共享性是其区别于物质资源的独特属性之一。信息不像物质资源那样具有排他性，它能够被无数的信息接收者同时接收和使用，而不会因为一个人的使用而减少其他人的可用份额。这种共享性使得信息具有极高的传播效率和广泛的社会影响力。例如，上市公司公开的财务报表信息，不仅对投资者决策至关重要，也对分析师、监管机构、媒体等多方利益相关者具有重要价值。信息的共享性促进了知识的扩散和创新的加速，是现代社会协作和进步的重要驱动力。

⑤价值性。

信息的价值体现在其能够满足人们在不同层面的需求。信息的价值不仅在于其能够提供精神上的满足，如教育知识、文化娱乐等，更在于其对物质生产和社会发展的实际推动作用。商业信息能够帮助企业捕捉市场机会，科技信息能够推动技术创新和产业升级。然而，信息的价值并非一成不变，它受到多种因素的影响，其中最关键的是信息的时效性、准确性和实用性。

⑥时效性。

信息的时效是指从信息源发送消息，经过接收、加工、传递和利用所经历的时间间隔以及效率(高鹏等, 2016)。随着时间的推移, 信息的时效性会发生变化。某些信息可能在特定时刻对于决策和行动具有极高的价值, 但随着情况的变化, 这些信息可能迅速变得不再适用或完全过时。例如, 在金融市场中, 实时的股价信息对于投资者来说至关重要, 而几分钟甚至几秒钟的延迟都可能导致巨大的经济损失。在医疗领域, 及时的诊断信息对于救治病人同样至关重要, 稍有延误就可能影响治疗效果。因此, 及时获取和利用信息对于保持信息价值至关重要。这要求我们建立高效的信息收集和处理系统, 优化信息传递的路径, 减少不必要的时间延误。同时, 也需要培养信息使用者的敏感性和判断力, 使他们能够迅速识别信息的时效性, 并做出相应的反应。

2. 企业信息化

信息化这一概念自 20 世纪 60 年代在日本学者的讨论中首次被提出以来, 已经经历了深刻的演变和发展。1967 年, 日本政府的科学经济研究小组在工业化的基础上, 对信息化进行了初步的经济学界定。他们认为信息化是一个社会向信息产业高度发达并在产业结构中占据主导地位的动态转变过程。这一转变标志着社会主导力量从可触摸的物质产品向难以触摸的信息产品的转移, 虽然这一定义在某些方面可能不够全面, 但它为后来的信息化研究提供了重要的理论基础和发展方向。随着信息技术的快速发展, 信息化逐渐成为全球关注的焦点。1993 年, 美国克林顿政府提出的"国家信息基础设施"(National Information Infrastructure)计划, 将信息化推向了一个新的高潮。克林顿政府认为, 通过投资和发展本国的信息基础设施, 全面促进国家信息化进程, 将为美国带来巨大的经济和社会效益。这一宏伟的"信息高速公路计划"不仅加速了美国的财富积累, 到 1995 年, 美国的信息财富已经高达 1 万亿美元, 而且对全球信息化的发展产生了深远的影响。在这一背景下, 世界各国纷纷认识到信息化的重要性, 并开始实施各自的信息化战略。英国、法国、德国、新加坡等国家相继推出了一系列政策和措施, 以促进本国信息化的发展。这些举措不仅推动了信息技术在各个领域的广泛应用, 也促进了信息产业的快速发展, 使信息化成为推动经济增长和社会进步的重要力量。信息化的发展, 不仅改变了传统的生产方式和经济结构, 也深刻影响了人们的生活方式和社会交往模式。信息技术的广泛应用, 使得信息的获取、处理和传递更加便捷和高效, 极大地提高了社会运行的效率和质量。同时, 信息化也带来了一系列新的挑战, 如信息安全、隐私保护、数字鸿沟等问题, 这些问题需要我们在推进信息化的同时, 不断探索和解决。总之, 信息化已经成为当今世界发展的重要趋势和动力。随着信息技术的不断创新和应用, 信息化将继续深刻影响和改变我们的世界。我们应该积极拥抱信息化带来的机遇, 同时妥善应对信息化带来的挑战, 以实现可持续发展和社会全面进步。

在信息化的浪潮中, 中国政府展现出了前瞻性的眼光和积极的行动。1997 年, 首届全国信息化工作会议的召开标志着中国信息化战略的正式启动。会议将信息化定义为一个历史性进程, 旨在培育和发展以智能化工具为代表的新型生产力, 并将其应用于社会各个领域, 以促进社会的整体进步和福祉。为了实现这一宏伟目标, 中国政府提出了构建和完善国家信息化体系的六个关键要素: ①开发利用信息资源: 挖掘和整合各类信息资源, 为社会提供丰富的数据支持。②建设国家信息网络：建立覆盖全国的高速、安全的信息网络基础设施。③推进信息技术应用：在各行各业推广信息技术的应用，提高生产效率和管理水平。④发展信息技术和产业：鼓励技术创新，培育和发展信息技术产业，提升国家竞争力。⑤培育信息化人才：加强教育和培训，培养一支懂技术、会管理、善创新的信息化人才队伍。⑥制定和完善信息化政策：出台相关政策，为信息化发展提供政策支持和法律保障。进入 21 世纪，随着信息技术的快速发展和广泛应用，中国政府进一步深化了信息化战略。根据中共中央办公厅、国务院办公厅印发的《2006—2020 年国家信息化发展战略》，信息化被赋予了新的定义：充分利用信息技术，开发利用信息资源，促进信息交流和知识共享，提高经济增长质量，推动经济社会发展转型的历史进程。在此基础上，中国政府将"信息安全"，即保障信息的安全性和可靠性，防范信息安全风险，保护国家和公民的信息权益，作为信息化发展的第七个要素纳入战略体系，形成了七要素战略体系。这一战略体系的提出，不仅体现了中国政府对信息化重要性的认识，也反映了对信息化发展中可能出现的风险和挑战的深刻洞察。通过这七大要素的协同发展，中国政府旨在构建一个全面、协调、可持续的信息化发展模式，以适应全球化背景下的新形势和新要求。

企业是国民经济的重要组成单位，也是城市信息化、区域信息化的重要推手。企业信息化建设不仅有利于产业结构调整和优化升级，更有利于现代企业制度建立完善成熟。对于企业信息化的定义，国内外学者也基于不同角度和关注领域给出了新内涵。Chen 等（2004）将企业信息化定义为应用包括计算机技术、通信技术、自动化技术在内的先进信息技术，结合现代管理方法，对产品生命周期进行全面优化的过程。这包括对市场需求的分析、产品定义、研发、设计、制造、服务等各个环节。企业信息化的终极目标是增强制造业企业的灵活性、力量和适应性，从而在激烈的市场竞争中获得优势。朱海荣和傅铅生（2005）认为企业信息化是企业通过现代信息技术的应用，深化信息资源的开发和利用，不断提升企业的生产、经营、决策效率和水平，以此提高企业的经济效益和竞争力。章文光和蔡翔（2010）从广义和狭义两个视角探讨了企业信息化。他们认为，企业信息化不仅是将现代信息技术应用于产品设计、制造、管理、决策、营销、服务等各个环节，而且涉及管理信息系统和网络的建设、信息资源的开发利用、企业组织机构和业务模式的调整或重构，以提高企业的竞争力和市场应变能力。宋协栋和李桂青（2017）基于互联网经济的视角，将企业信息化视为企业充分利用现代计算机技术、互联网技术和数据库技术，改革和优化业务流程，控制生产经营成本，集成管理企业生产经营活动中的各种信息，实现内外部信息的共享和有效利用，以促进企业创新，提高经济效益和市场竞争力的理念。尽管不同学者和专家对信息化的定义可能有所差异，但它们在核心理念上是相通的。这些定义都强调了信息技术在企业运营中的关键作用，以及通过信息技术实现资源优化配置和效率提升的重要性。在企业信息化的过程中，信息技术的应用是多方面的，它不仅涉及日常的数据处理和通信，还包括对企业内部流程的优化、供应链管理、客户关系维护、市场分析预测等多个层面。因此，企业信息化的定义可能因应用范围的广泛性和深度而显得有些片面，但这并不影响我们对其核心价值的理解。目前，多数学者认为企业信息化是一个整合过程，它涉及信息技术的应用，内外资源整合，资源的充分利用以及竞争力提升等几个方面。企业信息化是一个持续的过程，它要求企业不断地评估和更新其技术应用，以适应不断变化的市场和技术环境。随着技术的不断进步，企业信息化的内涵和外延也在不断扩展，包括智能制造、物联网、移动办公等新兴领域。此外，企业信息化也是一个战略层面的考量，它要求企业领导层具有前瞻性的思维，能够将信息化战略与企业的整体发展战略相结合，以实现长期的可持续发展。通过这种方式，企业不仅能够提高自身的竞争力，还能够为社会创造更大的价值。

基于各学者所给出的定义，本书将企业信息化定义为：企业信息化是指企业通过信息技术整合、集成企业内外部信息资源，从而提高经济效益、促进企业长足发展的持续过程。企业信息化是一个过程，它能整合企业内部的各种资源，进而提高其使用效率和经济效益。概括地讲就是利用计算机、软件、网络通信等各种技术建立信息网络和应用信息系统，充分应用信息技术，全面开发和利用信息资源，优化企业产品生产管理流程的技术，使得管理者可以监控在生产过程中各类资源的利用，从管理角度降低资源利用率，从效益与效率两方面提高企业的整体竞争力，促进企业长足发展。

2.1.2 企业信息化发展阶段

企业信息化是一个长期且持续的过程，它要求企业不断地适应和采纳新技术，以实现业务流程的优化和效率的提升。诺兰教授的六阶段学说，即诺兰模型（见图 2-1），包括初始期、普及期、控制期、整合期、数据管理期和成熟期。为我们提供了一个系统化的方法来理解和指导企业信息化的发展。这个模型基于发达国家企业计算机应用的发展历程，总结了信息化过程中的关键阶段，对企业信息化建设具有重要的参考价值。

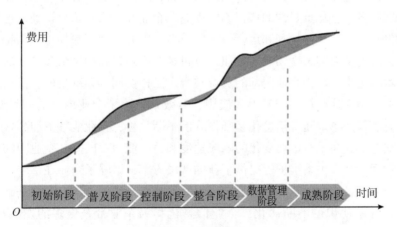

图 2-1　诺兰模型

国内企业信息化建设虽然起步较晚，但近年来随着对信息化重要性认识的提高，其发展呈现出明显的阶段式规律。以下是对我国企业信息化过程四个发展阶段的进一步描述：

第一阶段：单机应用阶段

在这一阶段，企业开始探索计算机技术的应用，主要用于处理一些重复性高、计算量大的工作,如财务报表的生成、工资的计算等。20 世纪 70 年代,随着计算机技术的引入,中国企业开始进入数字时代,这一阶段的计算机使用对企业而言具有划时代的意义,标志着企业信息化的初步尝试和探索。

第二阶段:局部地区应用阶段

随着计算机的普及和互联网技术的兴起,企业开始在局部地区或部门内实现数据和文件的数字化。然而,在这一阶段,企业内部的信息孤岛现象仍然存在,信息整合能力有限,尚未形成有效的信息流和数据共享机制。

第三阶段:企业内部信息集成阶段

在这一阶段,企业开始拆除内部的信息壁垒,实现部门间的信息沟通和数据交换。通过建立内部网络,企业实现了信息资源的集成和共享。同时,企业开始引入更多高效的信息化应用,如 ERP 系统和 PDM 系统,这些系统的引入极大地提高了企业的工作效率和管理水平。

第四阶段:企业间信息化共享

进入 21 世纪,随着互联网技术的进一步普及和应用,企业间的信息共享成为可能。企业不再局限于内部的信息共享,而是开始寻求与供应链上下游的合作伙伴实现信息化共享。这种跨企业的信息共享有助于打破数据孤岛,形成更为完整的信息系统,提高整个供应链的协同效率和响应速度。

综上所述,企业信息化的演进确实是一个逐步深化和升华的过程,每个阶段都是建立在前一阶段基础上的进一步发展。随着时间的推移,企业信息化的基础设施已经变得越来越丰富和完善。信息设备成本的降低为企业大规模采购提供了可能。价格的下调使得更多的企业能够负担得起先进的计算机硬件和网络设备,这为企业信息化的推进提供了物质基础。企业管理层对信息化重要性的认识不断提高。企业经理人开始意识到信息化不仅仅是技术层面的更新,更是企业管理和运营模式的革新。因此,他们更加重视信息化建设,将其作为提升企业竞争力的关键因素。企业计算机拥有率的提高和网络覆盖率的扩大,以及网络传输技术的进步,都为企业内部的资源整合、工作协同、系统集成、信息共享提供了强有力的技术支持。这些技术的发展和应用,有效地消除了企业内部的“信息孤岛”,促进了信息的流动和共享。随着信息化基础设施的不断完善,企业能够更加高效地进行数据分析和决策支持,提高了对市场变化的响应速度和适应能力。同时,企业间的信息化共享也为供应链管理、客户关系维护等提供了新的解决方案,增强了企业在整个行业中的竞争力。总之,企业信息化的各阶段演进是一个不断积累和升华的过程,随着基础设施的日益完善和企业管理层认识的不断深化,企业信息化将为企业带来更多的发展机遇和创新可能。

2.1.3　集团信息化的内涵

1. 集团的界定

“企业集团”这一概念起源于 20 世纪 50 年代的日本,它标志着一种新的企业组织形式的诞生。日本和平经济计划会议垄断白皮书委员会对企业集团给出了一个权威的定义，将其描述为"同类型企业之间的结合体"。这个定义准确地概括了日本企业集团的基本特征。在日本，企业集团通常由若干个核心企业组成，这些核心企业在集团内部处于平等的地位。每个核心企业都有自己的子公司和关联公司，形成了一个复杂的企业网络。在这个网络中，核心企业通过持有子公司的股份，对子公司的经营决策产生影响，从而实现对整个集团的战略控制。这种由核心企业、子公司和关联公司构成的控制与被控制的关系，共同构成了企业集团的整体结构。企业集团的这种结构，使得集团内部的企业能够共享资源、协同作战，提高整体的竞争力。随着时间的推移，各国学者对企业集团的研究不断深入，对企业集团的理解也在不断发展。企业集团的概念已经超越了最初的定义，涵盖了更多的内涵和外延。企业集团不再仅仅是同类型企业之间的结合体，它还包括了跨国企业集团、多元化企业集团等多种形态。企业集团的发展，反映了现代经济全球化、市场化的趋势，也体现了企业组织形式的创新和适应。随着经济环境的不断变化，企业集团将继续探索新的组织模式和发展战略，以适应日益复杂多变的市场需求。企业集团的这种发展和演进，不仅对集团内部的企业有着重要的意义，也对整个经济体系的发展产生了深远的影响。

美国学者 Strachan（1976）将企业集团视为由同一个人（法人）所有和经营的多样化企业构成的长期联合体。这些企业由同一个行政管理层管理，或处于同一个财政控制之下，在不同的市场运作，形成了一个公司群体。经济学家 Leff（1978）认为，企业集团是发展中国家在特定经济发展阶段所特有的组织形态，反映了这些国家在追求经济增长和工业化过程中的特定需求和特点。我国《企业集团登记管理暂行规定》第三条规定，"企业集团是指以资本为主要联结纽带的母子公司为主体，以集团章程为共同行为规范的母公司、子公司、参股公司及其他成员企业或机构共同组成的具有一定规模的企业法人联合体"。石友蓉和唐玉莲（2003）认为，现代企业集团是现代企业高级组织形式之一。它通常以一个或若干个大型企业为核心，通过资本、资产、产品、技术等联结纽带，联合一批具有共同利益、在一定程度上受核心企业影响的多个企业，形成一个稳定的多层次经济组织。段磊（2020）认为，企业集团是通过资本、契约或行政指令为纽带，由多个具有独立法律地位的企事业单位组成的经济联合体。这种联合体以母子公司为主要存在形式，在生产经营、市场开拓、技术研发、资本运作等方面进行紧密的协作。罗欣伟（2021）认为随着企业的不断发展壮大，企业面临的内外部环境和运行机制变得越来越复杂，企业成本也在不断上升。为了有效应对这些挑战，企业需要尝试整合所有相关企业，并将某些企业视为外部组织，通过财务、技术和人力资源管理等手段使之相互联系并保持密切的合作。核心企业可以在降低企业成本的同时，仍具备整合组织、分散风险等收益，这种组织形式被称为"准一体化组织"或"企业集团"。从现代集团的组织结构、管理模式和发展趋势看，集团是一个由核心企业控制的多层次企业联合体，这个联合体成立的目的，是要在核心企业的统一领导下，相互协调经营行为，共同分享收益，分担风险，以增强每个成员企业的市场竞争力。从这个角度来说，集团不仅仅是简单的多个企业联合体，而是体现了现代企业在日趋激烈的市场竞争中如何合作提高竞争力的高级形式。

2. 集团信息化含义

随着我国经济的持续发展，以及"工业 4.0"、云计算、大数据、5G 等新兴科技概念的兴起，我国企业正在经历着深刻的变革。企业规模从小规模向大规模转变，组织架构从简单向复杂发展，业务领域也从单一走向多元化。在这样的背景下，各种中大型的集团企业不断涌现，它们面临着智能化、网联化、云计算、服务多元化、共享经济生态化等多重概念的冲击和影响。信息化建设对于企业，尤其是组织架构复杂的集团型企业来说，已成为一项必要的战略任务。信息化不仅关系到企业内部管理的效率和效果，也是企业应对外部市场变化、实现创新发展的关键。在当前的信息化时代，企业需要通过信息化手段，优化资源配置，提高运营效率，加强风险管理，促进业务协同，实现可持续发展。集团型企业由于其组织架构的复杂性，对信息化的需求更为迫切。它们需要通过信息化建设，实现跨部门、跨层级、跨地域的信息共享和业务协同，提升集团整体的管理水平和市场竞争力。同时，信息化建设也是集团型企业实现战略转型、拓展新业务、提高服务质量的重要途径。在新兴科技的推动下，集团型企业的信息化建设正面临着前所未有的机遇和挑战。企业需要紧跟科技发展趋势，积极探索信息化建设的新思路、新模式、新方法，以适应数字化、网络化、智能化的发展趋势。通过信息化建设，集团型企业可以更好地把握市场脉搏，满足客户需求，提升企业价值，实现长远发展。

为了明确本书的研究对象，方便我们对委托代理风险问题进行深入研究，综合国内外现有的研究成果，我们给予集团信息化如下定义：集团信息化是企业信息化的一部分，是针对集团型企业提出的。集团型企业具有规模大、组织复杂、跨区域经营、跨行业运作等特点。较之于其他企业信息化，其业务流程复杂，需要多方专家提供咨询和技术支持。

3. 集团信息化的意义

（1）集团信息化是区域信息化建设的重点抓手。

集团信息化作为区域信息化建设的关键环节，对于推动国民经济的信息化具有重要意义。集团企业作为国民经济的重要组成部分，其信息化建设不仅能够促进产业结构的调整和优化升级，而且对于推进整个领域的信息化和区域信息化具有积极的推动作用，有效促进了国民经济信息化的步伐。在当前信息技术迅猛发展的背景下，集团信息化建设已经成为推动国民经济信息化、实现经济高质量发展的关键途径。集团企业应当把握信息化发展的趋势，加大信息化建设的投入，不断提升信息化水平，为推动区域经济和国民经济的信息化贡献力量。通过持续的信息化建设，集团企业将能够更好地适应经济发展新常态，实现自身的转型升级和可持续发展。

（2）集团信息化是走新型工业化道路的必然选择。

走新型工业化道路是企业发展的必然趋势，这一道路的核心在于信息化与工业化的深度融合。它倡导利用信息技术推动工业生产自动化、智能化，同时以工业发展需求促进信息技术的创新和应用。这种融合不仅提升了科技含量，优化了经济效益，还降低了资源消耗，减少了环境污染，充分发挥了人力资源的优势。新型工业化道路的实施，关键在于实现信息化与工业化的有机结合。通过这种融合，企业能够更精确地掌握市场动态，指导研发、生产、管理和服务等各个环节，提高决策的科学性和工作的效率。此外，两化融合还有助于企业实现战略目标，确保战略项目的顺利实施，从而在激烈的市场竞争中保持优势。

（3）加快信息流动，提高信息资源利用率。

集团信息化建设是企业实现现代化管理的关键步骤。在此过程中，企业对信息资源实施了全面的规划与管理，确保信息的高效利用。利用企业重组理论，企业对现有的业务流程和组织架构进行了深入的改革与优化，简化了管理层级，去除了冗余环节，从而缩短了信息传递的链条，加快了信息流通的速度。这种改革不仅提升了信息流动的效率，确保了信息传递的准确性，还促进了信息资源在整个组织内的共享与协同，极大地提高了信息资源的利用率。高效率的信息流转和高利用率的信息资源，为企业带来了显著的经济效益，包括降低运营成本、提高决策质量、加快市场响应速度等，这些都直接增强了企业的市场竞争力。

（4）有利于推进企业体制改革。

集团信息化建设是推动企业体制改革的重要动力。通过信息化手段，企业能够引入新的管理模式，实现管理流程的优化和提升，从而加速管理现代化的进程。现代企业制度的建立，包括清晰的产权界定、明确的权责分配、政府与企业的分离以及科学的管理方法，是实现信息化建设的基础，也是信息化能够发挥最大效用的前提。集团信息化与企业体制改革相辅相成，信息化建设需要体制的支撑，而体制改革又能为信息化提供更广阔的发展空间。在全球化竞争日益激烈的今天，集团企业必须构建一个适应市场经济要求的现代企业制度，确保企业能够在信息化的浪潮中稳健前行，充分利用信息化带来的优势，提高企业的运营效率和市场竞争力。

（5）有利于集团进行业务流程重组和组织结构优化。

集团信息化还有利于集团进行业务流程重组和组织结构优化。随着经济全球化和信息化的发展，传统的金字塔形组织结构已经难以满足市场竞争和客户需求的变化。集团信息化有助于重建企业业务流程，优化企业组织结构，推动企业朝着扁平化、网络化的方向发展。这不仅能够加快信息传递，降低监督协调成本，还能提高产品和服务质量，更好地适应个性化的顾客需求、变化的市场环境和激烈的市场竞争。通过信息化建设，集团企业能够不断提升自身的核心竞争力，实现可持续发展。

4. 集团信息化面临的阻碍

信息化已经成为了当今社会中企业发展的重要推动力。目前，我国的很多集团的信息化建设依然存在着一些明显的不足，主要体现在以下四个方面：

（1）集团信息化建设缺乏整体规划。

整体规划的缺失可能导致信息化建设与集团的中长期发展战略不同步，影响信息化建设的效果和效益。整体规划应涵盖两个层面：首先，从集团内部来看，信息化规划应与集团的整体发展战略紧密结合，确保信息化建设能够支持并推动集团战略目标的实现；其次，从集团外部来看，信息化规划需要与工商、税务、电信等相关部门的信息化建设相互配合、相互衔接，确保集团信息化项目与所在城市或区域的信息化发展规划保持一致，形成协同效应。

（2）部分集团信息化建设具有盲目性，起步早、投入大、失败多。

部分集团在信息化建设中存在盲目性，这表现在一些企业在没有充分认识信息化本质和目标的情况下，急于起步，投入大量资源，但往往因为缺乏明确的方向和有效的管理，导致信息化建设失败或效果不佳。信息化建设的本质是利用信息技术和网络技术提高企业的经营和治理能力，通过高效的技术手段辅助集团实施现代企业治理方法。因此，企业需要深刻理解信息化的内涵，合理预估风险，避免盲目投入，确保信息化建设能够带来实际效益。

（3）风险治理机制不足。

风险治理机制的不足是集团信息化建设中的另一个问题。集团内部组织关系的复杂性可能导致资源配置效率低下，而缺乏有效的风险治理机制是导致信息化建设失败的重要原因。特别是集团信息化项目往往规模大、参与人员多、关系复杂，面临诸多风险。如果没有有效的风险管理措施，代理人可能带来风险，委托人可能会失去对项目的控制，导致项目失败。因此，建立和完善风险治理机制，有效规避和控制风险，对于集团信息化建设的成功至关重要。

本书将以委托代理理论为基础，在分析集团信息化委托代理关系的基础上，提出一套风险治理机制，降低代理人带来的风险，避免代理人损害委托人利益的行为发生，从而使委托人的效益达到最大化。通过对 C 集团和 T 集团信息化现状的深入分析，分层次分阶段地对该集团的信息化建设中存在的委托代理问题进行了较为全面的研究，并结合集团信息化项目建设的实际情况，提出适应 C 集团和 T 集团发展的委托代理风险治理规划，着力解决 C 集团和 T 集团经营管理中存在的问题。对支撑集团战略发展目标的落地，明确如何高效利用先进的信息化技术，化解新型信息风险，实现可持续的高质量增长，实现传统企业管理到信息化管理的转型，提高管理效率，提升经营效益起到至关重要的现实意义。

2.2　信息化项目风险治理简介

2.2.1　信息化项目风险治理内涵

风险治理作为企业风险管理理论的延伸，是组织治理中不可或缺的一环。它涵盖了组织在面对内外部环境变化时，对潜在风险的识别、评估、监控和应对的全过程。风险治理的核心目标是通过有效管理风险，保障组织资产的安全，维护利益相关者的权益，并支持组织实现其战略目标和长远发展。20 世纪 80 年代至 90 年代，随着全球化和市场竞争的加剧，企业面临的风险种类和复杂性日益增加，风险管理理念因此得到快速发展。人们逐渐意识到，风险管理不应仅是风险管理部门的职责，而应成为整个组织文化的一部分，需要从顶层设计到日常运营的全面融入。1999 年，COSO 提出的企业风险管理综合框架报告，标志着风险治理概念的成熟和系统化。该框架明确了风险治理是管理层的责任，强调了风险管理与企业战略、运营和合规的整合，为风险治理的实施提供了理论基础和操作指南。2004 年，ISO31000 标准的发布，为风险管理提供了一套国际通用的原则和框架。它不仅促进了风险管理实践的标准化，也为组织提供了一套系统化的风险管理工具和方法，帮助组织更有效地识别、评估和处理风险。近年来，随着全球经济环境的不断变化和风险事件的频发，各国政府和监管机构对风险治理的重视程度日益提高。例如，巴塞尔委员会针对银行业的风险管理提出了更为严格的监管要求，推动了金融机构风险治理体系的建设和完善。当前，风险治理已经成为组织健康运行的重要支撑。它不仅关注战略风险，也涵盖了合规性风险、运营风险等多个领域。通过董事会和高级管理层的监督与参与，组织能够建立起一套有效的风险识别、评估和响应机制，从而在不确定性中把握机遇，应对挑战，实现可持续发展。风险治理的有效实施，对于提升组织的适应能力、增强市场竞争力和保护利益相关者权益具有重要意义。

信息化项目建设是一个复杂的过程，通常分为项目启动、组织准备、实施执行、项目验收四个主要阶段。在项目的初期，即项目启动和组织准备阶段，由于可能存在的专业经验不足，对项目需求的理解不深入，目标设定不够清晰，方案论证不够充分，以及计划管理的不完善，都可能导致项目建设的风险显著增加。这两个阶段是项目建设中风险最为集中的时期。在项目启动和组织准备阶段，如果风险管理不到位，可能会引发一系列连锁反应，影响后续的实施执行和项目验收阶段。这可能导致项目进度的延误、预算的超支，以及采购或开发的信息化产品无法满足实际需求，服务质量不达标等问题。这些问题不仅消耗了企业大量的人力物力资源，而且可能使整个信息化项目无法达到预期的目标，甚至导致项目失败。信息化项目在建设过程中具有一些独特的特点，这些特点与传统的工程建设项目有着显著的不同。例如，信息化项目的规范性可能相对滞后，技术发展迅速，问题诊断的难度较大，系统安全的要求较高，以及知识产权保护的复杂性等。这些特点所形成的风险因素，增加了信息化项目建设风险管控的难度。此外，在信息化项目建设的整个生命周期中，还会受到多种因素的影响，包括企业管理者的风险意识和管理能力、企业文化对风险管理的支持程度、使用者对信息化系统的接受度和使用能力，以及合作伙伴的专业素质和合作态度等。这些因素都可能对信息化项目的成功和顺利实施产生重要影响。因此，对信息化项目风险进行有效的治理，是确保项目成功和顺利实施的关键。项目管理者需要充分认识到信息化项目建设的特点和风险因素，采取科学的方法和工具，进行风险的识别、评估、监控和应对。同时，还需要加强项目团队的专业培训，提高项目管理者和执行者的风险管理能力，确保项目能够按照预定的目标和计划顺利推进，最终实现信息化建设的成功。

信息化项目风险治理是确保项目顺利进行、组织稳定发展和实现战略目标的关键环节，具有深远的意义。通过这一过程，组织能够系统地识别和评估项目可能面临的各种风险，并采取相应的预防和缓解措施，以降低这些风险对项目成功的潜在影响。有效的风险治理有助于保护组织的关键资产，包括但不限于财务资源、技术基础设施、数据信息以及人力资源，避免因不可预见的风险事件导致资产损失。风险治理的过程还涉及制定应对策略，确保组织在面对风险和不确定性时，关键业务能够持续稳定运行，减少业务中断的可能性。此外，风险治理使组织能够更好地理解和适应外部环境的变化，包括市场动态、技术进步、法规更新等方面，从而提高组织的市场适应性和竞争力。通过对潜在风险的评估和分析，组织可以更合理地分配资源，优先投资于那些对风险缓解至关重要或能带来最大收益的领域。风险治理提供了一种结构化的方法来评估风险和机会，帮助决策者基于更全面的信息做出更明智的决策。这种方法不仅提高了决策的质量，也增强了组织对风险的预测和应对能力。风险治理还有助于确保组织遵守相关法律法规和行业标准，减少因违规而可能产生的法律风险和声誉损失。通过培养积极的风险管理文化，组织可以鼓励所有员工识别和报告潜在风险，形成全员参与的风险管理氛围。这种文化的形成，有助于提高组织对风险的敏感度和响应速度。有效的风险治理可以显著减少负面事件的发生，保护组织的声誉，增强利益相关方对组织的信任。这对于建立和维护组织的品牌形象至关重要。最终，风险治理确保信息化项目与组织的整体战略目标保持一致，支持组织实现长期目标，促进组织的可持续发展。通过这种方式，风险治理不仅对单个项目的成功至关重要，也对整个组织的长期健康和成长发挥着关键作用。

2.2.2　信息化项目风险治理内容

信息化项目风险治理主要包括以下几个方面：

（1）风险识别。

风险识别作为风险管理流程的首要环节，其核心目标是全面地识别所有可能对项目目标产生负面影响的潜在风险。这一步骤是整个风险管理过程的基础，其重要性不言而喻。在传统做法中，风险识别往往依赖于专家的经验和直觉，这种方法虽然能够在一定程度上揭示风险，但可能缺乏系统性和客观性。

随着风险管理理论和实践的深入发展，现代的风险识别已经转向更加系统化和科学化的方法。例如，鱼骨图分析法（也称为因果图或石川图）能够帮助团队识别问题的根本原因，通过直观的图形表示，促进对风险成因的深入理解。事件树分析（ETA）和失效模式与影响分析（FMEA）则通过逻辑推理，预测风险事件的发生路径及其可能造成的后果，从而提前识别潜在的风险点。此外，风险登记表的引入为风险的记录、分类和跟踪提供了一种结构化的工具。它不仅帮助项目团队系统地收集和整理风险信息，还为风险的优先级排序和后续的风险评估提供了便利。风险登记表通常包含风险描述、风险等级、可能的影响、已识别的触发因素和当前的缓解措施等关键信息。

这些方法的综合应用，显著提升了风险识别的全面性和准确性。它们不仅帮助项目团队从不同角度和层面审视潜在风险，还能够确保风险识别过程的连贯性和一致性。通过这种方法，项目团队能够更早地发现风险，更准确地评估风险的性质，从而为制定有效的风险应对策略提供了坚实的基础。有效的风险识别还需要项目团队的积极参与和持续的沟通。团队成员应该保持开放的心态，鼓励创新思维，不断探索新的风险识别方法和工具。同时，团队还需要定期回顾和更新风险登记表，确保风险识别过程能够适应项目环境的变化。

总之，风险识别是风险管理成功的关键。通过运用系统化和科学化的方法，项目团队能够更全面、更准确地识别风险，为后续的风险评估和应对策略的制定奠定坚实的基础。这种持续的、动态的风险识别过程，是确保项目顺利进行和组织稳定发展的重要保障。

（2）风险评估。

风险评估是风险管理过程中至关重要的一步，它在风险被识别之后立即展开。这一阶段的任务是深入分析这些风险对项目或组织可能造成的影响程度和紧迫性。早期的风险评估主要依赖于定性方法，即通过专家的经验和判断来评估风险的严重性，这种方法虽然能够提供一定的指导，但可能缺乏精确性和可量化性。随着风险管理领域的技术进步，现代的风险评估已经发展出了多种定量评估工具，这些工具的应用使得风险评估过程更加科学和精确。例如，风险指数方法通过为风险分配数值，来量化风险的可能性和影响；风险矩阵则通过二维表格的形式，将风险的可能性和影响进行组合，以确定风险的优先级；风险对数法则是一种更为复杂的统计方法，它综合考虑了风险的各种属性，以评估风险的整体影响。这些定量评估工具的使用，不仅提高了风险评估的准确性，也为风险管理决策提供了更为可靠的依据。它们帮助项目管理者和决策者更清晰地理解风险的性质和潜在后果，从而能够更有效地制定风险应对策略。此外，定量评估工具还能够适应不同项目和组织的特定需求，提供定制化的风险评估结果，确保风险管理措施的针对性和有效性。通过这些定量工具的应用，组织可以更加系统地对风险进行分类和排序，识别出那些需要立即关注和处理的高优先级风险，同时也能够合理分配资源，对那些影响较小或可能性较低的风险进行适当的监控和管理。这种平衡的方法确保了风险管理的全面性和有效性，同时也提高了组织对风险的整体控制能力。总之，现代风险评估的定量方法为组织提供了一种更为精确和系统的风险管理手段，使得风险管理过程更加科学、合理和有效。通过这些方法，组织能够更好地识别、评估和应对风险，确保项目和组织的长期稳定发展。

（3）风险应对。

根据风险评估的结果，企业必须制定一系列有针对性的风险应对策略，以妥善处理各种类型的风险。这些策略通常包括但不限于以下几种：风险规避：这是一种预防性策略，旨在通过避免或退出可能导致风险发生的环境或活动来预防风险的发生；风险转移：通过将风险的财务影响转嫁给第三方，例如通过购买保险或外包风险管理，来减轻潜在的损失；风险接受：在评估风险的影响较小或管理风险的成本效益比不划算的情况下，企业可能选择接受风险，而不是采取额外的预防措施；风险多样化：通过分散投资或业务活动，减少单一风险源对企业整体的影响，从而降低风险的集中度；制定应急计划：为可能发生的风险事件制定应急响应计划，确保在风险发生时能够迅速有效地应对，减少损失；合规管理措施：确保企业的操作符合法律法规和行业标准，通过合规管理降低法律风险和声誉风险。

正确的风险应对策略能够帮助企业减轻或消除风险的负面影响，保护企业资产，确保业务连续性，并支持企业的长期战略目标。这些策略的选择和实施需要基于对风险性质、可能性、影响和企业风险承受能力的深入理解。此外，风险应对策略的制定还应考虑到策略的可行性、成本效益和与企业整体战略的一致性。通过综合考虑这些因素，企业能够选择最合适的风险管理方法，以实现对风险的有效控制和最小化风险带来的损失。风险应对策略的制定和执行是一个动态的过程，需要企业持续监控风险环境的变化，并根据新的信息和情况调整策略。这种灵活性和适应性是确保风险管理成功的关键。通过有效的风险应对策略，企业不仅能够抵御风险带来的挑战，还能够利用风险带来的机遇，实现可持续发展。

（4）风险监测。

风险管理是一个持续的、动态的过程，它要求组织不断地监测和评估风险环境的变化。这种监测是至关重要的，因为它能够确保风险管理措施与当前的风险状况保持一致，并能够及时响应新出现的风险或现有风险的变化。在早期，风险监测主要依赖于个人经验和直觉，这种方法虽然在某些情况下有效，但它缺乏一致性和可预测性。随着风险管理理论和实践的发展，现代风险管理已经转向更为系统和科学的方法。风险日志是一种重要的监测工具，它记录了风险管理活动的详细情况，包括风险识别、评估、应对措施的实施以及风险的后续变化。通过风险日志，组织可以追踪风险管理的整个过程，评估风险管理措施的效果，并在必要时进行调整。风险指标是另一种关键的监测工具，它通过量化的方式来衡量风险的变化和发展趋势。这些指标可以是定性的，也可以是定量的，它们帮助组织从不同角度和层面评估风险，并为风险管理决策提供数据支持。此外，现代风险管理还采用了风险热图、风险雷达图等可视化工具，这些工具通过图形化的方式展示风险的分布和变化，使组织能够更直观地理解风险状况，并快速识别风险的热点和趋势。这些监测工具的综合应用，不仅提高了风险监测的效率和准确性，还增强了组织对风险的感知能力和响应速度。它们使组织能够及时发现新的风险和风险变化，确保风险管理措施的及时更新和调整。有效的风险监测还需要组织建立一套完善的风险报告和沟通机制。这包括定期的风险审查会议、风险管理报告的编制和分发，以及风险信息的及时沟通和共享。通过这种方式，组织可以确保所有相关方都对风险状况有清晰的了解，并能够参与到风险管理的过程中。总之，风险管理是一个需要持续关注和投入的过程。通过建立有效的风险监测机制，组织可以更好地理解和管理风险，确保风险管理措施与风险环境的变化保持同步，从而提高组织的风险管理能力和整体的竞争力

（5）风险报告。

风险沟通在风险管理过程中扮演着至关重要的角色，它是确保所有相关方对风险有共同理解并采取适当行动的关键。有效的风险沟通能够促进信息的透明流通，增强团队协作，提高风险应对措施的执行效率。风险报告作为沟通的主要工具，承担着将风险管理的成果和相关信息传递给项目团队、管理层以及其他利益相关者的任务。这种报告可以采取多种形式，包括但不限于定期的风险管理报告、项目进度报告中的风险部分，以及在出现重大风险事件时发布的临时风险警示。

一个全面的风险报告应该包含以下几个关键要素：风险现状：清晰地描述当前项目或组织面临的风险，包括风险的性质、范围和可能的影响；风险发展趋势：分析风险随时间的变化趋势，预测风险可能的发展方向和潜在的演变；已采取的应对措施：详细说明已经

实施的风险应对策略和措施，以及这些措施的执行情况和效果；应对措施的效果评估：对已采取的风险应对措施进行效果评估，包括成功减少风险影响的案例和需要改进的地方；未来风险管理的建议：基于当前的风险状况和发展趋势，提出未来风险管理的建议，包括预防措施、缓解策略和长期的风险管理计划；决策支持信息：提供必要的数据和分析，帮助决策者理解风险的严重性和紧迫性，从而做出明智的决策。

风险报告应该以易于理解的方式呈现，避免过度使用技术术语，确保所有利益相关者都能理解报告的内容。此外，风险报告应该是互动的，鼓励接收者提供反馈和建议，以促进风险管理过程的持续改进。为了提高风险沟通的有效性，组织应该建立一个清晰的沟通计划，明确沟通的目标、对象、频率和渠道。此外，组织还应该培养一种开放和诚实的风险沟通文化，鼓励团队成员和利益相关者分享他们对风险的看法和担忧。总之，有效的风险沟通是风险管理成功的关键。通过提供全面、透明和及时的风险报告，组织能够确保所有相关方都能够获得必要的信息，参与到风险管理的过程中，共同应对风险，推动项目和组织向预定目标前进。

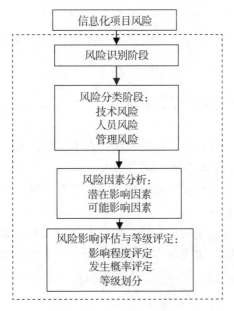

图 2-1　信息化项目风险识别与评估流程

随着项目管理理论和信息技术的飞速发展，信息化项目风险治理已经实现了从依赖个人经验的传统模式向系统化、科学化方法的转变。现代信息化项目风险治理的实践，不仅整合了先进的风险识别、评估、应对和监控手段，还积极融合了风险管理软件等技术工具，构建起一套较为完善的理论体系和方法框架。

在企业通过信息化项目建设推动自身发展的过程中，对信息化基础设施的完善、安全保障体系的强化、应用系统的开发以及应用支撑平台的构建等方面的投入日益加大。这些投入的增加，体现了企业对信息化建设重要性的认识和对提升企业竞争力的迫切需求。然而，与这些投入同步增长的，还有信息化项目建设过程中所面临的风险。这些风险可能源自多个方面，包括但不限于技术选型的不确定性、项目管理的复杂性、团队协作的挑战、市场变化的不可预测性等。这些风险因素对项目的顺利实施和最终成效构成了严峻的挑战。因此，加强对信息化项目建设过程中风险的分析、防范和控制变得尤为关键。企业需要建立一套全面的风险管理体系，这套体系应从项目启动之初就开始识别潜在风险，评估风险的可能性和影响，制定相应的风险应对策略，并在项目实施过程中持续监控风险的变化，及时调整应对措施。此外，企业还应重视风险管理团队的建设，提升团队成员的专业能力和风险意识，确保风险管理工作的有效执行。这包括对团队成员进行定期的风险管理培训，提高他们对风险管理工具和方法的掌握程度，以及培养他们在面对风险时的应变能力。同时，企业应加强与外部合作伙伴的沟通协调，共同应对信息化项目建设过程中可能出现的风险。这不仅包括与供应商、承包商的合作，也包括与行业监管机构、客户以及其他利益相关者的沟通。通过建立有效的沟通机制，可以确保各方面对风险的认识和应对措施保持一致，形成风险管理的合力。总之，信息化项目风险治理是企业信息化建设中不可或缺的一环。通过科学的风险管理，企业不仅能够有效降低信息化项目建设的风险，还能够确保信息化建设成果更好地服务于企业的发展战略，推动企业的持续创新和长远发展。有效的风险治理有助于企业在快速变化的市场环境中保持竞争力，实现可持续发展的目标。

2.3　信息化项目风险治理理论述评

信息化理论研究是一个深入且广泛的领域，它不仅涵盖了评价信息化项目成效的方法论，还包含了信息化项目的集成管理策略，以及如何科学地进行信息化规划与管理等关键议题。这些理论研究为企业提供了实施信息化项目的指导原则和操作框架，帮助企业在信息化建设的道路上更加稳健地前行。

随着企业信息化在全球范围内的广泛应用和不断深入的学术探讨，业界和学术界逐渐达成共识：缺乏有效的风险防范机制往往是导致企业信息化项目未能达到预期目标甚至失败的一个主要因素。这一共识促使众多企业开始重视并建立针对信息化项目的风险管理机制，以预防和降低风险带来的负面影响。

国内外学者的研究重点也逐步聚焦于信息化风险治理这一细分领域。他们通过案例分析、理论构建和实证研究，探索信息化项目中潜在风险的识别、评估、控制和缓解的有效方法。这些研究不仅增强了对信息化风险本质的理解，也为企业提供了一系列风险治理的策略和工具。在这一过程中，学者们强调了风险治理在信息化项目中的重要性，并提倡企业应将风险管理纳入信息化建设的整体规划。这意味着在项目启动、执行和收尾的每个阶段，都能够进行有效的风险控制。这种全面的风险管理方法有助于企业在信息化建设的各个环节中识别潜在的风险点，采取适当的预防和缓解措施，从而降低风险发生的可能性和影响。通过这些研究，企业和实践者能够更好地把握信息化项目的复杂性，提高项目成功率，确保信息化投资带来预期的效益。此外，这些研究成果还为企业提供了一种系统性的风险管理视角,帮助企业在面对不确定性和变化时,能够更加灵活和有效地调整其风险管理策略。信息化理论研究的发展和深化,为信息化项目风险治理提供了坚实的理论基础和实践指导。通过不断探索和完善风险管理的方法和工具,企业和学者们共同努力,旨在提高信息化项目的成功率,为企业的持续发展和创新提供支持。这种跨学科、多维度的研究不仅丰富了信息化理论的内涵,也为信息化实践提供了宝贵的经验和知识。

2.3.1　IT 治理相关研究

1. IT 治理定义和范围

Juhn(2011)对 IT 治理的定义和理解进行了深入审查和讨论,特别指出了两个概念上的难题,并提出了一个新的、受目标约束的 IT 治理定义。这一定义强调了 IT 治理在实现组织目标方面的重要性,并为 IT 治理的进一步研究奠定了基础。Xiao 等(2013)的研究通过提出一个流程模型,为理解和管理公司 IT 治理提供了新的视角。这一模型不仅为分析和优化 IT 治理流程提供了框架,而且旨在提高组织的 IT 治理效率和效果。该模型的提出,标志着 IT 治理研究从静态的规范性描述向动态的流程管理转变,强调了 IT 治理的持续性和适应性。Kim(2013)的研究则更加深入地探讨了 IT 治理的定义和要素,强调了构建一个全面的 IT 治理系统的重要性。该研究提出的框架涵盖了 IT 治理的关键组成部分及其相互关系,为 IT 治理的系统化研究提供了明确的方向,也为实践中的 IT 治理体系建设提供了理论基础。Carraway(2015)的研究专注于 IT 治理的结构和流程,特别是其在促进技术创新方面的作用。该研究不仅总结了高等教育领域实现有效 IT 治理的关键因素,而且为该领域的 IT 治理实践提供了具体的指导,突出了 IT 治理在不同行业应用中的特定需求和策略。Turel 等(2021)的研究则从治理层级的角度出发,阐明了董事会级和执行级 IT 治理的差异,并强调了董事会和高管在 IT 治理中的积极参与。该研究提出的董事会级 IT 治理结构、行动和风格建议,为董事会如何更有效地参与 IT 治理提供了宝贵的见解。Ako-Nai 和 Singh(2019)通过半结构化访谈,深入探讨了董事会级 IT 治理的实施情况。研究发现,董事会在实施 IT 治理时,会超越公司治理守则中的规定,考虑那些对组织可持续性和各利益相关者带来积极价值的 IT 项目,这表明了 IT 治理在促进组织长期发展和社会责任方面的重要作用。Gewald 和 Wagner(2022)的研究则提出了将危机模式 IT 治理的成功元素纳入治理体系,以创建适应性治理的观点。这种治理模式能够实现更快、更灵活的 IT 决策,同时确保法规合规性,为应对快速变化的 IT 环境提供了新的治理思路。Medaglia 和 Eaton(2022)的研究则从权力关系的视角,调查了丹麦和英国数字身份系统治理中的情况。研究确定的权力培养和权力限制两种不同的权力登记机制,为理解权力在 IT 治理中的作用提供了新的视角,也丰富了 IT 治理的理论内涵。Joshi 和 Benitez(2022)的研究介绍了 IT 治理流程能力的概念,并对其进行了衡量。这一概念的提出,涉及公司在识别、设计、实施和利用关键 IT 治理流程的能力,为评估和提升 IT 治理效能提供了新的维度。Muammar 和 Nicho(2019)的研究则从地域性的角度出发,对海湾合作委员会地区的 IT 治理实践进行了评估,并提出了适合该地区的 IT 治理结构、流程和关系机制,为特定地区的 IT 治理实践提供了定制化的解决方案。

综合以上对 IT 治理定义和范围的研究，可以发现 IT 治理是一个多维度、跨学科的研究领域，涉及流程优化、结构设计、技术创新、危机管理、权力关系、流程能力以及地域性实践等多个方面。随着信息技术的不断发展和组织环境的不断变化，IT 治理的研究和实践将继续深化，为组织提供更有效的 IT 治理策略和框架，以支持其数字化转型和长期发展。

2. IT 治理的作用

Tiwana 和 Kim(2015)的研究强调了 IT 治理选择与公司部门专业知识一致性的重要性，认为这种一致性是公司培育战略性利用信息技术能力的关键。他们的研究揭示了 IT 治理有效性与支持组织内部专业知识发展之间的密切联系。这一发现指出，有效的 IT 治理不仅能够促进信息技术与组织核心业务的融合，还能够通过优化 IT 资源配置来增强公司的竞争优势。Moon(2015)进一步阐述了 IT 治理在组织中的战略性作用，特别是其在 IT 资源管理决策中的关键性。Moon 的研究强调了 IT 治理在确保信息系统有效性和提升组织绩效方面的重要性，特别是在 IT 人力资源管理领域，这对于构建和维持组织的 IT 能力至关重要。Joshi 和 Bollen(2018)的研究则从 IT 治理流程成熟度的角度出发，探讨了这一成熟度与公司 IT 治理效能之间的关系。他们的调查结果突出了 IT 治理框架在提高对外部利益相关者的透明度、加强问责机制方面的核心作用，这有助于构建利益相关者的信任并促进更明智的决策。Zhang 等(2016)通过实证研究，基于资源和战略选择理论，验证了 IT 治理在构建 IT 能力方面的关键作用，以及 IT 能力在推动公司绩效增长中的重要驱动力。这项研究为信息系统(IS)文献做出了重要贡献，强调了 IT 治理在实现组织战略目标中的核心地位。Hamdan 和 Khamis(2019)的研究提供了关于信息技术治理及其与新兴市场公司绩效关系的额外证据。他们的研究不仅确定了沙特阿拉伯公司的 IT 治理水平，还探讨了 IT 治理对公司绩效的积极影响，为 IT 治理在不同市场环境下的应用提供了见解。Huygh 和 De Haes(2019)的讨论则集中在 IT 治理如何持续实现其创造和保护 IT 业务价值的目的上，为 IT 治理的持续发展和优化提供了理论基础。Awwad 和 El Khoury(2021)的研究评估了 IT 治理对巴勒斯坦银行财务业绩的影响，同时控制了特定银行和治理变量。他们的研究不仅强调了 IT 治理在金融行业中的重要性，还确认了制定和改进公司治理守则以加强 IT 治理的必要性。Almaqtari 和 Farhan(2023)的研究在特定情境下——即约旦新冠疫情期间——评估了 IT 治理在公司治理机制和业务连续性之间的调节作用。他们的研究结果显示，在危机时期，IT 治理的调节作用对于保持业务连续性至关重要，缺乏有效的 IT 治理可能会削弱公司治理机制的效率。Elazhary 和 Popovic(2023)采用了创新的方法，将基于资源的观点扩展到动态能力的观点，探索了 IT 治理与组织敏捷性之间的关系。他们的研究结果表明，IT 和创新能力在 IT 治理对组织敏捷性的影响中起到了显著的调节作用，这为理解 IT 治理如何帮助组织适应快速变化的环境提供了新的视角。

总体而言，这些研究共同强调了 IT 治理在组织战略、资源管理、绩效提升和业务连续性中的多维作用。它们揭示了 IT 治理不仅对内部运营效率至关重要，而且对组织如何在不断变化的市场和技术环境中保持竞争力和敏捷性发挥着决定性作用。这些研究成果为组织提供了宝贵的见解，帮助它们优化 IT 治理结构和流程，以实现长期的业务成功和可持续发展。

3. 其他相关研究

Johnson 和 Ekstedt（2010）探究了 IT 治理成熟度对 IT 治理绩效的影响，调查结果表明，IT 治理成熟度的提升与 IT 治理绩效的改善之间存在正相关关系。具体来说，随着组织在 IT 治理的规划、执行、监控和优化等方面的成熟度提高，它们能够更有效地利用 IT 资源支持业务战略，提高决策的质量，增强风险管理能力，以及提升 IT 项目的成功率。Héroux 和 Fortin（2014）的研究揭示了 IT 治理机制的使用与公司 IT 模式之间的密切联系，指出在进攻性与防御性 IT 模式下，IT 治理机制的使用更为频繁。这种发现强调了 IT 治理策略与组织 IT 战略之间的对齐重要性，以及如何根据不同的 IT 模式调整治理机制。Chi 和 Zhao（2017）的研究进一步探讨了 IT 治理战略与公司 IT 灵活性之间的关系。他们指出，IT 灵活性较低的公司倾向于采用平衡的治理策略，而 IT 灵活性较高的公司则能够更有效地管理不平衡的治理策略，如合同主导或关系主导的治理，从而增强治理的协同效应。De Haes 等（2017）对比利时公司 IT 治理透明度的状况进行了探索性的见解。研究表明，IT 治理披露与上市公司的 IT 使用强度呈正相关，与非上市公司相比，鉴于 IT 使用强度的可比水平，上市公司往往更关注披露其 IT 治理。Dempsey（2018）的研究则从审计的角度出发，发现了 IT 治理文献、IT 治理人员的观点与审计师披露之间存在脱节。这项研究不仅指出了现有研究的局限性，还为缩小这一差距提供了建议，促进了 IT 治理实践与审计要求之间的一致性。Sirisomboonsuk 和 Gu（2018）的研究则聚焦于 IT 治理、项目治理与项目绩效之间的关系。他们提出，IT 治理和项目管理是促进项目成功的运营战略的关键部分，强调了 IT 治理在项目成功中的核心作用。Kude 和 Lazic（2018）探索了使组织能够实现基于 IT 的协同增效的 IT 治理能力，以更好地理解基于 IT 的协同作用和业务-IT 调整之间的紧张关系。Boonstra 等（2018）使用代理逻辑视角来研究竞争的代理逻辑如何通过占主导地位的利益相关者的颁布模式在 IT 治理实践中建立联系，以及这些颁布模式如何影响组织的 IT 绩效。Sibanda 和 von Solms（2019）为在南非各城市有效和可行地实施 IT 治理提出了一种战略方法，以改善城市 IT 治理的实施。Liu 等（2019）调查发现，权威的治理风格和环境活力是董事会 ITG 实现绩效提升的重要条件并讨论了实际影响。De Haes 和 Huygh（2019）分析了公司治理守则如何指导董事会提供关于处理 IT 治理透明度的方法，从而提出需要在国家公司治理守则中纳入更多与 IT 治理相关的指导，以使得公司在 IT 治理方面更加透明。Zhen 等（2021）的研究表明，基于流程和关系治理对 IT 探索和利用具有积极影响，而这种探索和利用又是提升组织敏捷性的关键因素。Luciano 等（2021）通过定量研究分析了工作制定和 IT 治理制度化对 IT 治理绩效的影响。他们的研究结果阐明了制度化工作和 IT 治理如何共同作用，提升 IT 治理的绩效。Fasihuddin 和 Alharbi（2022）则从不同部门的角度出发，探讨了 IT 治理成熟度的优势和劣势，并提出了提高政府和半政府部门 IT 治理成熟度的步骤，为公共部门的 IT 治理提供了改进方向。Siregar 和 Harahap（2023）研究了业务不确定性对印度尼西亚上市公司信息技术(IT)治理的影响,研究结果发现,业务不确定性与 IT 治理有显著的积极关联,与预测一致。张雅文(2023)以某引黄灌区农业节水工程信息化项目为例,基于层次分析法进行风险因素重要性评价,探讨智慧水利背景下信息化项目风险管理方法和经验,以期为类似项目风险管理提供指导或借鉴。

综合以上相关研究观点,IT 治理是一个多维度、跨学科的研究领域,涉及治理机制的使用、治理战略的选择、治理透明度的提升、项目治理的协同效应、以及 IT 治理能力的提升等多个方面。随着信息技术的不断发展和组织环境的不断变化,IT 治理的研究和实践将继续深化,为组织提供更有效的 IT 治理策略和框架,以支持其数字化转型和长期发展。

2.3.2　IT 风险治理相关研究

1. IT 风险研究

Parent 和 Reich(2009)的研究提出了一个具有里程碑意义的模型,该模型不仅概述了IT 风险的关键领域,而且明确了董事会在保护公司信息和技术资产方面应提出的关键问题。这一模型对于董事会如何履行其在 IT 风险管理方面的责任提供了指导,强调了董事会对 IT 风险管理的监督作用,以及如何通过提出关键问题来确保公司 IT 资产的安全。Jokony 和 Lubbe(2009)的研究进一步扩展了 IT 治理的视角,将商业价值观与 IT 治理、风险管理和合规(GRC)联系起来。他们认为,IT GRC 不仅是高管的责任,而且应该是所有业务部门的共同责任。这一观点推动了对 IT 治理更为全面的理解,强调了跨部门协作在IT 风险管理中的重要性。Okonofua(2018)的研究则集中于 IT 领导力和信息系统(IS)治理的重要性,为 IS 风险管理的文献增添了新的视角。该研究指出,虽然已有文献强调了 IT 领导力和治理的重要性,但需要更强有力的分析来确定最有效的领导风格和治理框架。这表明在 IT 风险管理领域,领导力和治理结构的选择对于确保成功至关重要。钱等(2019)的研究专注于教育信息化项目的风险,指出在项目主体、技术创新、后期运维、人力资源、组织结构以及对政策了解程度等方面存在较大风险。他们的研究强调了在教育信息化项目中,应特别关注这些变量对风险的影响,并在风险管控中采取相应措施。张红金(2020)的研究则针对信息化项目的技术特点,提出了一种结合定性分析与定量计算的风险评估模型。这一模型不仅提供了具体的风险评估算法,而且详细描述了风险评估流程,为信息化项目的风险评估提供了一种系统化的方法。张磊(2022)的研究强调了信息化项目风险管理对企业信息化建设成功的重要性。他提出,企业必须重视信息化项目风险管理,并分析项目建设过程中的风险问题,以提出有效的风险管理措施。这一研究为企业在面对信息化建设中的不确定性和潜在风险时提供了实用的指导。房巧玲等(2023)的研究采用了 Python 文本分析法,基于中国省级面板数据构建了国家审计信息化指数,并实证检验了国家审计信息化对金融风险治理的影响。这一研究为理解国家审计信息化在金融风险管理中的作用提供了新的证据,并为相关政策制定提供了数据支持。Saddiqa 和 Shehzad(2023)的研究探讨了项目管理风险(PMR)在合同治理(CG)与项目绩效(PP)之间的调节作用。他们的研究结果为 IT 行业从业者和专家提供了务实的见解，同时警示了 IT 行业中计划外风险可能带来的巨大危害。

综上所述，IT 风险管理是一个多维度、跨学科的研究领域，涉及董事会监督、商业价值观、领导力、教育信息化、风险评估模型、企业信息化建设、国家审计信息化、合同治理以及项目管理等多个方面。随着信息技术的不断发展和组织环境的不断变化，IT 风险管理的研究和实践将继续深化，为组织提供更有效的风险管理策略和框架，以支持其数字化转型和长期发展。

2. IT 风险治理

Jin(2012)的研究在云计算环境中对 IT 治理的作用进行了深入探讨，特别是在降低信息安全风险方面。该研究提出的交互模型不仅将风险管理与信息安全治理主题相联系，而且为如何在云计算这一新兴领域内实施有效的 IT 治理提供了理论基础和实践指导。这一模型强调了在动态变化的技术环境中，IT 治理需要具备灵活性和适应性，以应对不断演变的信息安全威胁。Parry(2014)的研究进一步强化了有效 IT 治理在项目组合控制中的重要性。通过对现有文献的深入分析，该研究阐明了 IT 治理与风险管理之间的内在联系，并提供了支持两者相互促进关系的新证据。研究结果表明，一个成熟的 IT 治理框架能够为项目组合管理提供结构化的方法，帮助组织更有效地识别、评估和缓解风险。李天球(2019)的研究则从信息化项目风险管理的当前现状出发，细致地探讨了管理流程中的各种问题，并提出了一系列对策和建议。该研究不仅分析了信息化项目风险管理的紧迫性和复杂性，而且为如何在不同阶段实施有效的风险管理提供了实用的策略，从而帮助组织提高风险应对能力。何晓梅和郭以东(2019)的研究专注于合同执行管理中的常见问题和潜在风险。通过对合同管理过程中可能出现的问题进行详细论述，该研究提出了及时识别和预判风险的重要性，并为规避和化解这些风险提供了相应的应对策略和措施。这些建议有助于组织在合同管理过程中实现更好的风险控制。李慧平和张雪丰(2021)的研究则聚焦于 EPC 项目中的财务风险。在深入分析 EPC 项目的主要财务风险和问题的基础上，该研究提出了推进信息化建设和建立项目财务管理系统的构思。这些措施旨在加强内部控制，实现风险的及时预警和提示，从而为 EPC 项目全过程的财务风险管理提供了有价值的参考。蔡小路(2021)的研究以信息化项目为研究对象，对项目类别、产品参数以及数据价值挖掘等难点进行了深入的风险分析。该研究提出了以"规划"为核心、以"共享"为平台、以"数据"为驱动的信息化项目高效管理策略，旨在通过这些策略提升信息化项目建设的整体效益。庞恩峰(2022)的研究结合实际工作经验，认真分析了信息化项目采购中存在的风险，并提出了合理化建议。这些建议不仅有助于提升采购工作的管理水平，而且对于防范和控制信息化项目采购过程中的风险具有重要的参考价值。顾大双(2023)运用管理学理论，结合电网企业信息化项目的特点，梳理项目风险管理的主要影响因素，构建电网企业信息化项目的风险管理模型。实践表明该模型能够准确量化综合风险指标，具有较强的适用性，为电网企业其他信息化项目的风险管控提供参考。卢婷(2023)的研究根据 ICT 业务的特征和建设模式，全面分析了项目全流程涉及的财税风险。该研究为构建 ICT 业务财务风险管控机制，实现项目闭环管理，加快企业战略转型提供了相应的参考建议。向阳（2023）的研究指出，相关人员应集中实施风险管理，有效加强项目监督，以确保风险管理方案得以顺利实施。该研究深入探讨了通信工程项目的风险管理，旨在为相关领域提供实用的参考。

　　以上研究表明，IT 治理和风险管理是确保信息化项目成功的关键因素。无论是在云计算环境、项目组合控制、合同管理、财务风险管理，还是在信息化项目采购、电网企业风险管理、ICT 业务财务风险管控，以及通信工程项目风险管理等方面，都需要深入分析和有效应对各种风险，以实现组织的战略目标和业务连续性。随着技术的不断发展和组织环境的不断变化，IT 治理和风险管理的研究将继续深化，为组织提供更有效的策略和框架，以支持其数字化转型和长期发展。

2.3.3　国内外研究综合评述

　　上述国内外信息化项目风险治理研究理论，涵盖了 IT 治理的定义、理论发展、实践应用，以及 IT 风险治理的策略和方法。研究文献表明，随着信息技术在企业运营中的重要性日益增加，有效的 IT 治理对于确保组织目标的实现、提升组织绩效、促进业务连续性以及应对快速变化的市场环境至关重要。

　　通过深入分析现有的学术文献和研究资料，我们能够明显观察到，国内外学者通过案例分析、理论构建和实证研究，对 IT 治理的流程、结构、效能进行了深入探讨。研究强调了 IT 治理与组织内部专业知识发展的一致性，以及 IT 治理在战略资源管理中的关键作用。此外，文献还指出了 IT 治理在不同行业和不同国家背景下的应用，显示了 IT 治理概念的普遍性和适应性。在 IT 治理这一学术领域，国际学术界已经构建了一系列成熟的治理模型，并且这些模型正在不断地经历着优化和改进的过程。这些模型涵盖了从 IT 治理结构到流程的多个方面，旨在适应不断演变的信息技术环境和组织需求。相较之下，国内对 IT 治理的研究起步较晚，但发展迅速。国内的研究主要集中在公司层面，侧重于从企业战略的角度出发，探索和提出有助于企业信息化实施和风险规避的 IT 治理机制。这些研究强调了与企业战略紧密结合的 IT 治理对于指导企业信息化建设和降低相关风险的重要性。当前，国内关于企业信息化的研究，特别是在委托代理问题的研究领域，多数聚焦于企业内部或与软件供应商之间的代理关系。对于咨询方、监理方以及其他可能涉及的代理关系，目前的研究尚未形成深入的专项探讨。这些领域需要更多的关注和研究，以揭示不同代理方在企业信息化过程中的角色和影响。IT 治理和风险治理的研究正逐渐形成一个多学科、跨领域的综合性研究领域。随着技术的不断演进，这一领域的研究将继续扩展，涵盖更多的技术应用和行业实践。同时，研究者们也强调了风险管理在信息化项目中的重要性，提倡企业将风险管理纳入整体规划，确保信息化投资能够带来预期的效益。为理解和实施有效的 IT 治理和风险治理提供了坚实的理论基础和实践指导，对促进企业信息化建设和可持续发展具有重要意义。随着企业对信息技术依赖程度的加深，这些研究成果将对企业决策者在风险管理和战略规划方面提供宝贵的参考。

　　在企业信息化风险治理的研究领域，尽管已有研究开始关注基于过程的风险治理方法，并且部分学者已经构建了企业信息化过程中的风险评价模型，但针对企业信息化中的委托代理关系进行深入探讨的文献仍然不多。这表明，尽管企业信息化风险治理的重要性已经被广泛认识，但关于委托代理关系中的风险管理，以及如何为代理人建立有效的风险防范机制，这些方面仍存在研究空白。尽管国内外的学术研究已经逐渐聚焦于企业信息化风险治理，目前这一领域的研究仍然相对较少，尤其是关于如何为代理人建立风险防范机制的研究更是稀缺。这一点表明，尽管企业信息化风险治理的重要性已经被广泛认识，但针对委托代理关系中的风险管理，以及代理人风险防范机制的深入研究，仍然是未来学术界需要进一步探索和完善的领域。为了填补这一研究空白，未来的研究需要从多个角度对企业信息化中的委托代理关系进行深入分析。首先，研究者需要对委托代理理论进行更深入的研究，以理解代理人在企业信息化过程中的角色和责任，以及他们面临的风险类型。其次，研究者需要探讨如何建立有效的激励和约束机制，以确保代理人能够在风险管理中发挥积极作用。此外，研究者还需要考虑如何利用信息技术来提高风险管理的效率和效果，例如通过数据分析和人工智能技术来识别和评估风险。同时，实践界也需要对现有的IT治理机制进行不断的评估和改进。企业需要认识到，有效的风险管理不仅需要理论研究的支持，还需要实践中的应用和验证。企业应该建立一套全面的风险管理体系，包括风险识别、评估、监控和应对等环节。此外，企业还需要加强与代理人的沟通和协作，确保他们能够充分理解风险管理的重要性，并参与到风险管理的过程中。此外，政策制定者和行业组织也应该在推动企业信息化风险治理方面发挥积极作用。他们可以通过制定相关政策和标准，引导和支持企业建立有效的风险管理机制。同时，他们还可以通过组织培训和研讨会，提高企业对风险管理的认识和能力。企业信息化风险治理是一个复杂且多维的研究领域，需要学术界、实践界和政策制定者的共同努力。通过深化理论研究，加强实践应用，以及完善政策支持，我们可以更好地理解和应对企业信息化过程中的风险，为企业的可持续发展提供坚实的保障。这不仅需要理论研究的深化，也需要实践界对现有IT治理机制的不断评估和改进，以确保企业能够有效地应对信息化过程中的各种风险和挑战。

本章思考题

1. 请简述企业信息化的意义。
2. 请简述集团信息化有哪些应用。
3. 你认为风险管理和管理风险有哪些联系与区别？
4. 请阐述信息化项目风险管理的原则。
5. 你认为现阶段风险管理工作中面临哪些问题？
6. 你认为应当如何构建企业风险预警系统？
7. 请分析IT项目管理中的风险类型。
8. 请阐述IT项目风险的特征。

第3章 集团信息化项目中的多层委托代理关系分析

3.1 委托代理理论背景

3.1.1 委托代理理论的经济学分析

委托代理理论是制度经济学领域中的一个重要分支，它致力于解释和分析由于所有权和经营权分离所形成的委托人和代理人的关系问题。为了从经济学的角度分析委托代理问题，首先应该了解以下基本概念。

（1）委托人（principal）。

委托人是指在委托代理关系中占据主位，可以对他人（代理人）进行授权的一方。委托人通常拥有某种权益、利益或权力，需要代理人来执行特定任务或决策。委托代理关系存在的首要目标是最大化委托人的利益（Ross，1973）。

（2）代理人（agent）。

代理人是受委托人授权，代表委托人执行任务或决策的一方。代理人承担着履行委托任务的责任，但也可能有自己的动机和利益。

（3）信息不对称（information asymmetry）。

委托代理关系通常伴随着信息不对称，即委托人和代理人可能拥有不同水平的信息。这种信息的非对称性是从两个角度划分的：一是根据发生时间的非对称性，可以分为非对称性发生在当事人签约前的事前（ex ante）非对称和发生在当事人签约后的事后非对称性（ex post）；二是根据内容的非对称性，可以分为信息的非对称和行动的非对称。信息的不对称可能是由于多种原因引起的：①不对称的访问成本，获取信息可能需要时间、金钱和资源，因此一些市场参与者可能无法获得相同的信息；②隐藏信息的动机，一方可能有动机隐藏信息，以获得更有利的交易条件，如卖出低质量产品或隐瞒风险；③不完全信息的限制，有时信息并不完全存在，或者难以获取，因此市场参与者不得不基于不完全的信息做出决策（张维迎，2004）。

基于以上内容，在经济学中委托代理关系通常也指的是一种涉及非对称信息的交易关系，即处于信息相对优势的一方（代理人）与处于信息相对弱势的一方（委托人）之间的相互关系。在这种代理关系中，委托人为达到某个目标或完成某项任务以合同的形式雇用一个或多个代理人为其工作，将部分行动权利授予代理人，其目的是代理人能够更好地完成任务,最大化自己的利润,委托人根据代理人完成任务的情况对其进行支付;代理人根据委托人提供的合同决定自己的投入(通常包括投入资源和努力),这种投入关系着最终的产出和利润。但是,由于信息不对称性的存在,委托代理关系中往往容易出现以下问题:

(1)代理人问题。

代理人作为一个理性人,有自己的利益存在,他并不总是为了委托人的最大利益而行事(Jensen & Meckling,1999)。如在 PPP 项目中,公共部门(委托人)和私营部门(代理人)的目标可能是不同的。公共部门试图最大化社会和公共利益,而私营部门可能试图通过机会主义行为最大化其经济利益(Liu et al.,2016)。这种机会主义行为的结果,不仅会导致委托人的利益没有实现最大化,甚至可能危害到委托人的利益。例如,代理人可能会选择低成本但低质量的方案来降低自己的成本,增加利润,而不是选择最优的方案。

(2)道德风险问题。

道德风险问题包括代理人的道德风险和委托人的道德风险两部分,并以代理人的道德风险研究居多。由于信息不对称问题的存在,代理人难免会因为自身的利益而做出有损委托人利益的行为,从而引发代理人的道德风险问题。委托人的道德风险主要是指委托人对代理人努力程度判断的主观随意性。委托人可以在没有外界约束的条件下,将代理人的业绩压低,使得代理人得不到应得的收入。

(3)逆向选择问题。

逆向选择问题(adverse selection)是指在一方在交易中拥有更多信息或更好的信息,而另一方相对较少或不了解情况,从而可能导致不公平的交易和不利的结果。这种情况通常涉及一方在交易中隐瞒了重要信息,以获得不正当的优势,而另一方则因为缺乏信息而受到损害(Ross,1973)。

这里我们举一个例子来帮助大家更好地理解逆向选择问题:假设有一家健康保险公司提供多种保险计划,覆盖不同程度的医疗费用。根据常识,个人的健康状况是一个非常重要的信息,直接影响他们对医疗服务的需求。然而,健康保险公司在签订保险合同之前,无法完全了解每个投保人的健康状况,导致信息不对称。假设市场上有两类人:健康状况良好的人和健康状况较差的人。健康状况良好的人由于生病的可能性较低,他们对健康保险的需求较少,而健康状况较差的人因为需要更频繁的医疗服务,他们对健康保险的需求更高。在这种情况下,健康状况较差的人更有可能购买全面覆盖的健康保险计划,因为他们预期自己会使用更多的医疗服务,从而从保险中获得更多的利益。而健康状况良好的人则可能选择不购买保险或仅购买覆盖范围较小的保险计划,因为他们预期自己不会经常生病,不需要支付高额的保险费。由于健康状况较差的人在购买保险方面更积极,保险公司最终吸引到的主要是高风险客户群体。这种情况导致保险公司的理赔支出增加,迫使公司提高保险费率以弥补损失。然而,提高保险费率又进一步使健康状况良好的人退出保险市场,导致市场上的风险群体比例进一步上升,形成恶性循环。

因此,从经济学的角度研究委托代理问题,其实就是研究如何在参与双方信息不对称的条件下,建立一种激励或监督机制(通常是契约的形式)使得代理人能够按照委托人的利益行动(George,1970)。这一过程涉及设计和实施一系列制度和措施,以确保代理人在履行其职责时能最大程度地实现委托人的利益目标。以下是一些具体的措施和机制：

（1）绩效合同（performance contracts）。

绩效合同是一种常见的激励机制，通过将代理人的收入与其绩效直接挂钩，来激励代理人为委托人的利益最大化而努力。这些合同通常包含明确的绩效指标和奖励结构。例如，在企业管理中，经理的奖金可以与公司利润、股票价格或其他关键业绩指标挂钩。如果经理能够提高公司的盈利水平或股票价格，他们将获得更高的奖金。

（2）信息披露（information disclosure）。

信息披露机制可以减少信息不对称，帮助委托人更好地了解代理人的行为和决策。例如，公司可以要求管理层定期提供详细的财务报告和经营数据，供股东和董事会审查。通过透明的信息披露，委托人能够更准确地评估代理人的表现，及时发现和纠正潜在的问题。

（3）监控和评估机制（monitoring and evaluation mechanisms）。

为了确保代理人按照委托人的利益行事，可以建立一套完善的监控和评估机制。委托人可以通过内部审计、外部审计、绩效评估等方式，对代理人的工作进行监督。例如，在企业中，董事会可以设立审计委员会，定期审查管理层的财务报告和经营活动，确保其行为符合股东的利益。

（4）激励机制（incentive mechanisms）。

除了绩效合同之外，还可以设计多种激励机制来激发代理人的积极性。例如，股票期权计划、长期激励计划等都是常见的激励手段。通过这些激励措施，代理人不仅能够获得短期的财务回报，还能在长期内分享公司的成功，从而激励他们为公司长期利益而努力。

（5）契约设计（contract design）。

合理的契约设计是解决委托代理问题的关键。契约应包含明确的任务描述、绩效指标、激励措施和违约条款等内容，以确保双方的权利和义务得到清晰界定。例如，在外包合同中，客户可以规定服务提供商需要达到的具体服务水平和质量标准，并设定相应的奖励和惩罚机制。

（6）外部市场机制（external market mechanisms）。

外部市场机制也可以在一定程度上解决委托代理问题。例如，资本市场的监督、媒体的监督和公众的监督，都可以对代理人的行为形成外部约束和压力。通过市场竞争和声誉机制，代理人需要维护自己的声誉和市场地位，从而在一定程度上约束其行为。

（7）代理人的选择和培训（selection and training of agents）。

选择合适的代理人并对其进行培训，可以在很大程度上减少信息不对称和代理问题。委托人在选择代理人时，应注重其专业能力、道德品质和信誉。通过系统的培训和指导，可以帮助代理人更好地理解和执行委托人的目标和要求。

（8）法律和法规（laws and regulations）。

法律和法规是保护委托人利益的重要手段。政府可以通过制定和执行相关法律法规，规范代理人的行为。例如，公司法规定了董事和高管的受托责任和义务，证券法规定了信息披露的要求和处罚措施。通过法律手段，可以有效减少代理问题和信息不对称带来的风险。

3.1.2　委托代理理论的基本分析方法

委托代理理论试图将以下问题模型化：委托人如何根据所观察到的代理人的行动信息来奖罚代理人，从而激励代理人能够按照委托人的利益行动。张维迎（2004）将委托代理问题划分为事前、事后、行动的隐藏和信息的隐藏四个区域。其中，研究事前非对称信息问题的称为逆向选择（adverse selection）模型；研究事后非对称信息问题的称为道德风险（moral hazard）模型。道德风险模型又分为隐藏行动的道德风险模型和隐藏信息的道德风险模型两种。此外还包括属于事前隐藏信息的信号传递模型（signaling model）和信息甄别模型（screening model），这两种模型都属于逆向选择模型的特例。诸多学者还将基本的委托代理模型进行了延伸，扩展到了单个代理人对多个委托人模型、单个委托人对多个代理模型、多阶段动态模型、单个代理人从事多项任务的模型等。

委托代理理论发展至今，其数学方法发展非常迅速，主要的方法有：状态空间模型化方法（state—space formulation）、分布函数的参数化方法（parameterized distribution formulation）、一般化方法（general distribution formulation）等。

（1）基本假设。

设 A 为代理人在某个时间点上所有可选择的行动组合，$a \in A$ 表示代理人在某个时间点上一个具体的行动。θ 为外生状态变量，该变量不受代理人控制，代表外部环境的随机影响，给定 θ 在其取值范围（θ_{min}，θ_{max}）上的分布函数和概率密度为 $G(\theta)$ 和 $g(\theta)$，且一般假定 θ 是连续变量。如果 θ 有有限个离散可能值则 $f(\theta)$ 为概率分布。$x(a, \theta)$ 为状态变量，是一种可观测的结果，由代理人的行动和外生因素共同决定。$y(a, \theta)$ 为产出，由代理人的行动、外生系统状态共同决定，其直接所有权归属于委托人。假设 y 是 a 的严格拟凹的函数（即给定 θ，代理人工作越努力产出越高，但这种努力的边际效率递减），且是 θ 的严格递增函数（较高的 θ 代表一种较有利的自然状态）。$w(a, \theta)$ 为代理人根据系统状态、其行动和外生状态获得的报酬。$C(a)$ 为代理人的行动成本，与代理人的行动有关，是关于 a 的增函数。

（2）状态空间模型化方法。

状态空间模型化的方法是由 Wilson（1969）、Spence 和 Zeckhauser（1971）以及 Ross（1973）最初使用，它可以将每一种技术关系都直观地表示出来，但是在这种模型化的方法中，有时得不到经济学意义上有信息量的解。代理人考虑到报酬和行动成本，通过选择努力水平 a 最大化自己的期望效用 $E(U)$。代理人的效用函数可以表示为：

$$E(U) = \int_{\theta_{min}}^{\theta_{max}} U(w(a, \theta) - C(a))g(\theta)\mathrm{d}\theta$$

委托人希望最大化自己的期望效用 $E(V)$，即期望产出减去支付给代理人的期望报酬：

$$E(V) = \int_{\theta_{min}}^{\theta_{max}} V(y(a, \theta) - w(a, \theta))g(\theta)\mathrm{d}\theta$$

委托人通过选择报酬 $w(a, \theta)$ 来最大化自己的期望效用 $E(U)$，同时应该满足代理人的参与约束和激励相容。其中，参与约束（participation constraint）也称个人理性约束

（Individual Rationality Constraint，IR），代理人从合同中得到的期望效用不能小于不接受合同时的最大期望效用 $\bar{u}$（即代理人的保留效用），可以表示为：

$$\int_{\theta_{\min}}^{\theta_{\max}} U(w(a, \theta) - C(a))g(\theta)\mathrm{d}\theta \geq \bar{u}$$

激励相容约束（Incentive Compatibility Constraint，IC），即委托人应该设计一个激励机制，使得代理人在使自己的效用最大化的同时也能实现委托人的效用最大化，可以表示为：

$$\int_{\theta_{\min}}^{\theta_{\max}} U(w(a^*, \theta) - C(a^*))g(\theta)\mathrm{d}\theta \geq \int_{\theta_{\min}}^{\theta_{\max}} U(w(a, \theta) - C(a))g(\theta)\mathrm{d}\theta$$

即：$a^* = \arg\max_{a \in A}\left\{\int_{\theta_{\min}}^{\theta_{\max}} U(w(a, \theta) - C(a))g(\theta)\mathrm{d}\theta\right\}$。

故整个模型可以表示为：

$$\max_{w(a, \theta)} \int_{\theta_{\min}}^{\theta_{\max}} V(y(a, \theta) - w(a, \theta))g(\theta)\mathrm{d}\theta$$

$$\text{s. t.} \begin{cases} \int_{\theta_{\min}}^{\theta_{\max}} U(w(a, \theta) - C(a))g(\theta)\mathrm{d}\theta \geq \bar{u} & \text{(IR)} \\ a^* = \arg\max_{a \in A}\left\{\int_{\theta_{\min}}^{\theta_{\max}} U(w(a, \theta) - C(a))g(\theta)\mathrm{d}\theta\right\} & \text{(IC)} \end{cases}$$

（3）分布函数参数化方法。

第二种方法是由莫里斯（Mirrlees，1976）和霍姆斯特姆（Holmstrom，1979）提出的"分布函数参数化方法"（parameterized distribution formulation）。用 $F(a, x, y)$ 和 $f(a, x, y)$ 分别表示由原外生状态变量 θ 的分布函数 $G(\theta)$ 根据状态变量 $x(a, \theta)$ 和 $y(a, \theta)$ 导出的分布函数和概率密度。在状态空间模型化的方法中效用函数对 θ 取期望值；在分布函数参数化的方法中，效用函数对观察变量 x 取期望值，委托代理模型表示如下：

$$\max_{a, w(x)} \int V(y - w(x))f(a, x, y)\mathrm{d}x$$

$$\text{s. t.} \begin{cases} \int U(w(x))f(a, x, y)\mathrm{d}x - C(a) \geq \bar{u} & \text{(IR)} \\ a^* = \arg\max_{a \in A} \int U(w(x))f(a, x, y)\mathrm{d}x - C(a) & \text{(IC)} \end{cases}$$

（4）一般化分布方法。

第三种方法是"一般化分布方法"（general distribution formulation），是为了模型的一般化和简化。假定状态变量和产出的随机性仅由外部环境因素决定，而不是由代理人的行动直接影响，则有新的密度函数 h 为状态变量 x 和产出 y 的函数，即 $h(x, y)$，成本函数则可以表示为 $C(h)$。运用一般化分布方法，委托代理问题可以表示为：

$$\max_{a, w(x)} \int V(y - w(x))h(x, y)\mathrm{d}x$$

$$\text{s. t.} \begin{cases} \int U(w(x))h(x, y)\mathrm{d}x - C(p) \geq \bar{u} & \text{(IR)} \\ a^* = \arg\max_{a \in A} \int U(w(x))h(x, y)\mathrm{d}x - C(p) & \text{(IC)} \end{cases}$$

以上三种方法各有特点，其中参数化方法已经成为标准化的方法，应用较为广泛。一般情况下，产出被假设为可观测的变量，委托人只能根据产出对代理人进行奖惩。于是，委托代理模型可以化为：

$$\max_{a,\,w(x)} \int V(y - w(x)) f(a,\,y) \mathrm{d}x$$

$$\text{s. t.} \begin{cases} \int U(w(y)) f(a,\,y) \mathrm{d}x - C(a) \geqslant \bar{u} & (\text{IR}) \\ a^* = \arg\max_{a \in A} \int U(w(y)) f(a,\,y) \mathrm{d}x - C(a) & (\text{IC}) \end{cases}$$

3.1.3 委托代理理论研究

委托代理理论产生于 20 世纪 60 年代末，在 20 世纪七八十年代进入研究和发展的顶峰时期。最初是在企业"黑箱"理论基础上的关于企业内部信息不对称和激励问题方面的研究。随着企业所有权和经营权的分离，委托代理理论逐步应用到公司治理理论中；随后又在物流管理、工程管理和项目管理等领域得到应用。

1. 传统委托代理理论

（1）研究热点和趋势分析。

为了更好地了解实际委托代理理论的研究发展情况，运用 CiteSpace 软件以"委托代理"（Principal-agent）为关键词，对 CNKI 数据库（2000 篇）和 WOS 核心数据库（1966 篇）2004—2024 年二十年间的委托代理文献进行了计量分析，分析结果如图 3-1 和图 3-2 所示。首先，在发文量方面，CNKI 数据库 2004 年至 2009 年期间委托代理理论的年度发文量呈现出明显的上升趋势，2009 年后年发文量除部分年份有波动外，整体的发文量呈明显下降趋势。WOS 数据库 2004 年至 2009 年期间委托代理理论的年度发文量整体呈上升趋势。

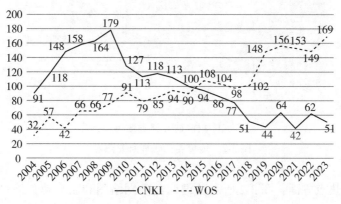

图 3-1 传统委托代理相关研究发文量

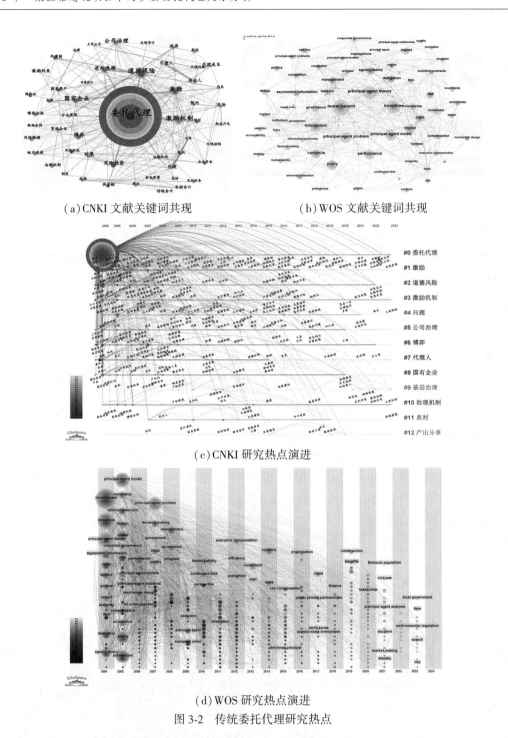

（a）CNKI 文献关键词共现　　　　　　（b）WOS 文献关键词共现

（c）CNKI 研究热点演进

（d）WOS 研究热点演进

图 3-2　传统委托代理研究热点

其次在研究热点方面，图 3-2 所示关键词共现网络图和研究热点演进时间线图/时区图揭示了国内外委托代理理论的核心热点主题和研究热点随时间的变化情况。图中各关键词的圆圈大小代表了该主题在研究中的热度和重要性。由图 3-2（a）和图 3-2（b）可以发现，在过去二十年的研究中，委托代理理论传统的激励问题、道德风险问题、信息不对称和逆向选择问题的研究一直是国内外学者共同研究的重点，此外 CNKI 数据库的研究重点还包括对国有企业、公司治理、风险投资等方面，绩效（performance）、合同（contract）、政策（policy）等节点在 WOS 关键词共现图谱中较大，说明在 WOS 发表的文章中该内容是其研究重点方向。图 3-2(c)是 CNKI 数据库中的文献研究热点的时间线图，其中左上角的多最大的节点代表了整个时间线图的中心主题，每一道横线代表一个聚落，聚落的最右侧标有本聚落的名称。从左至右，不同节点间的连线显示了研究主题随时间的演进和扩散。例如一些线条开始于时间轴的早期（接近 2004 年），延伸到后来的年份，表明某些研究主题或概念持续了较长时间。图 3-2(d)是 WOS 数据库中研究热点的时区图，时区图以年进行划分，某一年份内的节点为该年的研究热点，从左到右反映了不同年份研究热点的变化。

（2）主要研究问题分析。

传统委托代理问题除了基本的单个代理人和委托人的问题外，还包括：多任务（Multi-tasks）、多阶段（Multi-stages）、多代理人（Multi-agents）问题。此外，随着委托代理理论的发展，不少学者在声誉机制、委托人道德风险、激励机制的适用性，以及基于连续时间的委托代理问题等方面进行了研究。

①多任务问题。

多任务委托代理问题方面的研究关注代理人同时负责多项任务的情况，这些任务可能具有不同的风险特性、不同的努力成本和不同程度的可观察性。代理人会根据合同中各任务指标的权重分配其努力，这增加了委托代理问题的复杂性（Itoh，1991）。该类问题的研究重点是：委托人如何设计激励机制，使代理人在多任务环境中能平衡各项任务，有效地分配其投入（资源、努力和时间等），确保各项任务都能够被完成（Holmstrom 和 Milgrom，1991；Itoh，1991）。

Holmstrom 和 Milgrom（1991）首次提出了单阶段多任务委托代理模型，之后不少学者将其应用到诸多问题中。如：Itoh（1991）研究了在一个多任务情形下，代理人不仅要完成自己的任务，还需要帮助其他代理人完成任务。Chambers 和 Quiggin（1996）研究了一个涉及需要同时关注污染控制和玉米生产两项任务的风险规避型的农民的多任务委托代理问题，为理解如何平衡激励与风险共担提供了有价值的见解。Antle 和 Bogetoft（2019）在代理人信息优势的情形下分析产品或任务组合变动的成本和益处，为设计多任务情形下代理人的任务组合提供了新的见解。Lu 等（2023）通过构建一个多请求者多工作者的斯塔克尔伯格博弈模型，研究了如何在群体感知多任务分配中实现社会效用最大化的同时保持比例公平性。Wang 和 Pan（2023）建立了地方政府和污染企业之间的多任务委托代理激励机制，研究结果表明最优激励合同的设计应考虑到机构因素、企业类型、企业特性，以及如何更灵活地调整政策和措施以实现经济与环境的协调发展。

②多阶段问题。

多阶段委托代理问题指的是任务或合作关系跨越多个时期或阶段的情况，每个阶段的行为和成果都必须考虑对后续阶段的影响，比如：是否继续签订合同，下一阶段的考核要求以及激励惩罚的判定和调整等。多阶段问题中，委托人在设计动态激励机制时需要考虑代理人的长期激励，以及如何在不同阶段调整合同以反映前一阶段的表现和结果，从而对即将开始的阶段进行规范和更好地激励。

Demski 和 Frimor(1999)研究了多阶段委托代理关系中因重新协商引起的绩效衡量混淆问题，揭示了代理人在无法预先承诺不重新协商的情况下，混淆绩效衡量通常是最优策略。Kang 和 Zheng(2009)探索了风险资本家和创业者之间的多阶段激励机制，研究在信息不完整的情况下如何通过最优激励机制和博弈理论模型处理道德风险和不对称信息问题，并提出了最佳退出点和补偿方案以平衡风险和回报。Xu 和 Song(2010)构建了 PPP 项目两阶段激励模型，深入分析了政府如何设计动态激励合同以最大化私营企业的努力水平并优化监管策略。Tang 和 Wang(2016)构建了承包商和设计师之间的单阶段和多阶段激励模型，通过对 7 个国际 EPC 项目的比较发现：单阶段激励机制可能导致机会主义行为，并降低设计激励的有效性；在多阶段激励中引入战略利益有效地增强了长期合作的稳定性。Gao 和 Tian(2018)提出了可以限制代理人行为的多阶段的激励模型，比较了单阶段和多阶段激励模型，研究了各方最优的合作时期和实现企业和政府双赢的联合效益。Zhang 等(2020)考虑运营绩效、利益相关者的利益、奖励-惩罚系数、维护成本和私营部门的努力水平之间的定量关系，设计了一个动态绩效激励模型以最大化各方的参与利益，并分析了动态的激励惩罚系数的调整范围。Gretschko 和 Pollrich(2022)结合理论分析和实践案例，从多阶段委托代理的视角，探讨了在不完全合同条件下，如何通过机制设计在连续采购过程中优化买方剩余，揭示了信息透明度和供应商转换策略对多阶段委托代理关系的影响。Zhang 等(2024)设计了一个多阶段激励机制，通过将显性和隐性激励结合，同时考虑技术业务部门的行为特征，来提升复杂产品交付效率，并探讨了在不同交付策略组合下激励合同对交付效率的影响，为多阶段委托代理问题提供了理论支持。

③多代理人问题。

当涉及多个代理人时，相关研究集中于如何管理和协调多个代理人之间的互动，确保他们的行为符合委托人利益。如：如何设计激励机制解决代理人的搭便车问题，如何通过适当的激励结构促进代理人之间的竞争或协作。

Holmstrom(1982)研究发现在多代理人的情形下相关绩效评价有助于减少代理人的道德风险成本，并且指出所有权和劳动的部分分离有利于应对"搭便车"行为。Liu 等(2015)提出了针对多代理人环境下的电子商务服务供应链知识共享的动态激励机制，考虑了不同代理人的风险态度差异，强调了知识互补性和整合能力的重要性。卢和荆和荆文君(2015)在综合考虑双向道德风险、多代理人情形下的物流服务供应链激励机制设计的基础上，探讨了"固定产出"情景下客户对服务质量的评价如何影响集成商对服务提供商的激励效果。Lin 和 Wang(2019)在多代理人的互动环境中，揭示了知识共享行为如何受到团队内部结构和激励机制的影响，强调了在领导者-追随者博弈模式下，通过适当的激励策略可以有效促进知识共享和团队合作。Richter(2019)提出了福利最大化和收益最大化的机制，用于向预算受限的多个代理商分配可分割的商品。Kvaløy(2019)揭示了在多代理人环境中，代理人总产出的可观测性和产出相关性如何影响关系合同的设计，强调了团队激励方案的优越性以及产出相关性对激励效率的影响。Villas-Boas(2020)通过数学模型阐述了团队生产力下降速度、团队成员的期望持续时间和努力水平之间的关系，强调了有效管理团队互动和努力水平对于提高团队绩效的重要性。Li(2020)提出了委托人将任务分配给多个代理人的机制，委托人可以对代理人的报告进行收费并施加有限惩罚。

④声誉机制相关。

代理人的声誉在激励机制中扮演着重要角色。声誉作为个人或组织在外界心目中的地位或名声，直接影响代理人的职业前景、社会关系和个人自尊。在委托代理关系中，保持良好的声誉可以使代理人在未来获得更多的合作机会、职业晋升和高额奖励。因此，代理人通常有动机维护或提升自己的声誉。Kreps 等(1982)首次提出声誉模型，研究声誉对个体的激励作用。和征等(2020)通过引入公平理论到声誉激励机制设计，结合委托代理理论，建立了声誉激励模型以激励合作企业参与服务创新。研究发现，合作企业的公平偏好、服务创新与知识转移能力、以及耐心程度等因素对声誉激励系数有正向影响，而努力成本、风险规避程度、产出分享比例和外部环境不确定性则与之呈负相关。Li 等(2020)引入声誉理论来设计 PPP 项目中的城市水污染治理的激励机制，通过将短期激励与长期激励整合到合同中，为实现政府与私营部门双赢局面提供了新的见解。刘阳等(2022)在政企委托代理关系的基础上，引入声誉效应机制到政府和两个企业组成的应急物资储备系统，构建了考虑声誉效应的应急物资储备系统动态激励模型，提出了声誉效应机制发挥长期激励作用的条件。Han 等(2022)基于委托代理理论，构建了一个结合显性和隐性激励的动态激励模型，分析了声誉效应在大型项目中的作用机制。

关于声誉激励的研究中一个重要的方面是声誉的棘轮效应。如：王雪青等(2020)基于委托代理理论，建立了单阶段静态和两阶段动态绩效激励模型，分析了棘轮效应对社会资本努力、社会资本经济效益和政府综合效益的影响考虑了市场声誉激励机制，发现声誉激励有助于缓解棘轮效应，但无法完全消除棘轮效应。朱宾欣等(2020)建立显性和隐性声誉效应下连续两个任务阶段的动态激励模型，探讨了显性声誉修正系数、隐性声誉系数以及参赛者数量对激励效果的影响。Li 和 Su(2022)研究了基于绩效的 PPP 模型中声誉激励和棘轮效应的相互作用，发现政府在设定绩效目标时需考虑激励增加以应对棘轮效应，同时强调了声誉激励在特定条件下替代明确激励的可能性，并提出相应的政策建议。Iny 等(2023)利用一个两期的委托代理模型，检验了考虑信息租金、能力不确定性和绩效噪声等关键因素的公司薪酬方案中的棘轮原则，检验了棘轮合同在高管薪酬中的有效性。

⑤委托人的道德风险。

在委托代理关系中，道德风险不仅存在于代理人(如高级管理人员)身上，委托人(如股东或董事会)同样面临道德风险的问题。委托人和代理人双方都可能基于私人信息采取机会主义行为。部分研究探讨了委托人的道德风险问题，如：Wang 等(2016)指出委托人可能会为了转移决策风险而不公正地指责代理人，或在管理理念冲突时，以绩效不佳为由降低薪酬或解雇无过失的高管，损害高管的利益。刘新民等(2020)研究发现在实际的委托代理关系中引入一种解聘补偿机制制衡委托人的道德风险是非常有必要的。Chen 等(2020)探讨了如何通过设计有效的正式合同和关系合同来激励知识投资，并缓解由于知识投资的无形性和无法验证性带来的双边道德风险问题，以促进合作创新的成功。Wang 和 Xu(2021)通过结合三个关键因素——多重代理人、双边道德风险和帮助性努力——对补偿合同设计进行了探究。为如何在存在双边道德风险的情况下，公司与多个代理人之间建立最优机制，以及如何减少双边道德风险对参与者利润的不利影响提供了一些理论指导。吴勇等（2022）研究发现责任契约可以有效解决供应链互补企业在双边赔偿契约中的双边道德风险问题。

⑥激励机制的适用性研究。

正如上诉内容提到的，在委托代理关系中，委托人和代理人之间存在着信息不对称和利益冲突。委托人希望代理人采取有利于自身利益的行动，但由于代理人通常掌握更多关于其行为和努力程度的信息，且其自身利益可能与委托人不完全一致，这就容易形成了委托代理问题。为了协调这一关系，设计有效的激励机制成为关键。激励机制在委托代理问题中的主要目的是通过合理的激励方案，使代理人的行为尽可能符合委托人的利益。通过设计和选择适当的激励机制，可以解决信息不对称和利益冲突的问题。有效的激励机制不仅可以提高代理人的工作积极性和绩效，还能促进企业的整体发展。在实际应用中，选择何种激励机制应根据具体情境、任务特点以及团队构成等因素综合考虑，以达到最佳效果。

在激励机制适用性方面，Chan 等（2012）的实证研究发现，当员工能力存在差异时，团队奖励能够提升绩效。Lim 和 Chen（2014）探讨了影响销售团队中团队激励和个人激励有效性的关键因素，包括社会联系、激励力度和信息不对称。Ladley 等（2015）的多主体仿真研究证实，在群体规模较大的情况下，基于群体的评估和奖励系统优于基于个人或混合奖励系统，只有在个人和群体利益一致时，基于个人的奖励系统才表现更好。Adi 和 Nahartyo（2022）通过实验对比分析了基于个人和团队激励机制下的知识共享行为，发现团队激励下的知识共享行为高于个人激励下的共享行为。类似地，Chaudhry 等（2023）通过实验表明，短期团队奖励机制能够有效提高工人出勤率和产品质量。Kamei 和 Markussen（2023）通过实验表明，当团队激励方式中员工的任务偏好与任务分配不匹配时，搭便车效应会更加明显。通过计算机仿真，Fu 等（2016）开发了一个模型，展示了项目中代理冲突、搭便车效应和监控成本如何相互作用，从而影响最优团队规模和激励合同的设计。Mann 和 Helbing（2017）比较了促进集体智慧出现的多种激励机制，包括二元奖励、市场报酬和少数奖励；Zhao 等（2022）发现，任务依赖和合作溢出效应的增加能够促进帮助行为的扩散，而团队规模、利润分享系数和个人固定收入的增加则会抑制这种扩散。

⑦连续时间条件下的委托代理问题。

以上决策、激励过程都属于基于离散时间的委托代理模型。随着委托代理理论的发展，越来越多的学者开始关注在连续时间的状态下的委托代理问题。Sannikov（2008）提出了在连续时间中带有不完全信息的重复博弈模型，运用随机最优控制和微分方程等工具简化了最优合同的计算过程。这一理论进展为连续时间背景下的委托代理理论提供了新的分析框架，使得在动态变化的环境中对合同和策略的优化变得更加可行和精确，尤其是在考虑长期合作和不断变化的信息环境时。

DeMarzo 等（2012）将动态投资理论与动态最优理论结合，得到一个最优激励兼容契约，通过该契约可以得到动态投资策略、代理人的连续报酬和终止时刻。牛华伟（2017）

建立了一个连续时间条件下的私募基金管理者与外部投资人之间委托代理模型，给出了最优资产管理规模和分成比例。Yang 等（2018）研究了连续时间下的三边道德风险和成本协同效应下的代理人的最优努力和补偿。Wang 等（2021）基于连续时间委托代理模型分析了税收对员工工作策略的影响，并推导出一种激励补偿方案，并且考虑了行为经济学中由税收引起的损失，以及这些因素如何影响代理人的最佳合约选择。李大海等（2023）将时间因素引入非对称信息异质多代理人竞争关系的研究中，建立了中立、竞争两种情况下的连续时间委托代理模型，并求解了两种情况下的最优合约。Xie（2023）将代理人之间的竞争、合作和中立关系引入连续时间模型，并分析这三种关系下的激励特征，提供了解决一般情况下最优合约。

2. 基于非理性因素的委托代理理论

如前所述，传统的委托代理研究都是以委托人和代理人都是理性的为假设前提，但这种假设在现实生活中往往都不成立。因此应该关注委托代理中非理性因素的研究，主要考虑了行为偏好（包括公平、互惠等）、过度自信等对代理人行为、合同机制设计等的影响。

为了更好地了解基于非理性因素的委托代理理论的发展情况，运用 CiteSpace 软件对 2004—2024 年，二十年间发表于 CNKI 和 WOS 上关于委托代理理论中非理性因素相关研究进行了文献计量分析，相关研究的发文量和研究热点如图 3-3 和图 3-4 所示。在发文量方面，中英文数据库 2004 至 2024 年期间委托代理理论的年度发文量呈现出明显的波动趋势。其中，CNKI 的发文量变化更为明显。在 2004 年至 2009 年以及 2013 年至 2016 年期间，中文文献数量表现出增长的态势，尤其在 2009 年和 2016 年达到研究的高峰，而在 2011 年至 2013 年和 2016 年之后总体发文量有所下降。同时，英文文献的发文量虽然也波动变化但幅度较小，整体呈一个波动上升的趋势。

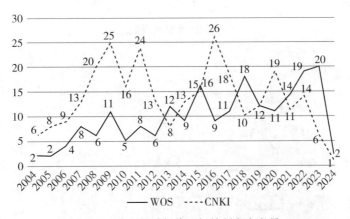

图 3-3　非理性委托代理相关研究发文量

在研究热点方面，图 3-4 所示关键词共现网络图和研究热点演进时间线图/时区图揭示了国内外委托代理理论在非理性研究领域的核心热点主题以及研究重点随时间的变化情况。由图 3-4 的（a）和（b）可以发现，在过去 20 年的研究中，国内外学者除了对委托代理理论的传统激励问题和道德风险问题的研究外，偏好、声誉和过度自信等主题也备受关注，这反映了学术界对于理解和解决代理问题中的非理性因素、道德约束等方面的高度关注和深入钻研。对比图 3-4 的（c）和（d），我们可以发现，声誉/声誉激励、过度自信、偏

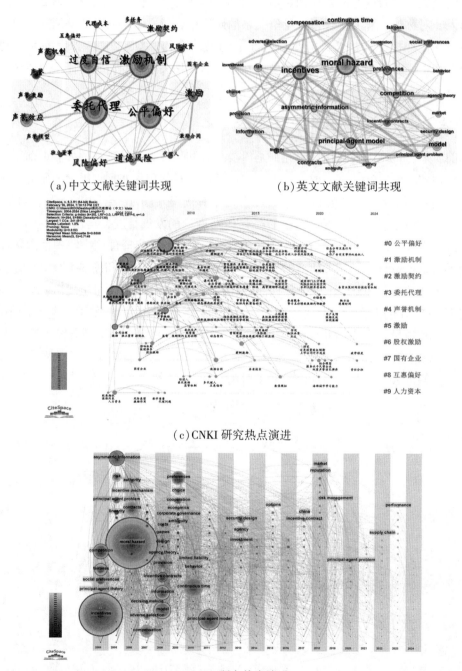

（a）中文文献关键词共现　　　　　　　　（b）英文文献关键词共现

（c）CNKI 研究热点演进

#0 公平偏好
#1 激励机制
#2 激励契约
#3 委托代理
#4 声誉机制
#5 激励
#6 股权激励
#7 国有企业
#8 互惠偏好
#9 人力资本

（d）WOS 研究热点演进

图 3-4　非理性研究热点

好等在早些年份(2010年之前)就已经是CNKI论文的研究热点,并且随时间演化朝不同领域和方向进行发展,而WOS数据库论文的较早年份研究重点虽然包括了关于偏好的研究,但是声誉作为研究重点出现的相对较晚(2016年)。至于在连续时间条件下的委托代理问题,则是发表在WOS上的论文进行了较早的重点研究(2010年),而CNKI论文将其作为研究重点是在2020年之后。

如上所述,在理论方面,国内外关于委托代理的研究已经较为成熟,并取得了不小的成绩;在理论应用方面,委托代理理论在物流、工程项目管理等领域的应用比较成熟,但在企业信息化方面的应用则相对较少。

(1)行为偏好相关研究。

行为偏好反映了决策者的价值观、目标和动机。在委托代理理论中,相关行为偏好的研究主要包括以下几类:

①公平偏好(fairness preference)。

公平偏好是指决策者在做决策时不仅考虑个人收益,也关心收益的分配是否公平。具有公平偏好的决策者即使牺牲部分自身利益,也可能追求一个平等或合理的结果,以确保所有参与方都得到公正对待。如:李训等(2008)将公平偏好融入传统的委托代理模型中,得出了区别传统研究的新结论。Han等(2020)建立了一种考虑到承包商公平偏好存在的比赛激励机制,设计了一种基于不同承包商公平偏好程度和排名的奖励分配方案。王先甲等(2021)通过引入行为经济学的公平偏好理论,构建了PPP项目最优激励机制,对激励机制的设计提供了更加贴近现实的理论依据和决策参考。Shu和Dai(2023)探讨了风险企业家的"嫉妒公平关切系数"对对称和非对称信息情况下的两阶段风险投资决策的影响。朱琪等(2023)在多代理人的背景下研究了经理人公平偏好对经理人努力程度及薪酬激励的影响,丰富公平偏好对委托代理理论影响的研究,对于研究基于混合所有制改革下国有企业控制权分权水平和完善经理人激励机制有启示意义。

②利他偏好(altruistic preference)。

利他偏好指决策者在决策时,倾向于帮助他人,甚至是以牺牲自身利益为代价。这种偏好体现了个体对他人福祉的关心,决策者可能因为内在的满足感、道德原则或对社会的责任感而表现出利他行为。Urda(2013)指出利他偏好作为决策者效用函数的重要组成部分,是触动人们内在情感并影响其行为的重要因素。部分学者将利他偏好纳入到委托代理传统模型中,如:朱宾欣等(2019)研究了多个接包方参与的协作型众包项目中,保留任务量与利己、利他努力与项目协作效应、参与人数量、风险偏好之间的关系。高尚等(2023)考虑了参与者的公平关切和利他偏好行为,分别构建了固定价格和个体绩效的两种激励契约模式下的委托代理模型,分析了两种激励契约模式下参与者公平关切和利他偏好行为对企业期望效用以及参与者努力水平的影响,并得到公平关切和利他偏好下激励契约设计效果的无差异曲线。

③互惠偏好(reciprocal preference)。

互惠偏好指决策者在做决策时会考虑与他人的互动关系,基于对方的行为表现出相应的反应。如果决策者感受到他人对自己的善意,他们可能表现出更多的善意;反之,如果感受到对方的不公或背叛，则可能采取惩罚措施。关于互惠偏好研究，Rabin（1993）提出考虑行为人动机公平的"互惠"理论。Barta 等（2011）发现如果个体根据最后一次与匿名伙伴的互动结果更新的状态变量来决定是否合作，那么合作可以通过广义互惠来演化。韩姣杰等（2012）在代理人的效用函数中加入了互惠偏好，考虑了多主体参与的项目团队中互惠偏好对团队成员努力选择、利润分享和团队绩效的影响。Livio 等（2019）开发了一个自利的委托人对一组代理人的激励理论模型，发现最优激励方案取决于代理人对风险的态度和他们对互惠偏好的相互作用。Su 等（2020）采用委托代理框架来设计建筑和拆除（C&D）废物回收行业中再制造商和收集者之间的激励机制，发现互惠有助于节省再制造商激励成本。Khan（2019）研究了在代理人具有慷慨偏好的情况下最优激励机制，发现为了使慷慨合同变得有吸引力，需要一定的互惠水平，慷慨程度和互惠参数之间存在一个驼峰形关系。安庆贤和胡明杰（2021）研究了当存在互惠偏好时，医生的努力水平与患者的固定支付之间的关系，证明存在互惠偏好时可以对传统的医患委托代理关系实现帕累托改进。张克勇等（2021）将政府绿色创新补贴和成员互惠偏好行为同时纳入绿色供应链，分别建立集中决策、决策双方均无互惠偏好、制造商具互惠偏好、零售商具互惠偏好的 4 种Stackelberg 博弈模型。张凤华等（2022）从创新顾客的互惠偏好程度、激励契约类型与激励效果的关系入手，构建创新顾客参与企业创新活动的激励模型。

（2）过度自信。

在委托代理理论中，过度自信被视为一种显著的非理性因素。这种心理倾向涉及决策者对自身判断和能力的高估，可能导致决策者风险评估不准确、决策过于激进或对不确定性的低估，进而在项目管理、资源分配和战略规划中造成问题。一方面，与理性的决策者相比，过度自信的代理人会对自身所掌握的信息和资源过分乐观（Hribar 和 Yang，2016），对于自身能力过分自信，愿意承担更大的风险。企业无需投入过多成本就能激励过度自信的高管投资风险较高的项目，从而促进创新企业的投入和产出，提高企业的创新绩效水平（易靖韬等，2015）。另一方面，过度自信也可能为委托双方带来损失。如：Eichholtz（2015）研究发现过度自信和投资选择之间存在显著正相关关系，强烈的过度自信会导致投资过度，对企业价值决策产生消极影响。因而，理解并应对这种非理性行为对于提高决策质量和维护组织利益至关重要。

基于委托代理理论关于过度自信的研究同样包含激励机制的设计，如：王垒（2019）考虑国企高管代理人表现出的过度精确和过高估计两种不同过度自信心理形式，分析了国企高管在异质委托情境下，不同过度自信形式对国有股东和非国有股东纳什均衡合同中最优契约激励系数的影响机理。Yin 等（2019）我们检验了两种类型的过度自信——过高估计和过度精确——在两人阈值公共物品游戏中对公共物品的贡献的影响。孔祥印等（2022）研究了代理人过度自信对委托人最优激励契约设计及最优备货决策的影响。高尚等（2023）引入拓展的委托代理模型下，研究考虑到承包商在施工过程中会存在过度自信倾向和时间价值，分析非对称信息情形下业主和承包商的利益博弈，探究承包商过度自信和时间价值对双方最优决策的影响。Wang（2023）研究了"绿色补贴和损失分担"激励合同，为缓解过度自信带来的负面影响、促进更高水平的绿色创新提供了策略，为物流行业的绿色创新实践提供了新见解。刘新民等（2023）引入包含融资平台对领投方激励的双向委托概念，设计了基于三阶段动态博弈的双向委托情景下双重过度自信融资平台多任务动态激励契约模型，从系统参与主体视角和政府视角审视了激励契约中的相关问题。Tang（2024）研究显示，CEO 的过度自信会增加公司的额外风险承担和提高公司价值。

3.2 集团信息化委托代理分析框架

集团企业的特点就在于其规模较大，一般包括几个子（分）公司。子（分）公司涵盖的业务可能相近，也可能不同，并且可能分布在不同的地域。集团企业的特点决定了其信息化建设具有规模大、分布地域广泛、复杂性较高等特点。

集团信息化建设不仅涉及第三方，而且还涉及企业内部不同的部门和各子公司，代理关系比较复杂。因此，可以将集团信息化委托代理问题可归结为一个多层次的委托代理问题。大体上可以分为两个层次：第一层在集团内部，属于集团内的上下级关系；第二层存在于集团与外部第三方参与者之间，属于合同关系。集团信息化委托代理过程如图 3-5 所示。

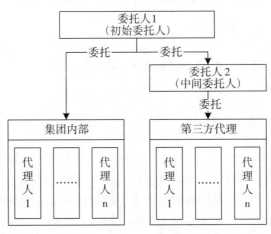

图 3-5 集团信息化项目委托代理过程

由图 3-5 可以看出，集团信息化项目中的委托代理是一个两级的委托代理链。第一级上的委托人（高层领导者）属于整个委托代理链的初始委托人，是项目的发起人；第二级上的委托人（信息部/CIO）既是上一层级的代理人又是这一层级的委托人，在信息化项目中处于核心地位，是企业与外部第三方，以及企业内部沟通和联系的纽带；中间委托人下有多个代理人（咨询方、系统集成方、监理等），是项目的最终代理人。初始委托人和中间委托人、集团内部代理人之间属于集团内的上下级关系，与第三方代理人之间属于合同关系。集团信息化多层委托代理的分析框架如图 3-6 所示。

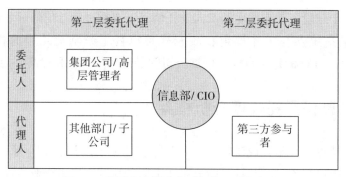

图 3-6　集团企业信息化委托代理分析框架

　　集团信息化委托代理关系还是一个单一委托人对多个代理人的问题，信息部/CIO 处于整个集团信息化委托代理关系的核心位置，既是代理人又是委托人：受企业高层管理者之托，代表集团公司从事信息化的建设和管理工作；此外又要委托信息化建设第三方，以及集团内部信息化建设的相关部门和人员一同进行信息化建设。这就决定了，集团企业的规模越大，其信息化建设中对代理人的监督越困难，面临的风险也就越大。

　　本书将按照集团信息化中委托代理的层次关系，分析各层委托代理关系，及委托代理风险的影响因素，建立风险治理体系。

3.3　集团信息化项目多层委托代理关系分析

3.3.1　第一层委托代理关系分析

　　集团信息化项目中的第一层委托代理关系发生在企业内部，包括集团高层与信息部门（或 CIO）、信息部门（或 CIO）与企业其他部门以及子公司，如图 3-7 所示。

　　集团高层管理者是集团发展战略的制定者，同时也是信息战略的制定者和推动者，在信息化的推进和发展方面起着至关重要的作用。但由于受精力、时间、专业知识等方面的限制，集团高层管理者不能够直接参与到信息化项目的具体建设工作中来，必须委托具备良好专业知识和信息化相关建设经验的信息化建设团队——信息部/CIO 来负责信息化的建设，而高层管理者负责提供相关政策、人力、物力、财力等方面的支持，并且负责为信息化建设过程中的关键问题做出决策。

　　集团信息化的建设工作涉及整个集团工作流程的方方面面，不可能单靠信息部来完成，需要各部门、各子公司的支持与协作。因此，整个集团信息化过程是以信息部为中心，集团各业务部门、各子公司相互协作的基础上完成的。信息部是信息化进程的推动者和计划的制订者，各业务部门、各子公司是信息化建设成果的最终使用者，两者之间属于相互合作的关系。第一层委托代理关系中各方的角色、相关职责见表 3-1。

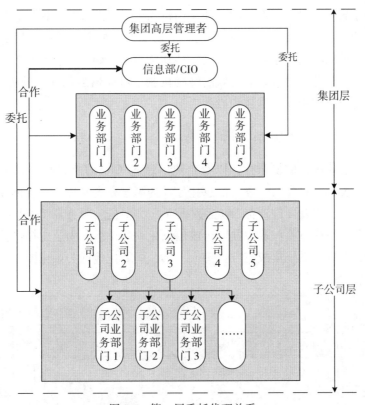

图 3-7 第一层委托代理关系

表 3-1 第一层委托代理关系角色和职责

	角色	信息化职责
企业高层管理者	委托人	提供相关政策、人力、财力支持；负责处理紧急问题。
信息部/CIO	中间委托人	信息战略和信息化项目实施计划、及相关政策的制订者，负责推进项目实施。
各业务部门、各子分公司	代理人	明确各自业务需求，实施项目计划。

第一层委托代理关系是集团内部的层级关系，与集团内部的组织关系相关。由于企业内部冲突是影响企业效率的重要因素之一，其冲突通常表现为组织中人与人在接触的过程中由于认识、行为、态度、价值观等方面存在的分歧。由于信息化建设对原有的工作流程和公司制度等会产生一定程度影响，例如，信息化系统的引入可能会改变员工的工作方式，打破原有的权力结构，甚至可能导致部分岗位的职责变化或重新分配。这些变化可能引发员工的抵触情绪和不安，集团内部的冲突也就在所难免。在该层委托代理关系中，代理人与委托人之间的信息沟通是预防和解决冲突的主要手段，通过有效的信息沟通可以确保双方对信息化建设的目标、进程和预期结果有清晰的理解和共识，减少由于信息不对称

导致的误解和矛盾。同时，定期的沟通和反馈机制可以帮助及时发现和解决问题，防止小问题演变成大冲突。此外，信息化建设是一个长期的、艰苦的过程，需要委托人对代理人的行为进行长期的激励，这种激励不仅包括物质激励，如奖金、晋升等，还应包括精神激励，如认可、荣誉等。通过建立有效的激励机制，可以增强代理人的责任感和积极性，使其在信息化建设过程中保持高效和投入。

3.3.2　第二层委托代理关系分析

由于集团信息化项目的复杂性，以及企业信息部/CIO 的能力和知识水平的限制，企业信息化建设需要第三方参与。参与信息化建设的第三方主要包括：咨询商、监理方、系统集成商、软件商、以及硬件产品(包括数据库、小型机、服务器等)提供商等。其中咨询方、监理和系统集成商将与业主共同组成信息化项目小组，为业主提供技术支持，本书主要考虑咨询、监理和系统集成三方代理人。第二层委托代理关系见图 3-8。

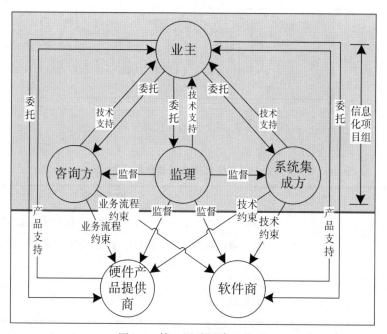

图 3-8　第二层委托代理关系

咨询方、监理和系统集成商在信息化建设中负责为业主提供不同内容的技术支持。咨询方主要负责企业业务流程的规划和信息系统建设规划；监理负责监督整个信息化实施过程，包括对技术、各方责任履行情况等方面的监督；系统集成商负责各个业务系统的数据和业务集成工作。由于各业务子系统的集成程度将直接关系到集团信息化建设的成败，因而系统集成商在整个信息化建设中处于"技术中心"地位。

软、硬件提供商为业主提供产品支持，受到咨询方和系统集成方技术方面的约束。硬件提供商负责相关硬件产品(包括服务器、小型机等)的采购、安装、试运行和售后服务。软件提供商负责为业主提供满足需求的软件产品。根据企业的具体需求，软件产品分为：成熟软件，定制开发的软件和在已有成熟软件基础上进行定制开发三种情况。不同的产品选择产生的风险也不一样，其风险从大到小依次为：定制开发、在成熟软件的基础上进行局部开发、购买成熟产品。第二层委托代理关系中各方角色和职责见表3-2。

表3-2   第二层委托代理关系各方角色和职责

	角色	信息化职责
业主	委托人	信息化需求、信息化战略的制定者；项目团队的组建者。
咨询方	代理人	信息化前期工作准备，为业主提供技术支持，提供业务流程规划、信息系统建设规划建议。
监理方	代理人	为业主提供技术支持，监督整个信息化建设过程，包括质量、进度、职责等方面的监督。
系统集成方	代理人	为业主提供技术支持，为各业务子系统搭建集成平台，规范各业务子系统提供的数据接口等。
软件提供商	代理人	为业主提供产品支持，提供符合业主需求的软件产品。
硬件提供商	代理人	为业主提供产品支持，提供符合信息化建设需求的硬件产品。

第三方代理人与集团内部代理人不同的是：第三方代理人与委托人的委托代理关系是以合同为基础的，属于外部契约，在通常情况下是一次性的，会随着合同的终止而终止，并且代理人在同一时间内会对多个不同的委托人服务。集团内部各代理人与委托人之间属于组织内部的契约关系。代理人将在合同期间内为单一的委托人服务，其委托代理关系不会因信息化项目的终止而终止。

因此，在第二层委托代理关系中，为了使代理人和委托人的利益趋于一致，使代理人选择努力工作，应当使代理人承担一定的风险。合同的签订是风险分担的重要环节，也是该层委托代理面临的主要问题。

本章思考题

1. 委托代理关系中存在的常见基本问题是什么？

2. 常见的激励措施有哪些，如何将这些激励在集团信息化项目中设计合理的激励机制？

3. 如何识别和解决集团信息化项目中的逆向选择问题？

4. 集团信息化项目中如何通过强化监督机制减少信息不对称带来的风险？

5. 委托代理理论研究中的非理性因素有哪些？如何在集团信息化项目中应对这些非理性因素？

6. 集团信息化项目中的多层委托代理关系如何影响项目的整体协调和管理？

7. 如何有效管理集团信息化项目中的第一层委托代理关系？

8. 在集团信息化项目的第二层委托代理关系中，如何通过合同设计实现风险分担，从而确保代理人积极履行职责？

第4章　集团信息化项目中的委托代理风险

4.1　委托代理风险

4.1.1　委托代理风险的概念

企业所有权和经营权的分离是委托代理问题产生的根源。随着企业管理分工的细化和复杂化，委托代理问题也日趋复杂。只要存在委托代理关系就会存在相应的委托代理风险，如何防范委托代理风险也是委托代理理论的一个研究方面。

有些学者将委托代理风险分为委托风险和代理风险(史金平，2001)，用于区别多层委托代理关系中中间层次委托人对代理人的行为产生的影响。其中，委托风险即委托人(主要指多层委托代理链中的中间委托人)由于自身能力等方面的约束，以及个人的道德水平而引发的风险，属于道德风险的一种。通常委托风险表现为以下几种形式：

(1)委托人对代理人的选择不力。由于委托人自身条件和客观环境的约束，以及信息的不对称，没有选择到合适的代理人。所选的代理人没有能力或者没有很好地完成工作。

(2)对代理人行为的监督和约束不力。即中间委托人没有行使或者没有很好地行使对代理人的监督和约束的权利，从而使自己的上级委托人的利益受到损害。

代理风险是委托代理风险的一部分(温海珍和贾生华，2003)，只要存在委托代理关系，就会有代理风险。代理风险主要表现为代理人为追求自身利益的最大化而使委托人的利益受损。委托风险会直接造成代理风险的产生，因此在多层次委托代理关系中，有效防范委托风险是减少和避免代理风险的重要途径之一。

4.1.2　委托代理风险产生的原因

委托代理风险伴随委托代理的产生而产生，其产生的原因主要有以下几点(张维迎，2004)：

1. 所有权和经营权的分离

所有权和经营权的分离是委托代理问题产生的根本原因，也是委托代理风险产生的根本原因。在这种情况下，经营者经营的资产不完全是自己的资产，可能是自己资产和合伙人资产的总和，也可能完全是他人的资产。经营者受资产所有者的委托，按照事先签订的合约经营资产，享有部分或全部资产的"剩余索取权"，同时也对资产的经营情况承担责任。由于经营者经营的不完全是自己的资产，在经营者追求自身利益最大化的情况下，容易引发经营者的道德风险问题，从而引发委托代理风险。

2. 信息不对称

信息不对称问题一方面是由所有权和经营权相分离造成的；另一方面是由于人的有限理性，委托人不可能完全掌握代理人的信息。对此委托人虽然可以通过有效的监督手段来监控和约束代理人的行为，但却无法控制代理人的思想。基于以上因素委托人无法对代理人主观的努力程度做出准确的判断，从而造成了委托代理风险的产生。

3. 监督成本

委托人必须通过一定的监督手段来减少委托代理过程中的不对称信息，包括对代理人能力水平、工作的努力程度等的监督。然而，这种监督通常需要花费大量的精力和成本。在追求自身利益最大化的条件下，委托人为了追求效益的最大化会降低对代理人的监督力度，节约一定的监督成本。此外，委托人受到时间、资金等资源限制，无法对代理人实施全面的监督，造成监督机制的不健全，同时为风险的产生创造了条件。

4. 激励机制的不健全

根据泰勒的"经济人"观点，每一个人都会追求经济利益，期望自身利益的最大化。代理人在为委托人创造利益的同时，也在追求自身利益的最大化。因此，委托人就必须为代理人设计一套合理的激励机制，激励代理人的行为，在代理人为委托人创造利益的同时，能够得到自身效益的最大化。如果设计的激励机制不合理，就会挫伤代理人工作的积极性，甚至为了自身的利益而损害委托人的利益，从而引发风险。

5. 责任不对等

以集团信息化项目为例，委托人是项目结果最终所有者，代理人是整个项目的执行者，在盈亏责任分担上，委托人通常要比代理人承担更多的后果，因而存在责任的不对等。责任不对等问题的存在，在一定程度上降低了对代理人的制约，加大了代理人道德风险发生的可能性。

4.2　委托代理模型概述

4.2.1　委托代理的基本模型

张维迎(2004)详细阐述了委托代理的基本模型，包括以下几个因素：

(1)代理人的行动组合 a，即代理人的努力程度。理论上讲 a 可以是任何维的决策变量，在研究过程中经常被学者简化为一维的连续变量，随着 a 值的增加，其努力程度也随之增加。有时为了方便分析，一些研究者将其简单地设为 1、0 两个数值，分别代表努力工作和不努力工作。

（2）自然状态变量 θ。代理人的行为结果和委托代理的总收益除了受到代理人努力程度的影响外，还要受自然环境的影响。通常用 $G(\theta)$ 和 $g(\theta)$ 分别表示 θ 的分布函数和密度函数。

（3）代理人行为的可观测结果 x，由 a 和 θ 共同决定，通常记为 $x(a,\theta)$。

（4）收益函数 $\pi(a,\theta)$。在 θ 一定时，π 随着 a 的增大而增大，并且边际效用递减；在 a 一定时，π 随着 θ 的增大而增加（θ 越大，证明自然条件越好）。

（5）代理人的努力成本 $c(a)$，代理人的努力成本与其努力程度相关，成本函数根据研究的具体情况而定。如曹玉贵（2007）将代理人的努力成本假设为：$c(a)=\dfrac{1}{2}ba^2$，其中 $b(b>0)$ 为努力成本系数，b 越大，同样的努力水平 a 付出的成本就会越高。

（6）委托人的激励合同 $s(x)$，选择具有什么特征的 $s(x)$ 是委托人需要面对的问题。$s(x)$ 可以是关于代理人行为的观测结果 x 的函数，也可以是关于收益 π 的函数 $s(\pi)$。在委托人是风险中性，代理人是风险规避的假设前提下，可以将 $s(x)$ 设为线性函数：$s(x)=\alpha+\beta x$（或 $s(\pi)=\alpha+\beta\pi$），其中 $0<\beta<1$，即由代理人的收入由固定收入和部分与行动结果或收益相关的浮动收入组成。

（7）委托人和代理人的收益期望函数 E_p 和 E_a，可以表示如下：

$$E_p=\int v(\pi(a,\theta)-s(x(a,\theta)))g(\theta)\mathrm{d}\theta$$

$$E_a=\int u(s(x(a,\theta)))g(\theta)\mathrm{d}\theta-c(a)\geq\bar{u}$$

（8）参与约束（participation constraint）$\bar{u}$，即代理人接受合同时受到的期望效益不能小于其不接受合同时的期望效益。

$$\int u(s(x(a,\theta)))g(\theta)\mathrm{d}\theta-c(a)\geq\bar{u}$$

（9）激励相容约束（incentive compatibility constraint）。在任何的激励合同 $s(x)$ 下，代理人总是会选择使自己期望收益最大化的行动 a，也就是代理人在选择 a 时所得到的期望收益总是大于他选择其他行动 a' 时的收益，即：

$$\int u(s(x(a,\theta)))g(\theta)\mathrm{d}\theta-c(a)\geq\int u(s(x(a',\theta)))g(\theta)\mathrm{d}\theta-c(a')$$

$$\forall a'\in A$$

综上，委托代理问题就是使委托人选择一个 a 和 $s(x)$ 满足自身效益最大化的同时使代理人的效益满足参与约束和激励相容约束，可以表示如下：

$$\max_{a,s(x)}\int v(\pi(a,\theta)-s(x(a,\theta)))g(\theta)\mathrm{d}\theta$$

$$\mathrm{s.t.}\int u(s(x(a,\theta)))g(\theta)\mathrm{d}\theta-c(a)\geq\bar{u}$$

$$\int u(s(x(a,\theta)))g(\theta)\mathrm{d}\theta-c(a)\geq\int u(s(x(a',\theta)))g(\theta)\mathrm{d}\theta-c(a')$$

$$\forall\, a' \in A$$

4.2.2　信息不对称条件下的委托代理模型

信息不对称条件下的委托代理模型有简单模型和一般模型两类，区别在于对代理人行动 a 的定义：简单模型中将 a 定义为两个值，L 和 H（或 0 和 1），表示"偷懒"和"勤奋工作"；在一般模型中 a 是连续的一维变量。

1. 简单模型

简单模型中，假定 $a = L$ 时，π 的分布函数为 $F_L(\pi)$，密度函数为 $f_L(\pi)$；$a = H$ 时，π 的分布函数为 $F_H(\pi)$，密度函数为 $f_H(\pi)$；并且代理人勤奋时的收益要大于偷懒时的收益，即 $F_L(\pi) \leqslant F_H(\pi)$，$\pi$ 的取值范围是 $\left[\underline{\pi},\ \widetilde{\pi}\right]$。若 π 为随机变量时，收益函数将满足一阶随机占优条件，即勤奋工作时收益高的概率要大于偷懒时收益高的概率，如图 4-1 所示。

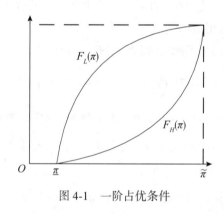

图 4-1　一阶占优条件

在代理人勤奋工作付出的成本比偷懒时付出的成本高的假设条件下，即 $c(H) > c(L)$，委托人为了使代理人选择勤奋 H，必须放弃帕累托最优风险分担合同。委托人的问题就转化为：

$$\max_{s(\pi)} \int v(\pi - s(\pi)) f_H(\pi)\,\mathrm{d}\pi$$

$$\text{s. t. } \int u(s(\pi)) f_H(\pi)\,\mathrm{d}\pi - c(H) \geqslant \bar{u}$$

$$\int u(s(\pi)) f_H(\pi)\,\mathrm{d}\pi - c(H) \geqslant \int u(s(\pi)) f_L(\pi)\,\mathrm{d}\pi - c(L)$$

2. 一般模型

一般模型中，a 是一个一维的连续变量。在代理人越努力，其收益函数的值越大的假设条件下，对于所有的 $a > a'$，都存在 $F(a) > F(a')$，于是分布函数的一阶占优条件变为：$F_a(\pi, a) = \dfrac{\partial F}{\partial a} < 0$。

代理人的问题就变为：$\max\limits_a \int u(s(\pi)) f_a(\pi, a) \mathrm{d}\pi - c(a)$。根据莫里斯（1974）和霍姆斯特姆（1979），激励相容约束可以用 $\int u(s(\pi)) f_a(\pi, a) \mathrm{d}\pi = c'(a)$ 来代替。委托人的问题变为：

$$\max\limits_{s(\pi)} \int v(\pi - s(\pi)) f(\pi, a) \mathrm{d}\pi$$

$$\mathrm{s.\,t.} \int u(s(\pi)) f_a(\pi, a) \mathrm{d}\pi - c(a) \geqslant \bar{u}$$

$$\int u(s(\pi)) f_a(\pi, a) \mathrm{d}\pi = c'(a)$$

4.3 集团信息化项目委托代理风险模型建立

4.3.1 第一层委托代理模型

集团信息化项目中，委托代理模型分为两层。在第一层委托代理关系中委托人为集团高层管理者，代理人为信息部/CIO、各部门和子公司。集团公司领导者也是整个委托代理链的初始委托人，是整个信息化项目的利益和风险的最终接受者。

1. 模型假设

为了方便对集团信息化项目委托代理关系进行分析，现作如下假设：

假设1：设第一层代理人的努力程度函数为 A，特定的努力水平为 a，$a \in A$。第二层代理人的努力程度函数为 B，特定的努力水平为 b，$b \in B$。a、b 是 $[0, 1]$ 之间的连续变量，值越高表示其努力程度越高。

假设2：设自然环境变量为 θ，值越高表示自然环境对委托人越有利，$G(\theta)$ 和 $g(\theta)$ 分别表示 θ 的分布函数和密度函数。

假设3：设代理人的努力成本分别为 C_a 和 C_b，可以表示为代理人努力水平的函数：$C_a(a)$、$C_b(b)$，且努力程度越高，代理成本越高，即 $\dfrac{\partial C_a(a)}{\partial a} > 0$，$\dfrac{\partial C_b(b)}{\partial b} > 0$。

假设4：假设激励函数分别为 $s(x_a)$ 和 $s(x_b)$，都由初始委托人制定。x_a 和 x_b 分别是第一层代理人和第二层代理人努力程度的可观测变量，受代理人努力程度和自然环境的影响，可表示为：$x_a = x_a(a, \theta)$，$x_b = x_b(b, \theta)$。

假设5：设初始委托人的收益取决于两层代理人的努力程度和自然环境因素，设项目的收益为 $\pi(a, b, \theta)$；且项目初始委托人的效用函数为 U，且 $U = f(\pi, s(x_a), s(x_b))$。

2. 中间委托人努力程度 a 的影响因素分析

中间委托人担当着代理人和委托人双重角色，其工作的努力程度 a 主要表现为对下层代理人的监督力度。影响中间委托人努力程度 a 的因素主要有以下几个方面：

（1）初始委托人的激励因素（$s(x_a)$）。

第一层代理人即中间委托人工作的努力水平很大程度上会受到激励因素的影响。当激励机制对第一层代理人有利时，其努力程度也就越大，且设 A 是关于 $s(x_a)$ 的连续函数，因此：$\dfrac{\partial A}{\partial s(x_a)} > 0$。

（2）自身素质。

中间委托人的自身素质受客观和主观因素的影响。客观因素是在一定时期内中间委托人无法通过自身而改变的因素，包括技术、能力、时间等因素的限制；主观因素与其本身的思想道德品质相关，是可以在一定时期内可以通过努力可以改变的因素（见图 4-2）。设中间委托人的自身因素变量为 y_a，并且 y 的值越大表示委托人的素质越高，对工作也就越努力（a 的值越大），且设 A 是关于 y_a 的连续函数，因此 $\dfrac{\partial A}{\partial y_a} > 0$（见图 4-3）。

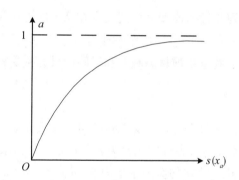

图 4-2　激励机制对中间委托人努力程度的影响

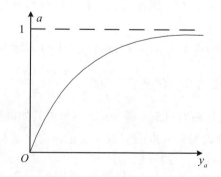

图 4-3　自身素质对中间委托人努力程度的影响

（3）努力成本（C_a）。

在追求自身收益最大化的条件下，中间委托人付出的努力成本越高，工作努力的积极性就越低。中间委托人的努力程度主要体现为对下层代理人的监督。按照激励相容约束，当 C_a 的值超出某一特定的值时（即保留效用），即当中间委托人采取不监督措施时取得的期望效益（设为 $\overline{u_a}$）高于其采取监督取得的期望效益时，中间委托人就会选择不监督。假定中间委托人的期望效益函数为 u_a，并且初始委托人的激励因素是其唯一的收入来源。设中间委托人的期望收益函数为 U_a，且 U_a 为关于 $s(x_a)$、C_a 和 θ 的连续函数，$u_a \in U_a$。因此当 $u_a \geqslant \overline{u_a}$ 时，且 $C_a(a)$ 的值越大，中间委托人对工作的努力程度越小（a 的值越小），即 $\dfrac{\partial A}{\partial C_a} < 0$（见图 4-4）；当 $u_a < \overline{u_a}$ 时，$a = 0$。

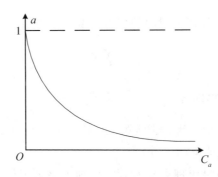

图 4-4　努力成本对中间委托人努力程度的影响

3. 小结

综上，中间委托人的努力程度 a 主要受初始委托人的激励因素（$s(x_a)$）、自身素质（y_a）和努力成本（C_a）三者的约束。中间委托人的努力函数 A 可以用下式表示：

$$A = \begin{cases} a(s(x_a),\ y_a,\ C_a) & u_a = u_a(s(x_a),\ C_a) \geqslant \overline{u_a} \\ 0 & u_a = u_a(s(x_a),\ C_a) < \overline{u_a} \end{cases}$$

根据委托代理的基本模型，中间委托人的期望效益函数可以表示如下：

$$U_a = \int u_a(s(x_a(a,\ \theta)))g(\theta)\mathrm{d}\theta - C_a(a)$$

中间委托人的问题就是寻找最优的努力水平 a，使得自身的期望效益最大化，即满足：

$$\max_a \int u_a(s(x_a(a,\ \theta)))g(\theta)\mathrm{d}\theta - C_a(a)$$

$$且 \int u_a(s(x_a(a,\ \theta)))g(\theta)\mathrm{d}\theta - C_a(a) \geqslant \overline{u_a}$$

$$\int u_a(s(x_a(a,\ \theta)))g(\theta)\mathrm{d}\theta - C_a(a) \geqslant \int u_a(s(x_a(a',\ \theta)))g(\theta)\mathrm{d}\theta - C_a(a'),$$

$$\forall\, a' \in A$$

4.3.2 第二层委托代理模型

1. 模型假设

第二层委托代理关系中，信息部/CIO 成为委托人。该层是一个单一委托人对多个代理人的问题，在第一层委托代理模型假设的基础上，增加如下假设：

假设 6：设第 i 个代理人的努力程度选择为 b_i（$i \geqslant 1$，$0 \leqslant b_i \leqslant 1$），$b$ 是 b_i 的集合，即 $b_i \in B$，$B = b(b_1, b_2, b_3, \cdots)$。

假设 7：设 x_{bi} 为第二层委托代理关系中对第 i 个代理人努力程度的观测结果，则：$x_{bi} = x_{bi}(b_i, \theta)$。

假设 8：设 C_{bi} 为第 i 个代理人付出的努力成本，则代理人的总成本为：

$$C_b = \sum_{i=1}^{n} C_{bi}$$

2. 努力程度 b 的影响因素

结合第一层委托代理模型分析，影响第二层代理人的努力程度 b 因素主要有：

（1）初始委托人的激励因素（$s(x_b)$）。

初始委托人的激励机制对代理人越有利，代理人努力工作的可能性就越大，且 B 是关于 $s(x_b)$ 的连续函数，于是：$\dfrac{\partial B}{\partial s(x_b)} > 0$（见图 4-5）。

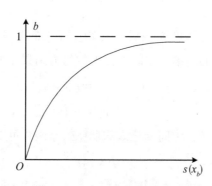

图 4-5 激励因素对代理人努力程度的影响

（2）自身素质。

设第 i 个代理人的自身素质为 y_{bi}，且 y_{bi} 的值越大代理人的努力程度越高，且 B 是 y_b 的连续函数，于是：$\dfrac{\partial B}{\partial y_b} > 0$（见图 4-6）。

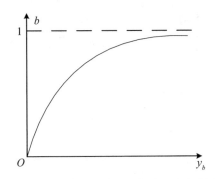

图 4-6　自身素质对代理人努力程度的影响

（3）努力成本（C_{bi}）。

按照激励相容约束，当第 i 个代理人不努力工作比努力工作获得的期望效益高时，代理人将选择不努力工作。设第 i 个代理人的期望效益函数为 U_{bi}，$u_{bi} \in U_{bi}$，保留效用为 $\overline{u_{bi}}$，于是在当 $s(x_{bi})$ 是第 i 个代理人唯一的收入来源时，如果 $u_{bi} \geqslant \overline{u_{bi}}$，代理人的努力程度将随着 C_{bi} 的增加而减少，即 $\dfrac{\partial B}{\partial C_{bi}} < 0$（见图 4-7）；若 $u_{bi} < \overline{u_{bi}}$，则 $b_i = 0$。

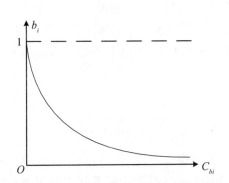

图 4-7　努力成本对代理人努力程度的影响

（4）中间委托人的努力程度（a）。

集团信息化项目中委托人最终代理人的努力程度必然会受到中间委托人努力程度的影响。中间委托人越努力，对代理人的监督力度就越大，代理人的努力程度就越高，即 $\dfrac{\partial B}{\partial a} > 0$（见图 4-8）。

（5）其他代理人的努力程度。

集团信息化项目是由多方合作共同完成的，各方的努力程度都会影响到项目的最终结果。在代理人是理性的假设前提下，代理的努力程度将会受到其他代理人努力程度的影响。当其他代理人多数或全部选择不努力工作时，并且会在很大程度上对项目的最终结果造成影响，代理人 i 会选择不努力工作来使自身的期望效益达到最大化；当少数代理人选择不努力工作时，代理人 i 会根据对自身期望效益的重新估计而做出对自身努力程度的

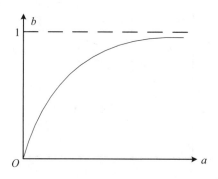

图 4-8　中间委托人的努力程度对代理人努力程度的影响

选择。

（6）声誉（reputation）的影响。

按照法玛（1980）的思想，代理人市场会对代理人的行为产生一定的约束作用。假设在代理人市场上，代理人的声誉完全由其过去的业绩决定，代理人必须对自己当前的行为对未来产生的影响负责。在集团信息化项目中，集团的第三方代理人是要在代理人市场上进行长期生存的，其当前的行为必然会影响到以后的收益。因此，代理人关注的不仅仅是经济效益，还会考虑到其行为对声誉的影响程度。

假设第三方代理人的声誉受其努力程度和项目收益的影响，设声誉函数为 $R(\pi, b)$，并且代理人越努力（b 的取值越高），项目产生的收益越大（π 值越大），其声誉也越高，即 $\dfrac{\partial R}{\partial \pi} > 0$，$\dfrac{\partial R}{\partial b} > 0$。

3. 小结

综上，第三方代理人的努力程度除受到初始委托人的激励因素（$s(x_{bi})$）、自身素质（y_{bi}）和努力成本（C_{bi}）的影响外，还受到中间委托人的努力程度（a）、其他代理人努力程度、声誉因素的影响。最终代理人的努力程度函数 B 可以表示如下：

$$B = \begin{cases} b(s(x_{bi}), y_{bi}, C_{bi}, a, b(b_1, b_2, \cdots, b_{i-1}, b_{i+1}, \cdots), R(\pi, b)) & u_{bi} = u_{bi}(s(x_{bi}), C_{bi}) \geqslant \overline{u_{bi}} \\ 0 & u_{bi} = u_{bi}(s(x_{bi}), C_{bi}) < \overline{u_{bi}} \end{cases}$$

根据委托代理的基本模型，代理人的问题就是选择一个努力水平 b 最大化其期望效益，即满足：

$$\max_b \int u_b(s(x_b(b, \theta))) g(\theta) \mathrm{d}\theta - C_b(b)$$

$$且 \quad \int u_b(s(x_b(b, \theta))) g(\theta) \mathrm{d}\theta - C_b(b) \geqslant \overline{u_b}$$

$$\int u_b(s(x_b(b, \theta))) g(\theta) \mathrm{d}\theta - C_b(b) \geqslant \int u_b(s(x_b(b', \theta))) g(\theta) \mathrm{d}\theta - C_b(b'),$$

$$\forall b' \in B$$

对于初始委托人而言，其委托代理的基本问题就是选择努力水平（a、b）和激励制度

$(s(x_a)$、$s(x_b))$，在满足激励相容约束和参与约束的条件下，使自身的期望效益最大化，即满足：

$$\max_{a,\,b,\,s(x_a),\,s(x_b)} \int v(\pi(a,\,b,\,\theta) - s(x_a(a,\,\theta)) - s(x_b(b,\,\theta)))g(\theta)\mathrm{d}\theta$$

$$\text{s.t} \int u_a(s(x_a(b,\,\theta)))g(\theta)\mathrm{d}\theta - C_a(b) \geqslant \overline{u_a}$$

$$\int u_b(s(x_b(b,\,\theta)))g(\theta)\mathrm{d}\theta - C_b(b) \geqslant \overline{u_b}$$

$$\int u_a(s(x_a(a,\,\theta)))g(\theta)\mathrm{d}\theta - C_a(a) \geqslant \int u_a(s(x_a(a',\,\theta)))g(\theta)\mathrm{d}\theta - C_a(a'),$$
$$\forall\, a' \in A$$

$$\int u_b(s(x_b(b,\,\theta)))g(\theta)\mathrm{d}\theta - C_b(b) \geqslant \int u_b(s(x_b(b',\,\theta)))g(\theta)\mathrm{d}\theta - C_b(b'),$$
$$\forall\, b' \in B$$

4.3.3 集团信息化委托代理风险模型

在集团信息化项目中，按照以上建立的委托代理模型，委托人和代理人都追求自身期望效益的最大化。委托代理风险是影响项目收益的重要因素。本书中用委托代理风险发生的概率来表示风险产生的可能性，设为 $p(0 \leqslant p \leqslant 1)$。假设初始委托人不存在工作不努力的情况，且其工作的努力程度始终为 1(努力的最大值为 1)。因此，当初始委托人直接对最终代理人进行监督时，委托代理风险最小，设为 $p=0$；当对最终代理人没有任何监督时，委托代理的风险最大，设为 $p=1$。

1. p 的影响因素分析

影响委托代理风险大小的因素主要有以下几个方面(曹玉贵，2007；王伟强，2007)：

(1)代理人的努力水平选择 $(a$、$b)$。

代理人的努力水平选择是影响委托代理风险的重要因素，代理人越努力其委托代理的风险程度就越低。为了便于分析，假设当代理人的努力水平 $a=0$ 或 $b=0$ 时，即中间委托人和最终代理人有一者选择不努力工作时，风险概率 $p=1$。风险概率 p 和代理人努力程度的关系如图 4-9 所示。

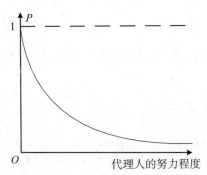

图 4-9　代理人的努力程度对委托代理风险的影响

（2）信息不对称的程度。

信息不对称是委托代理的基本问题，主要是指对委托人的信息不对称。在集团信息化项目的多层委托代理关系中，在初始委托人与中间委托人之间、中间委托人与最终代理人之间都存在信息的不对称。对初始委托人而言，掌握代理人的信息越少，面临的风险就越大，即委托代理风险发生的可能性会伴随信息不对称的程度的增加而加大。假设信息不对称的变量为 $I_i(0 \leq I_i \leq 1)$，I_i 值越大信息不对称的程度越大，i 代表委托代理的层级。于是有：$\partial p/\partial I_i > 0$。风险概率 p 和 I 的关系如图 4-10 所示。

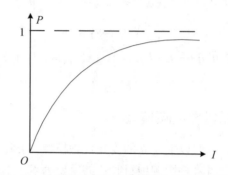

图 4-10　信息不对称程度对委托代理风险的影响

（3）委托代理链的层次。

对于初始委托人而言，委托代理链的层次越多，对最终代理人的控制力度就越小，信息不对称程度就越大，面临的风险也就越多。假设委托代理链层次变量为 h，则 $\partial p/\partial h < 0$。风险概率 p 和 h 的关系如图 4-11 所示。

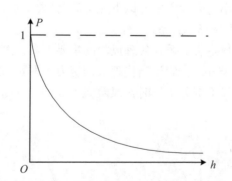

图 4-11　委托代理的层次对委托代理风险的影响

2. 委托代理风险模型建立

根据以上分析，委托代理风险可以表示为关于代理人努力程度 (a, b)、信息不对称程度 (I_i) 和委托代理链的层次 (h) 的连续函数（$a \neq 0$，$b \neq 0$ 时），即：$p = f(a, b, I_i, h)$。

初始委托人和中间委托人之间的风险函数可以表示如下：

$$p_1 = f_1(a, I_1, h = 1)$$

根据各因素对风险概率的影响关系，p 可以简单地表示为：当 $0 < a \leq 1$ 时，$p_1 = \dfrac{I_1}{a}$；当 $a = 0$ 时，$p_1 = 1$。

同理，中间委托人与最终代理人之间的委托代理风险函数为：

$$p_2 = f_2(b, I_2, h = 2)$$

且当 $0 < b \leq 1$ 时，$p_2 = \dfrac{I_2}{b}$；当 $b = 0$ 时，$p_2 = 1$。

则整个项目的风险 $p = p_1 p_2 = f_1 f_2$，且当 $0 < a \leq 1$ 且 $0 < b \leq 1$ 时，$p = \dfrac{I_1 I_2}{ab}$；当 $a = 0$ 或 $b = 0$ 时 $p = 1$（即对于初始委托人而言，任何一层代理人的努力选择为 0 时，风险值都为 1）。

进一步将努力程度函数 $A(a)$ 和 $B(b)$ 代入函数 p 得：

$$p = \begin{cases} \dfrac{I_1 I_2}{a(s(x_a), y_a, C_a)b(s(x_{bi}), y_{bi}, C_{bi}, a, b(b_1, b_2, \cdots, b_{i-1}, b_{i+1}, \cdots), R(\pi, b))} \\ \qquad 且 \ u_a = u_a(s(x_a), C_a) \geq \overline{u_a}, \ u_{bi} = u_{bi}(s(x_{bi}), C_{bi}) \geq \overline{u_{bi}} \\ 1 \ 且 \ u_a = u_a(s(x_a), C_a) < \overline{u_a}, \ u_{bi} = u_{bi}(s(x_{bi}), C_{bi}) \geq \overline{u_{bi}} \end{cases}$$

从上式中可以得出，对初始委托人而言，激励机制（$s(x_a)$ 和 $s(x_b)$）、代理人素质（y_a 和 y_b）、代理人声誉函数（$R(\pi, b)$）值越大，对初始委托人而言，代理人越努力，委托代理风险越小；相反，代理人的努力成本越高，则代理人的努力程度越低，委托代理风险也就越大。于是函数 p 在 $a \neq 0$ 且 $b \neq 0$ 的条件下，满足：$\dfrac{\partial p}{\partial s(x_i)} < 0$、$\dfrac{\partial p}{\partial y_i} < 0$、$\dfrac{\partial p}{\partial R(\pi, b)} < 0$、$\dfrac{\partial p}{\partial C_r} < 0 (r = a, b)$。

本章思考题

1. 请解释委托代理风险的概念，并详细描述委托风险和代理风险的不同之处。

2. 委托代理风险产生的原因有哪些？请结合集团信息化项目进行具体分析。

3. 信息不对称在委托代理关系中有哪些具体表现？在集团信息化项目中可以如何减轻信息不对称带来的风险？

4. 如何通过设计合理的激励机制来减少集团信息化项目中的委托代理风险？请举例说明。

5. 请解释委托代理风险模型的基本要素，并分析这些要素在集团信息化项目中的具体表现。

6. 在集团信息化项目中，如何通过优化委托代理链的层次结构来减少信息不对称带来的风险？

7. 在集团信息化项目中，如何设计一个合理的委托代理激励机制，以兼顾代理人的努力成本和初始委托人的激励因素？

8. 在集团信息化项目中，如何利用现代技术手段改进委托代理风险管理？

第5章 基于委托代理的集团信息化项目风险治理研究

5.1 基于委托代理的风险治理框架

5.1.1 集团信息化委托代理风险治理的目标

信息化风险治理是指在企业信息化项目中，通过系统化的方法和流程，识别、评估、应对和监控可能影响项目成功和企业战略目标实现的各种风险。其核心在于将风险管理融入企业的信息化建设，以保障信息化项目的顺利实施和预期效益的实现。信息化风险治理不仅关注技术层面的风险，还包括管理风险、组织风险、市场风险等多方面的内容。肖荣（2005）提出信息化风险治理不仅包括基本的"风险管理"和"风险分析"，还包括与风险相关活动的开展，是对与企业战略相关的核心风险的治理。

基于委托代理的信息化风险治理是对人的治理，以委托代理理论为核心，以最大化初始委托人的期望效益为目标，通过激励和监督机制规范和约束各代理人行为。由于集团信息化项目的长期性和复杂性，其风险治理并非一个简单的一次性的过程，而是一个持续的、复杂的过程。进行委托代理风险治理的目的就是使信息化风险处于委托人可以控制的范围之内（见图5-1），最小化风险发生的概率和风险的影响程度。

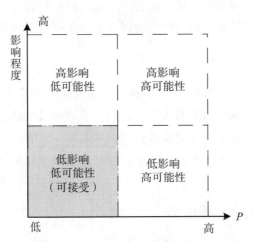

图 5-1　风险发生的可接受范围

85

5.1.2　集团信息化委托代理风险治理的内容

基于委托代理的集团信息化风险治理主要包括以下几方面的内容：

1. 代理人的选择

根据第 4 章对集团信息化项目委托代理风险的研究，以及对影响风险大小的因素分析，可以看出代理人的努力程度是影响信息化风险的主要因素。在委托人制定的激励机制合理的前提条件下，选择具备良好素质的代理人会降低项目的委托代理风险。对于中间委托人而言，既是初始委托人的代理人也是最终代理人的委托人，其工作的努力程度将会影响到最终代理人的工作努力程度，以及第二层委托代理关系的信息不对称程度。

由此可见，在信息化项目实施之前，对代理人的选择是至关重要的。因而需要通过建立代理人的事前选择机制来为代理人的选择提供参考。

2. 集团内部激励和控制

集团信息化项目除了第三方代理人和信息部/CIO 的参与外，还需要集团内其他人员的合作与支持。集团内的员工是信息化产品的最终使用者，其对信息化项目的支持和配合程度直接关系到项目的成败。与其他代理人不同，他们与委托人的关系是内部契约关系，按照组织的方式进行管理。在实施信息化的过程中，会使组织面临许多的新的问题，需要建立新的针对信息化建设的激励机制。

3. 风险分担

委托代理关系的中心问题被认为是激励(incentive)和保险(insurance)的交替问题，风险分担属于"保险"的范畴，通常通过各种类型的契约来实现。有效的风险分担可以减少代理问题发生的概率，从而降低委托代理风险。集团信息化项目中的风险分担通常是针对初始委托人与中间委托人和最终代理人而言的。通过将项目收益与中间委托人和最终代理人的收益相关联，将项目风险分散到各个代理人中，从而减少初始委托人承担的风险。

4. 监督机制

根据信息经济学的观点，任何一种报酬结构都存在效率损失，不可能达到帕累托最优，只能在现有的基础上减少损失的效果。因此，单纯的激励机制不能完全控制代理人的行为，必须建立对代理人建立一定的监督机制，从而减少报酬结构中的效率损失。在集团信息化建设过程中，对代理人行为进行激励的同时，需要增加对其行为的监督，从而有效地控制风险。

5.1.3　集团信息化风险治理框架

结合信息化风险治理的目标和治理的内容，可以得出基于委托代理的集团信息化风险治理框架，如图 5-2 所示。

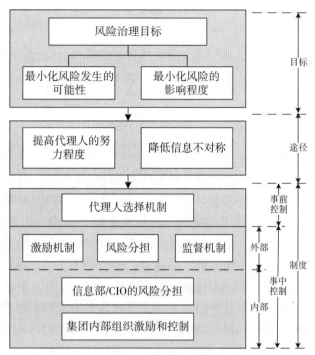

图 5-2　集团信息化风险治理框架

集团信息化风险治理以委托代理理论为基础，通过提高代理人的努力程度和降低信息的不对称性来达到风险治理的目标。进一步根据信息化实施的阶段不同，将控制过程分为事前控制和事中控制：在信息化项目实施前，通过建立代理人的选择机制降低代理人由于素质原因带来的风险。在信息化项目实施过程中，对于集团内部员工采取内部激励和控制机制增加其工作的积极性；对第三方代理人和信息部/CIO 通过建立各种契约实现风险分担，以此提高其工作的努力程度，保证项目的成功实施。

5.2　代理人选择模型建立

5.2.1　基本思路

集团信息化项目代理人的选择包括两部分：中间委托人（信息部/CIO）的选择、第三方代理人的选择（主要包括信息化咨询方、监理、系统集成方）。代理选择机制通过对各潜在的代理人的素质和能力等方面进行判断和测量，以定量的方式进行比较。

对代理人的选择采用专家打分的方法进行，主要包括三部分：代理人综合评价因素的确定、各指标因素权重的确定和专家权重的确定。

设代理人综合评价体系中共有 $n(n \geqslant 2)$ 个因素，有 $m(m \geqslant 2)$ 位专家参与评分，则第 i 个专家对第 k 个潜在代理人的评分记为：

$$M_{ik} = \sum_{j=1}^{n} r_j F_j$$

其中, r_j 为第 j 个指标的权重, F_j 为指标体系的第 j 个因素。

设 w_i 为第 i 个专家的权重, 则第 k 个潜在代理人的最后分数 $\text{Score}(k)$ 为:

$$\text{Score}(k) = \sum_{i=1}^{m} w_i M_{ik} = \sum_{i=1}^{m} w_i \left(\sum_{j=1}^{n} r_j F_j \right)$$

5.2.2　代理人综合评价因素

由本书 4.3 节的分析可以看出, 代理人的素质受主观因素和客观因素的影响。主观因素主要指代理人的道德水平, 客观因素主要是代理人的技术能力。因此, 本书将代理人的评价指标体系分为道德素质和技术能力两部分, 不同代理人的评价因素有所差别。

对信息部/CIO 而言, 道德素质主要以其过去在集团公司的工作努力程度、对集团公司的忠诚度等为参考, 技术能力主要通过对其信息化相关知识和经验、管理协调能力等进行评估。对于第三方代理人, 道德素质主要通过代理人的声誉、企业的信用度等来衡量, 技术能力则主要表现为代理人的技术投资、企业规模、企业资质、企业等级, 以及信息化相关项目经验几方面。对于以上各个因素进一步通过若干子因素来评价(本书对此不做详细定义)。综上, 代理人的综合评价结构是一个两层结构, 如图 5-3 和图 5-4 所示。

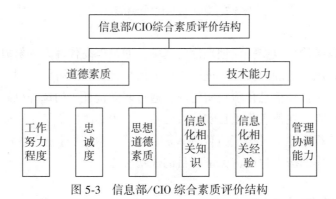

图 5-3　信息部/CIO 综合素质评价结构

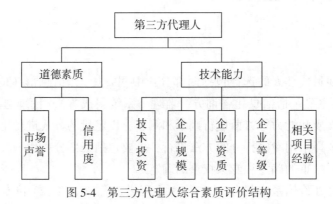

图 5-4　第三方代理人综合素质评价结构

5.2.3 代理人选择模型建立

根据代理人的综合素质评价结构建立代理人的选择模型，现有如下假设：

假设 1：第一层中的第 j 个评价因素记为 F_j，如代理人的综合素质评价结构中 F_1 = "道德素质"，F_2 = "技术能力"，其权重为 r_j。

假设 2：F_{jl} 为第一层中 F_j 因素下的第 l 个因素，如在第三方代理人的综合素质评价结构中 F_{11} = "市场生育"，其权重为 r_{jl}。

假设 3：第一层中有 n_1 个评价因素，F_j 下包括有 n_{2j} 个评价因素。

假设 4：设有 $m(m \geq 2)$ 位专家参与评分，第 i 个专家的评分权重为 w_i，第 i 个专家对第 k 个潜在代理人的评分为 M_{ik}。

假设 5：设第 k 个潜在代理人的综合得分为 $\mathrm{Score}(k)$。

在代理人的综合素质评价体系结构中，上一级的因素得分取决于其下一级的因素得分，因此专家评分只针对最底层的因素。于是，第 i 个专家对第 k 个潜在代理人的评分可以表示为：

$$M_{ik} = \sum_{j=1}^{n_1} r_j \left(\sum_{l=1}^{n_{2j}} r_{jl} F_{jl} \right)$$

于是：

$$\mathrm{Score}(k) = \sum_{i=1}^{m} w_i M_{ik} = \sum_{i=1}^{m} w_i \left(\sum_{j=1}^{n_1} r_j \left(\sum_{l=1}^{n_{2j}} r_{jl} F_{jl} \right) \right)$$

5.3 风险治理机制的建立

5.3.1 基本思路

由于集团信息化项目不仅规模大，而且复杂性很高，需要多方共同努力才能取得成功，在委托代理方面主要具有以下特点：

1. 代理人工作的努力程度很难观测

由于信息的不对称，初始委托人对项目未来产生的收益没有一个确切的认识，无法从技术的角度对代理人的工作效率进行评估。

2. 工作业绩不易衡量

集团信息化项目属于团队工作，其成果是团队智慧和集体努力的结晶，因而每个代理人对成果的贡献程度很难衡量。

3. 代理人需求的多样性

由于参与项目的代理人众多，并且各代理人的利益点有所不同，因而需求的重点也有所不同。在集团信息化项目中，不同代理人的工作努力的动机不同。第三方代理人追求效益的最大化和提高自身声誉是其努力工作的基本动力。对于企业内部员工，其工作努力程度取决于物质和精神两方面的因素。

4. 不易对代理人进行监督

集团信息化项目规模较大，参与人众多，初始委托人受时间、能力等方面的限制不可能完全监督各个代理人的行为。双层委托代理关系增加了信息的不对称程度，同时也加大了委托人对代理人监督的难度。

基于以上因素，建立良好的风险治理机制是项目成功的关键之一。本书以委托代理理论为核心，将风险治理机制分为三部分：激励机制、风险分担和监督机制。激励机制主要针对组织内部；风险分担是对委托代理链的关键代理人而设置的，包括中间代理人和最终代理人；监督机制包括对信息化项目小组的监督(包括信息部/CIO、咨询、监理和系统集成)和对集团内部员工的监督。

5.3.2　集团内部激励机制建立

1. 员工需求特征分析

参与集团信息化项目的企业员工大多是拥有计算机和信息技术相关知识的知识型员工。对于知识型员工具有激励需求高层次性的特点，他们往往更关注自我价值的实现。集团内部员工的需求因素包括以下几个方面：

(1)物质需求，包括薪酬、住房等，取决于代理人的物质需要和对物质追求的程度，属于代理人的基本需求。

(2)自我实现的需求，包括荣誉、事业成就感等，员工除了满足基本的经济和物质需求外，还需要在工作过程中能够实现自身理想、体现自我价值。

(3)外部环境需求，包括工作环境的舒适度、工作氛围等，一个舒适的工作环境和工作氛围能够使员工在工作的过程中保持良好的工作情绪，从而促进员工的创造性和工作的积极性。

2. 激励因素分析

在集团内部的委托代理关系中，激励是整个机制建立的重点，并针对知识性员工的特点，设计的激励机制除了基本的物质激励因素外，还需要有非物质激励(见图 5-5)。

(1)物质激励。主要是薪酬激励，属于显性激励的范畴，是一种最直接、最基本的激励方式，包括薪酬、奖金、股票、福利等形式。

(2)非物质激励。根据心理学的相关分析，在无激励状态下人们通常只能发挥自身能力的 10%~30%，在物质激励状态下能发挥能力的 50%~80%，在精神状态激励下能发挥能力的 80%~100%，甚至超过 100%。因此，非物质激励与物质激励相比，能够从更高层次调动员工的工作积极性。通常非物质激励包括有成就激励、情感激励、能力激励、环境激励等。

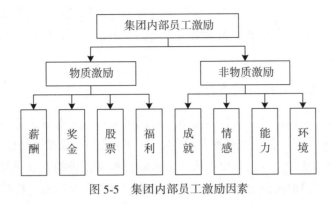

图 5-5 集团内部员工激励因素

3. 激励模型建立

假设员工(代理人)的期望函数由其本身的物质需求和非物质需求决定,物质需求为 m,非物质需求为 f,则员工的需求函数为 $Q = q(m, f)$,且 $Q \neq 0$(表示代理人不可能没有需求)。物质需求因素记为 $m_i(i = 1, 2, \cdots, n)$,非物质需求因素记为 $f_k(k = 1, 2, \cdots, h)$。于是员工的需求函数可以进一步表示为:

$$Q = q(m_1, m_2, \cdots, m_n, f_1, f_2, \cdots, f_h)$$

在委托代理理论中,委托人的激励函数为 $S_a(x)$。其中,x 是观测到的代理人工作情况变量,由代理人的工作努力程度(a)和自然环境变量(θ)共同决定。在此基础上,设委托人的物质激励函数为 $S_a(m)$,非物质激励函数为 $S_a(f)$,m 和 f 是 x_a 的函数,即:

$$f = f(x_a) = f(x_a(a, \theta))$$

$$m = m(x_a) = m(x_a(a, \theta))$$

假设委托人对代理人的激励函数是由物质激励和非物质激励共同决定的,则 $S_a(x)$ 激励函数可以表示为:

$$S_a = S_a(f) + S_a(m) = S_a(f(x_a(a, \theta))) + S_a(m(x_a(a, \theta))) \tag{5-1}$$

假设代理人的工作努力程度 a 取决于委托人的激励水平(S_a)和代理人的需求水平(Q)的比值,并且 S_a 和 Q 比值越大代理人的工作努力程度越高。假设物质激励的影响系数为 α,非物质激励的影响系数为 β,则代理人与激励因素相关的函数可以表示为:

$$A(S_a, Q) = \alpha \frac{S_a(m)}{m'} + \beta \frac{S_a(f)}{f'} \tag{5-2}$$

由式(5-1)和式(5-2)可以看出,代理人的激励期望与委托人的激励是一个相互影响的过程。当委托人的激励函数与代理人的期望越接近时,代理人的努力程度越高;当代理人的努力程度越高时,代理人的收益也会越高。但代理人的需求是一个动态的函数,随着其努力程度的增加,需求期望也会随之增加。当代理人工作的努力程度得到的收益能够满足其期望时,代理人就会选择努力工作。代理人的期望收益函数可以表示为:

$$U_a = \int u_a(s_a(f'(x_a(a, \theta))) + s_a(m'(x_a(a, \theta))))g(\theta)\mathrm{d}(\theta) - C_a(a)$$

因此，集团内部的信息化建设需要将报酬与努力程度相挂钩，将奖励和工作绩效相联系，使员工感觉到自身努力程度和需求满足之间的关系，从而按照自身的需求程度选择不同的努力程度。

4. 集团信息化激励机制建立建议

综合以上分析，集团信息化项目内部员工激励措施可以采取以下几种方式：

(1)将物质激励与任务的完成情况相挂钩，并分为任务完成激励和任务结果激励。

①任务完成激励是指完成任务获得报酬的激励，根据任务的完成情况对相关员工实施奖励。通常发生在项目的实施过程中，将信息化项目分为几个阶段，按照阶段任务完成的情况对员工实施奖励。

②任务结果激励是指绩效与报酬相联系，按照任务完成后取得的效益和效果对相关员工进行的奖励。通常发生在项目结束之后，并根据员工在项目中的表现和对项目的贡献度确定奖励系数。

(2)充分发挥工作激励的作用。工作激励即任务内在激励，是工作本身的激励。根据美国管理大师赫茨伯格的调查研究结果，知识型员工工作满意的真正激励因素在于工作本身。参与信息化建设的集团员工大多属于知识型员工，工作内容激励是一个不可忽视的内容。工作激励的方法包括：

①为员工提供满意的工作岗位，即根据员工的专业、特点和兴趣爱好，为员工提供一份适合的工作岗位。

②工作目标激励。根据知识型员工对自身价值实现的重视程度，为员工制定富有挑战性的工作目标，能够充分发挥其专业知识和能力，使员工在工作的过程中具有成就感。

③充分授权。对于集团信息化项目，初始委托人(集团高层领导)由于时间、精力和专业知识等方面的限制，不可能对最终代理人进行实时的监督和控制，这就要求对信息部/CIO 以及其他参与信息化的员工一定的权力，能够对最终代理人进行一定监督和惩罚。

(3)学习激励，即为员工创造学习条件和机会。在知识经济时代，科学技术的发展日新月异，知识和技术的贬值与更新速度不断加快。集团实施信息化建设，需要构建新的软件平台，甚至要发生管理制度、工作流程等的变革。通过为员工提供学习和培训的机会，可以提高员工实现组织目标的能力，提高其对信息化建设的积极性，从而促进信息化项目的顺利实施。

(4)沟通激励。有效的沟通能够激发员工的工作热情，减少组织内部冲突发生的可能性，使其达到绩效与成就的高峰。在信息化项目建设过程中，员工的不满情绪是难以避免的，如何及时发现这些不满情绪，并进行有效的沟通是信息化建设的关键。因此，通过建立沟通平台，使员工能够充分表达自己的想法和意见，可以减少不满情绪发生的概率，促进信息化项目的顺利实施。

(5)环境激励。舒适的工作环境和工作氛围对员工的工作积极性产生积极的影响，因此在信息化建设过程中，需要根据需要为员工提供一个良好的工作环境和合作氛围，包括：

①政策环境。建立一套专门的政策规章制度，为参与信息化建设的员工提供一个公平公正的政策环境，依照贡献的大小获得公司的认可，从而提高工作效率。

②办公环境。根据信息化建设的需要，为员工提供一套良好的设备，从而提高工作效率。此外，还需要建立和维护良好的办公环境，使员工工作的时候保持心情舒畅，避免工作的厌恶情绪的出现。

5.3.3 风险分担机制

1. 基本模型

由本书 4.3 节可以得出初始委托人与第三方代理人之间的委托代理关系中，委托人的问题可以表示如下：

$$\max_{b,\,s_b(x_b)} \int v(\pi - s_b(x_b(b,\,\theta)))g(\theta)\mathrm{d}\theta$$

$$\mathrm{s.\,t.}\ \int u_b(s_b(x_b(b,\,\theta)))g(\theta)\mathrm{d}\theta - C_b(b) \geqslant \overline{u_b}$$

$$\int u_b(s_b(x_b(b,\,\theta)))g(\theta)\mathrm{d}\theta - C_b(b) \geqslant \int u_b(s_b(x_b(b',\,\theta)))g(\theta)\mathrm{d}\theta - C_b(b')$$

$$\forall\,b' \in B$$

上式可以用"分布函数参数化方法"表示，即将自然状态 θ 的分布函数转换为 x 和 π 的分布函数，并通过 $x(b,\,\theta)$ 和 $\pi(b,\,\theta)$ 从原分布函数 $G(\theta)$ 中导出，用 $F(x,\,\pi,\,b)$ 和 $f(x,\,\pi,\,b)$ 表示导出的分布函数和密度函数，委托人的问题可以转化为：

$$\max_{b,\,s_b(x_b)} \int v(\pi - s_b(x_b(b,\,\theta)))f(x_b,\,\pi,\,b)\mathrm{d}x_b$$

$$\mathrm{s.\,t.}\ \int u_b(s_b(x_b(b,\,\theta)))f(x_b,\,\pi,\,b)\mathrm{d}x_b - C_b(b) \geqslant \overline{u_b}$$

$$\int u_b(s_b(x_b(b,\,\theta)))f(x_b,\,\pi,\,b)\mathrm{d}x_b - C_b(b)$$

$$\geqslant \int u_b(s_b(x_b(b',\,\theta)))f(x_b,\,\pi,\,b')\mathrm{d}x_b - C_b(b')$$

$$\forall\,b' \in B$$

在信息对称的条件下，委托人可以完全观测到代理人的行为，委托人可以通过制定强制合同，使得 b^* 对于任意 $b \leqslant b^*$ 都有：

$$\int u_b(s_b(x_b(b^*,\,\theta)))f(x_b,\,\pi,\,b^*)\mathrm{d}x_b - C_b(b^*) \geqslant$$

$$\int u_b(s_b(x_b(b,\,\theta)))f(x_b,\,\pi,\,b)\mathrm{d}x_b - C_b(b)$$

当代理人选择努力程度 b^* 时，委托人的激励为 $s(b^*)$，否则激励为 $s < s(b^*)$，当 s 充分小时，代理人就会选择 b^*。

在集团信息化项目中，初始委托人不可能完全观测到最终代理人的工作努力程度，并且不能确定代理人工作的努力程度与业绩之间的关系，很难通过设定强制合同来限定代理人的努力选择。因此初始委托人无法确定激励水平 $s(b^*)$ 和 s，使得代理人只有选择 b^* 才能达到自身收益的最大化。

假设在集团信息化项目中，只有项目的收益 π 是可观测的。于是 $x_b = \pi$，委托人的问题可以进一步表示为：

$$\max_{b,\,s_b(\pi)} \int v(\pi - s_b^{'}(\pi)) f(\pi,\,b) \mathrm{d}\pi$$

$$\mathrm{s.\,t.} \quad \int u_b(s_b(\pi)) f(\pi,\,b) \mathrm{d}\pi - C_b(b) \geqslant \overline{u_b}$$

$$\int u_b(s_b(\pi)) f(\pi,\,b) \mathrm{d}\pi - C_b(b) \geqslant \int u_b(s_b(\pi)) f(\pi,\,b') \mathrm{d}\pi - C_b(b')$$

$$\forall\, b' \in B$$

根据莫里斯(Mirrlees，1974)和霍姆斯特姆(Holmstrom，1979)，激励相容约束可以用下式代替：

$$\int u_b(s(\pi)) f_b(\pi,\,b) \mathrm{d}\pi = C_b'(b)$$

设 λ 和 μ 是参与约束和激励相容约束的拉格朗日乘数，构造拉格朗日函数如下：

$$L(s(\pi)) = \int v(\pi - s_b(\pi)) f(\pi,\,b) \mathrm{d}\pi + \lambda \left[\int u_b(s_b(\pi)) f(\pi,\,b) \mathrm{d}\pi - C_b(b) - \overline{u_b} \right] +$$

$$\mu \left[\int u_b(s(\pi)) f_b(\pi,\,b) \mathrm{d}\pi - C_b'(b) \right]$$

将方程式对 $s_b(\pi)$ 求导得：

$$\frac{\partial L}{\partial s_b(\pi)} = -\int u_b'(\pi - s_b(\pi)) f(\pi,\,b) \mathrm{d}\pi + \lambda \int v_b'(s_b(\pi)) f(\pi,\,b) \mathrm{d}\pi$$

$$+ \mu \int u_b'(s_b(\pi)) f_b(\pi,\,b) \mathrm{d}\pi$$

$$\frac{\partial L}{\partial s_b(\pi)} = \int \left\{ \begin{array}{c} [-v_b'(\pi - s_b(\pi)) + \lambda u_b'(s_b(\pi))] f(\pi,\,b) + \\ \mu u_b'(s_b(\pi)) f_b(\pi,\,b) \end{array} \right\} \mathrm{d}\pi = 0$$

$$[-v_b'(\pi - s_b(\pi)) + \lambda u_b'(s_b(\pi))] f(\pi,\,b) + \mu u_b'(s_b(\pi)) f_b(\pi,\,b) = 0$$

整理得：

$$\frac{v_b'(\pi - s_b(\pi))}{u_b'(s_b(\pi))} = \lambda + \mu \frac{f_b(\pi,\,b)}{f(\pi,\,b)} \tag{5-3}$$

当 $\mu = 0$ 时，可以得到帕累托最优风险分担条件：

$$\frac{v_b'(\pi - s_b(\pi))}{u_b'(s_b(\pi))} = \lambda \tag{5-4}$$

在帕累托最优风险分担条件下不存在激励相容约束，只存在代理人的参与约束，委托人通过可观测到的代理人的行为对代理人实施奖励。但在非对称信息条件下，委托人无法估计和观测到代理人的努力程度，因而代理人必须承担一定的风险才能促使代理人按照委托人的意愿努力工作。

根据 Holmstrom(1979)的计算结果，在信息不对称的条件下 $\mu > 0$。设 $s_b^*(\pi)$ 为由式(5-4)决定的最优风险分担合同，$s_b(\pi)$ 为满足式(5-3)的风险分担合同，于是：

$$s_b(\pi) < s_b^*(\pi), \quad \text{if} \frac{f_b(\pi, b)}{f(\pi, b)} < 0$$

$$s_b(\pi) > s_b^*(\pi), \quad \text{if} \frac{f_b(\pi, b)}{f(\pi, b)} > 0$$

根据张维迎(2004)的分析，代理人的收入 $s_b(\pi)$ 随似然率 $\frac{f_b(\pi, b)}{f(\pi, b)}$ 的变化而变化，并且在单调似然率特征(MLRP)成立的条件下，$\frac{f_b(\pi, b)}{f(\pi, b)}$ 为 π 的单调增函数，则最优激励合同 $s(\pi)$ 是 π 的增函数，即项目的最终产出越高，代理人的收益越大。

2. 信息不对称条件下的风险分担

根据以上分析，假设委托人是风险中性的，代理人是风险规避的，设 $s_b(\pi)$ 的函数为：$s_b(\pi) = \alpha + \beta\pi$。其中，$\alpha$ 为固定收入，β 为代理人从 π 中获得的收益比率（$0 \leqslant \beta \leqslant 1$）。此外，$\beta$ 也可以表示为代理人承担的风险，$\beta = 0$ 时代理人不承担任何风险，$\beta = 1$ 时代理人承担全部风险。$s_b(\pi)$ 的期望函数和委托人的期望收益函数如下：

$$E(s_b(\pi)) = E(\alpha + \beta\pi) = \alpha + \beta E(\pi) \tag{5-5}$$
$$E(v(\pi - s(\pi))) = E(\pi - \alpha - \beta\pi) = -\alpha + (1 - \beta)E(\pi) \tag{5-6}$$

同理，设代理人的努力成本函数为：$C_b(b) = \frac{1}{2}\gamma b^2$（$\gamma > 0$，表示代理人越努力成本越高）代理人的期望函数可以变为：

$$Eu_b(s(\pi) - C_b(b)) = E\left(\alpha + \beta\pi - \frac{1}{2}\gamma b^2\right) = \alpha - \frac{1}{2}\gamma b^2 + \beta E(\pi) \tag{5-7}$$

代理人的参与约束为：

$$\alpha - \frac{1}{2}\gamma b^2 + \beta E(\pi) \geqslant \overline{u_b} \tag{5-8}$$

当代理人的参与约束成立时，委托人没有必要支付给代理人更多的工资，于是：

$$\alpha - \frac{1}{2}\gamma b^2 + \beta E(\pi) = \overline{u_b} \tag{5-9}$$

将式(5-9)代入式(5-5)得到，$E(s(\pi)) = \alpha + \beta E(\pi) = \overline{u_b} + \frac{1}{2}\gamma b^2$。将 $E(s(\pi))$ 代入委托人的期望函数：

$$E(v) = E(\pi) - \overline{u_b} - \frac{1}{2}\gamma b^2$$

设 $\overline{u_b}$ 为已知常数，则根据一阶最大化条件，对 $E(v)$ 求偏导：

$$\frac{\partial E(v)}{\partial b} = \frac{\partial E(\pi)}{\partial b} - \gamma b = 0$$

假设 π 是关于努力程度 b 和自然环境变量 θ 的线性方程：$\pi = b + \theta$，且 θ 是一个均值为 0，方差为 σ^2 的随机变量，则：

$$E(\pi) = E(b, \theta) = b$$

于是，得：

$$\frac{\partial E(v)}{\partial b} = 1 - \gamma b = 0, \quad b^* = \frac{1}{\gamma}$$

将 b^* 代入式（5-9），整理得：

$$\beta^* = \frac{1}{2} + (\overline{u_b} - \alpha)\gamma$$

因此，代理人的努力程度与努力成本系数相关，努力成本系数 γ 越高，代理人选择的努力程度就越低；代理人承担的风险系数与代理人的保留效用正相关，与固定收入负相关，即在 $\overline{u_b}$ 一定的情况下，代理人的固定收入 α 越高，代理人承担的风险越小；同时 α 一定的情况下，代理人的保留效用 $\overline{u_b}$ 越高代理人承担的风险越大；在 $\overline{u_b}$ 和 α 都一定的情况下，代理人的努力成本系数 γ 越高，代理人需要承担的风险越大。

在信息不对称条件下，委托人必须将部分风险通过各种方式转移给代理人，否则无法保证项目的成功实施。代理人承担的风险越高，委托人承担的风险则越低，于是设委托人承担的风险为 β'，且 $\beta' = 1 - \beta$。于是：

$$\beta'^* = 1 - \beta^* = \frac{1}{2} - (\overline{u_b} - \alpha)\gamma$$

3. 集团信息化项目中的风险分担

在集团信息化项目中，存在多个最终代理人，要求企业对不同的代理人设计不同的激励合同，并且根据各代理人在项目中的重要性进行风险分配，如系统集成商的工作努力程度将直接影响到项目的成败，因此需要分担较多的风险从而提高其工作的努力程度。

集团信息化项目中的风险分担机制分为两部分：第三方代理人的风险分担和中间委托人的风险分担。

（1）假设条件。

①设有 n 个最终代理人，第 i 个代理人的激励合同为：

$$S_{bi}(\pi) = \alpha_i + \beta_i \pi$$

于是：

$$E(S_{bi}(\pi)) = \alpha_i + \beta_i E(\pi) \tag{5-10}$$

同理，中间委托人的激励合同和合同期望分别为：

$$S_c(\pi) = \alpha_c + \beta_c \pi$$

$$E(S_c(\pi)) = \alpha_c + \beta_c E(\pi) \tag{5-11}$$

②设第 i 个代理人的努力成本为 $C_b(b_i) = \frac{1}{2}\gamma_{bi} b_i^2$，则第 i 个代理人的期望效益函数为：

$$Eu_{bi}(S_b(\pi) - C_b(b_i)) = E\left(\alpha_{bi} + \beta_{bi}\pi - \frac{1}{2}\gamma_{bi}b_i^2\right) = \alpha_{bi} - \frac{1}{2}\gamma_{bi}b_i^2 + \beta_{bi}E(\pi) \quad (5\text{-}12)$$

同理，设中间委托人的努力变量为 b_c，努力成本为 $C_c = \frac{1}{2}\gamma_c b_c^2$，期望收益为：

$$Eu_c(S_b(\pi) - C_b(b_c)) = E\left(\alpha_c + \beta_c\pi - \frac{1}{2}\gamma_c b_c^2\right) = \alpha_c - \frac{1}{2}\gamma_c b_c^2 + \beta_c E(\pi) \quad (5\text{-}13)$$

③设第 i 个代理人的保留效用为 $\overline{u_i}$，满足条件：

$$\alpha_{bi} - \frac{1}{2}\gamma_{bi}b_i^2 + \beta_{bi}E(\pi) = \overline{u_{bi}} \quad (5\text{-}14)$$

同理设中间委托人的保留效用为 $\overline{u_c}$，满足条件：

$$\alpha_c - \frac{1}{2}\gamma_c b_c^2 + \beta_c E(\pi) = \overline{u_c} \quad (5\text{-}15)$$

④项目的收益为 π，是关于代理人的努力程度 b_i 和 θ 的函数，可以简单地表示为：

$\pi = \sum_{i=1}^{n} b_i + b_c + \theta$，于是：

$$E(\pi) = \sum_{i=1}^{n} b_i + b_c \quad (5\text{-}16)$$

⑤初始委托人的期望收益函数为：

$$Ev\left(\pi - \sum_{i=1}^{n} S_{bi}(\pi) - S_c(\pi)\right) = E\left(\pi - \sum_{i=1}^{n}(\alpha_{bi} + \beta_{bi}\pi) - (\alpha_c + \beta_c\pi)\right)$$

$$E(v) = -\sum_{i=1}^{n}\alpha_{bi} - \alpha_c + \left(1 - \sum_{i=1}^{n}\beta_{bi} - \beta_c\right)\left(\sum_{i=1}^{n} b_i + b_c\right) \quad (5\text{-}17)$$

(2)风险分担模型建立。

根据以上假设内容将式(5-14)代入式(5-10)得：

$$E(S_{bi}(\pi)) = \overline{u_{bi}} + \frac{1}{2}\gamma_{bi}b_i^2 \quad (5\text{-}18)$$

将式(5-15)代入式(5-11)得：

$$E(S_c(\pi)) = \overline{u_c} + \frac{1}{2}\gamma_c b_c^2 \quad (5\text{-}19)$$

将式(5-16)、式(5-18)、式(5-19)代入式(5-17)得：

$$E(v) = \sum_{i=1}^{n} b_i + b_c - \sum_{i=1}^{n}\left(\overline{u_{bi}} + \frac{1}{2}\gamma_{bi}b_i^2\right) - \left(\overline{u_c} + \frac{1}{2}\gamma_c b_c^2\right)$$

将 $E(v)$ 对 b_i 和 b_c 求导得：

$$\frac{\partial E(v)}{\partial b_i} = 1 - b_i\gamma_{bi}, \quad \frac{\partial E(v)}{\partial b_c} = 1 - b_c\gamma_c$$

由一阶最优条件可求出最优努力水平：$b_i^* = \frac{1}{\gamma_{bi}}$，$b_c^* = \frac{1}{\gamma_c}$，代入式(5-14)和式(5-15)得：

$$\beta_{bi}^* = \left(\overline{u_{bi}} - \alpha_{bi} + \frac{1}{2\gamma_{bi}} \right) \frac{r_c \sum_{i=1}^{n} r_{bi}}{\sum_{i=1}^{n} r_{bi} + r_c}$$

$$\beta_{c}^* = \left(\overline{u_c} - \alpha_c + \frac{1}{2\gamma_c} \right) \frac{r_c \sum_{i=1}^{n} r_{bi}}{\sum_{i=1}^{n} r_{bi} + r_c}$$

设 $\rho = \dfrac{r_c \sum_{i=1}^{n} r_{bi}}{\sum_{i=1}^{n} r_{bi} + r_c}$，定义为代理人的综合成本系数，于是 β_{bi}^* 和 β_c^* 可表示为：

$$\beta_{bi}^* = \rho \left(\overline{u_{bi}} - \alpha_{bi} + \frac{1}{2\gamma_{bi}} \right)$$

$$\beta_c^* = \rho \left(\overline{u_c} - \alpha_c + \frac{1}{2\gamma_c} \right)$$

综上可以看出，在委托人风险中性，各代理人风险规避的条件下，各个代理人的努力程度主要受到其代理成本系数的影响，成本系数越高，代理人的努力程度越低。在保留效用和固定收益一定的条件下，代理人承受的风险大小与其成本系数成反比，与代理人综合成本系数成正比，从中反映出：在集团信息化项目中各个代理人之间是相互合作相互影响的关系。

因此，在集团信息化项目中初始委托人的风险大小是由各个代理人承担风险大小的总和而决定的。于是委托人的风险大小 β^* 可以表示为：

$$\beta^* = 1 - \sum_{i=1}^{n} \beta_{bi}^* - \beta_c^* = 1 - \rho \sum_{i=1}^{n} \left(\overline{u_{bi}} - \alpha_{bi} + \frac{1}{2\gamma_{bi}} \right) - \rho \left(\overline{u_c} - \alpha_c + \frac{1}{2\gamma_c} \right)$$

进一步整理得：

$$\beta^* = \frac{1}{2} - \rho \left[\left(\sum_{i=1}^{n} \overline{u_{bi}} + \overline{u_c} \right) - \left(\sum_{i=1}^{n} \overline{\alpha_{bi}} + \alpha_c \right) \right]$$

设 $\Delta = \left(\sum_{i=1}^{n} \overline{u_{bi}} + \overline{u_c} \right) - \left(\sum_{i=1}^{n} \overline{\alpha_{bi}} + \alpha_c \right)$，表示代理人的保留效用和固定收入之间的差值。因此，β^* 进一步可以表示为：

$$\beta^* = \frac{1}{2} - \rho \Delta$$

由上式可以看出，ρ 和 Δ 是影响委托人所承担风险大小的关键因素。当 ρ 一定时，Δ 值越大，委托人承担的风险越小；同理，Δ 值一定时，ρ 越大，委托人承担的风险越小。以此，在集团信息化项目建设过程中，委托人应当对代理人的保留效用（$\overline{u}$）有一个清醒的认识，并确定一个固定收入值 α，使得 $\alpha \leqslant \overline{u}$，以促使代理人努力工作，通过增加项目收益来获取更多的浮动效益，来增加代理人的总收益。

5.3.4 监督机制的建立

针对激励机制本身存在效率损失的现象，都只能在有限的基础上减少委托人的损失，因此集团信息化项目中必须建立一定的监督机制。

根据张维迎（2004），在激励工资条件下若代理人的观测信息可以表示为：$x = a + \varepsilon$，a 为代理人的努力程度，ε 服从正态分布，均值为 0。方差为 σ^2，则委托人的监督成本函数可以表示为：$M(\sigma^2)$。委托人可以通过增加 σ^2 的值而增加代理人的努力程度，且 $M(\infty) = 0$，$M(0) = \infty$。

在集团信息化建设过程中，初始委托人需要对多个代理人的行为进行监督，假设第 i 个代理人的可观测变量为 $x_i = a_i + \varepsilon_i$，则委托人对第 i 个代理人的监督成本为 $M_i(\sigma_i^2)$，于是委托人需要付出的总的监督成本为：

$$M(\sigma^2) = \sum_{i=1}^{n} M_i(\sigma_i^2)$$

在集团信息化项目中，由于其委托代理关系具有层次性，初始委托人不必要对所有的代理人都进行完全监督。由于中间委托人的身份的特殊性，初始委托人可以通过增加对中间委托人的监督力度，而减少对其他代理人的监督。因此如何对中间委托人进行监督是初始委托人要解决的关键问题。委托人的监督机制设计可以从以下几个方面进行设计：

1. 将中间委托人的收益与项目收益相关联

根据本书4.3.1节的分析，影响中间委托人努力程度（a_m）的因素主要有：激励因素（$S(x_{am})$）、自身素质（y_{am}）、努力成本（$C(a_m)$）。激励函数的设定是整个监督的重点，为了避免中间委托人与代理人相勾结的现象发生，x_a 应当与整个项目的观测结果（设为 x）相关，假设项目收益 π 是 x 的唯一可观测值，则用 π 来表示 x。于是中间委托人的收益函数可以表示为：

$$S(x_{am}) = \alpha + \beta\pi(a, b, \theta)$$

2. 将中间委托人的收益与代理人的行为相关

根据集团信息化项目的特点，初始委托人无法判断项目的应有的收益水平 π，因而单从项目的最终收益没有办法判断中间委托人的努力水平。因此，为了保证中间委托人对代理人的监督力度，需要将其收益与代理人的行为相关联。当项目进度发生严重的拖期、技术问题等，根据问题的严重性对中间委托人实施惩罚。

设代理人行为的观测结果为 x_b，惩罚界限为 $\underline{x_b}$。当 $x_b \leq \underline{x_b}$ 时，对中间委托人进行惩罚，则 $S(x_{am})$ 变为：

$$S(x_{am}) = \begin{cases} \alpha + \beta\pi & x_b > \underline{x_b} \\ \alpha + \beta\pi - \eta x_b & x_b \leq \underline{x_b} \end{cases}$$

3. 充分发挥监理的作用

监理的职责是对信息化的建设过程进行监督，对项目的实施结果肩负直接的责任。初始委托人除了通过薪酬设计的方式来减低代理人带来的风险，还可以通过监理来对整个项目进行监控，降低信息的不对称程度。在实际项目中，监控手段主要有：项目日志、项目会议记录、项目阶段报告等。

4. 发挥市场约束的作用

根据法玛(Fama，1980)的观点，在现实的竞争市场上，代理人现在的收入由其过去的业绩而决定，因此代理人必须对自己的行为负责。因此，代理人在代理市场上的声誉是其激发其努力工作的因素之一。

集团信息化项目中，许多代理人需要在代理市场进行长期的生存，因而其关注的是长远的效益，而非眼前的效益。对于集团公司而言，应当充分发挥媒体的作用，使得代理人的行为对其声誉产生影响，从而达到市场对代理人行为约束的目的。

本章思考题

1. 在集团信息化项目中，如何通过优化内部激励机制提升员工的工作积极性和项目成功率？

2. 如何通过委托代理理论的框架有效治理集团信息化项目中的风险？

3. 集团信息化项目中的代理人选择模型如何建立？其综合评价因素有哪些？

4. 集团信息化项目中的风险分担机制如何设计？信息不对称条件下的风险分担如何实现？

5. 集团信息化项目的监督机制如何建立？有哪些关键的监督手段和方法？

6. 集团信息化项目中，如何应对多层次委托代理关系带来的信息不对称问题？

7. 集团信息化项目中多层次委托代理关系的管理如何优化，以提高项目的整体效益？

8. 如何在集团信息化项目中设计和实施有效的培训和发展计划，以提升员工技能和项目成功率？

第6章 案例分析

6.1 C集团信息化项目建设

6.1.1 案例背景

1. C集团简介

本书以C集团公司的信息化建设项目为背景，并以文中的委托代理风险治理框架为基础，就其委托代理风险治理提出建议。

C公司成立于2005年8月，是一家以煤炭生产为主的国有控股集团型企业，注册资本达30亿元，包含有七个子集团公司，分布在不同的地域。集团公司内的部门主要包括有资产财务部、人力资源部、生产技术部、物资供应分公司和煤炭销售分公司等。在组织结构上，C集团公司大致可以分为三级：集团层、子公司层、子公司的下属单位。C集团的组织机构如图6-1所示。

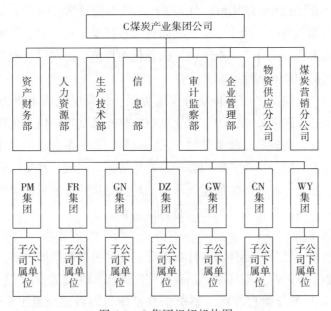

图6-1 C集团组织机构图

2. C 集团信息化项目实施背景

（1）存在的问题。

C 集团公司是由七个子集团合并后成立的，建立的目的是规范地区煤炭销售和开采市场。集团公司自成立起，在信息流方面就出现了许多问题，主要有以下几个方面：

①信息滞后，缺乏及时性。集团公司总部和各个子集团都分布在不同的地域，数据信息的传递主要依靠电子邮件、电话等方式，纸质单据的传递有一定的困难。集团总部很难及时掌握子集团的产量、销量、库存等数据，信息不能及时传递。

②数据缺乏准确性。在集团公司运营的过程中，发现从不同渠道获得的同一种数据会出现不同的统计结果，并且差距很大，比如不同部门统计的销量数据会有很大的差别。对于有差距的数据没有办法从数据源头上进行核实，数据统计缺乏准确性。

③集团总部很难对下属公司进行掌控。缺乏及时性和准确性的数据，不能为集团高层的决策提供有价值的参考，也不利于集团总部对下属公司的管理和监督。

④工作流程不统一，表单数据格式不统一。由于各子公司都有各自的一套工作流程和单据格式，给集团公司的管理工作和数据统计工作带来了一定的难度。

针对以上问题，集团领导决定实施信息化建设，统一整个集团公司的数据传递和工作流程。为了确保信息化的顺利实施，公司决定聘请专业人员成立信息部，负责信息化的建设工作；同时从子公司抽调各个部门的业务骨干进行参与；并在高层中选派一名领导专门负责信息化的建设和领导工作。此外，还通过招标的方式先后聘请了咨询商、信息化监理和系统集成方，为信息化的建设提供更专业的解决方案和技术支持。

（2）项目组织结构分析。

C 集团信息化项目的组织结构可以分为组织结构和项目结构两个维度。从组织结构上可以划分为集团内部和第三方两个层次，集团内部包括集团领导层、集团业务部门层、子公司层。项目结构维进一步分为三个层次：信息化项目组、公司层、业务部门层。C 集团信息化项目组织结构如图 6-2 所示。

在项目层面，三个层次之间是相互合作的关系。公司层包括集团公司领导和各子公司，在组织层面上是隶属的关系，为信息化项目提供政策支持。信息化项目小组由信息部和第三方代理人组成，各成员之间是契约关系，也是合作关系，在信息化建设中处于核心地位。业务部门层由集团公司业务部门和子公司业务部门组成，在集团公司组织结构上属于隶属关系，负责提出各业务系统的建设需求，是信息化建设成果的最终使用者，与公司层之间是隶属关系，与信息化项目组之间是合作关系。

（3）系统构架。

集团公司信息化建设分为硬件和软件两部分：硬件主要包括服务器、小型机等基本的设备标准的制定和招标采购；软件主要是指公司网站和 ERP 系统的建设。

根据集团公司业务分类和流程，整个信息系统将以数据交换平台为中心，构建除门户网站外的七大业务系统：人力资源系统、财务系统、协同办公系统、安全生产管理系统、物资采购系统、营销管理系统、项目管理系统。C集团信息系统总体设计如图6-3所示。

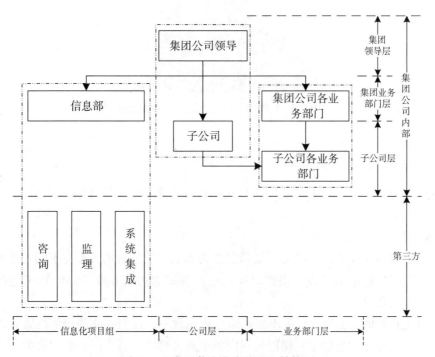

图6-2 C集团信息化实施组织结构图

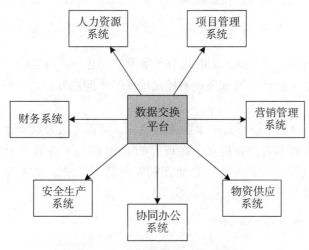

图6-3 C集团信息化总体设计图

针对C集团公司组织结构的特点，提出了信息化的三级管控模式(见图6-4)。通过层层管制的软件构建方式，可以尽可能少地改变子公司原有的工作流程和运营模式。

图 6-4 C 集团公司信息化三级管控模式

3. C 集团信息化项目特点

通过以上分析，可以看出 C 集团信息化项目具有典型性和特殊性两大特点。

（1）典型性。

主要体现在以下两个方面：

①具备集团性企业的典型特征。集团总公司和七个子公司均分布在不同的地域，具有规模大，组织层次复杂的特点。集团以煤炭生产和销售为主要业务，此外还包括物资管理、人力资源管理等。

②信息化建设的完整性。C 集团公司信息化建设中，咨询、监理和系统集成方第三方机构参与到了信息化的建设中，集团公司内各个业务部门、各个子公司也都参与到了信息化建设中。在信息化建设内容方面包括了硬件、软件全方位的建设，由此可见，C 集团的信息化建设是一个较完整的信息化建设案例，其信息化建设模式在实际中很少见，具有一定的研究价值。

（2）特殊性。

C 集团是属于国有大型企业，是由几个子集团公司合并后成立的。因此集团内部的委托代理关系比较复杂，除具有国有企业委托代理的基本问题外，还存在许多潜在的组织矛盾等问题。

此外，C 集团信息化建设不是单个业务的建设，涵盖了人力资源管理、营销管理等七大业务，并且业务流程具有行业特点。在现有的 ERP 市场上没有一个软件商的产品能够在业务模块和业务流程方面完全满足 C 集团信息化建设需求，这就需要多个软件商针对集团具体业务共同进行开发建设。

6.1.2 委托代理关系风险分析

1. 委托代理关系分析

根据 C 集团信息化项目组织结构图，其委托代理关系包括集团公司高层领导与信息部和集团内各部门、子集团之间、信息部与第三方代理人之间的委托代理关系(见图6-5)。

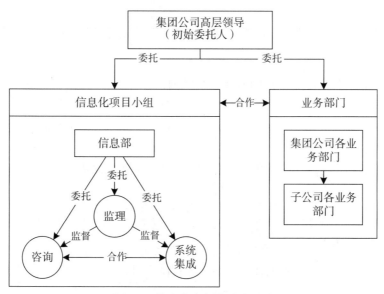

图 6-5　信息化参与成员关系图

　　集团公司领导是整个委托代理链的初始委托人，委托信息化项目小组和集团公司各部门进行信息化建设工作。信息化项目小组由信息部、咨询方、监理和系统集成方组成。信息部为中间委托人，受集团公司高层领导的委托，同时又是咨询、监理和集成方的委托人。其中，监理在整个项目小组中处于中心地位，负责监督整个信息化项目的实施过程，为业主提供技术支持；咨询方和系统集成商分别为业主提供管理信息化方案设计与信息化实施服务、各业务系统的技术和流程集成，属于相互合作的关系。此外，在项目实施过程中需要集团公司各部门的协作，与项目小组之间是相互协作的关系。

　　C集团信息化建设各个参与人的角色和主要职责如表6-1所示。

表 6-1　　　　　　　　　　　C 集团信息化参与人的角色和主要职责

参与人	角色	信息化职责
集团公司 高层领导	初始委托人	制定信息化总体战略 为信息化的实施提供关键决策 提供相关的政策、人力和财力支持 项目团队的组建者
信息部	代理人／ 中间委托人	信息化战略的实施者 制定和执行项目的实施计划 负责进行项目实施前期工作，如招标等 监督代理人的行为 协调公司内部在信息化建设过程中出现的矛盾和不满情绪 协助代理人进行信息化建设的相关工作

参与人	角色	信息化职责
集团公司和子公司业务部门	代理人	业务需求的提出者 协助信息部实施项目计划 信息化建设成果的最终使用者
咨询方	第三方代理	帮助企业理清业务流程，并为业务流程规划提出建议 在业务流程规划的基础上，管理信息化方案设计，包括信息系统构架和数据库、服务器等的基本配置要求 信息化实施服务 配合业主进行软件的选型工作
监理方	第三方代理	提供技术支持 监督其他第三方代理人的行为，判断代理人是否履行了自己的职责 监督信息化的实施过程，包括质量、进度等
系统集成方	第三方代理	提供技术支持 构建集成平台 制定各软件的技术接口标准 配合集团进行软件的选型工作

2. 委托代理风险分析

根据委托代理的层次，C 集团的信息化项目委托代理风险可以分为集团内部的代理风险和第三方的代理风险两类。

（1）集团内部的代理风险。

集团内部的代理风险主要是指由于企业自身引起的风险，主要包括以下三方面：

①人员素质风险。

人员素质风险是指由于企业内部员工技术、道德等方面的素质缺陷而引起的风险。技术方面的欠缺将直接会影响到信息系统的使用和未来信息化建设的持续性。道德风险是由信息不对称引起的，属于委托代理的基本问题。

C 集团由于地域分布的原因，在集团内部存在着内部员工知识水平参差不齐的现象，部分偏远地区的员工对知识的掌握程度和理解接受程度较慢，会对信息化建设进度产生影响。对于信息部的员工，除了解决和发现日常的技术问题外，还需要参与一定的管理和协调工作，因此其管理和协调能力也十分重要。具备良好的管理和协调能力可以降低内部冲突的产生的概率，提高工作效率。

②内部冲突。

七个子集团在合并之前都有独立的工作流程和管理模式，许多子公司及其下属单位都有自己的 ERP 系统。在新系统建设过程中，难免会因新系统和旧系统之间的差别和观点的不一致而引发集团内部冲突和矛盾，从而影响项目的实施进度甚至影响项目的成败。

③中间委托人带来的风险。

中间委托人即信息部，不但肩负着信息化的建设工作，还负责对第三方代理人进行监督。中间委托人的监督力度会直接影响到第三方代理人的工作努力程度，从而为信息化建设带来风险。

（2）第三方代理风险。

第三方代理人由于与集团企业存在利益冲突，必然会产生代理风险，主要包括以下几个方面：

①代理人选择风险。

由于存在严重的信息不对称，业主不可能完全掌握代理人的情况，在代理人的选择方面存在巨大的风险，包括：

- 选择的代理人所拥有的技术和知识水平不能完全满足项目要求，使得项目成果不能完全满足企业需要，造成资金浪费。
- 选择的代理人信誉度较低，在工作过程中不能尽职尽责，推卸责任，造成项目脱期等。
- 在项目实施过程中，代理人中途退出。代理人中途退出，会导致信息化建设工作无法正常进行，业主必须再次对代理人进行招标和选择，从而给企业带来巨大的损失。

②合同风险。

合同的签订关系着委托代理的风险分担问题。根据本书 4.3 节的内容，在信息不对称条件下，为了使代理人能够努力工作，应当使代理人承担一定的风险。风险的分担由代理人的努力成本系数来决定，并且委托人承担风险的大小由代理人保留效益和固定收入的差值（Δ）来决定，委托人承担的风险随差值的变小而增大。

由于信息的不对称，委托人无法对代理人的努力成本系数和保留效用值做正确的估计，签订合同时就很难保证进行风险的合理分配。如果代理人承担的风险太小，代理人就会以较少的付出换得较多的回报，进而会增加委托代理的风险。

③道德风险。

根据利益最大化原则，代理人和委托人都希望实现自身利益的最大化，存在利益冲突。因而在集团信息化项目实施的过程中，由于代理人的数目众多，并且委托人不可能完全观测到代理人的努力选择，很可能会发生代理人因自身利益而损害委托人利益的行为，从而引发道德风险。

6.1.3　信息化风险治理

由于 C 集团信息化建设中参与的代理人众多，规模较大，因此不可能对所有的代理人都进行监控，并且容易发生各代理人之间推脱责任的现象，存在较大的风险。集团领导对此十分重视，针对可能发生的问题采取了相应的风险防范手段。

1. 代理人的选择

选择一个合适的代理人是有效防止委托代理风险的第一步。C 集团信息化建设代理人的选择包括：集团内部代理人的选择和第三方代理人的选择。

（1）集团内部代理人的选择。

C 集团内部代理人的选择主要采用的是内部选拔机制。从子公司抽调的具有信息化建设相关经验的技术人员成立信息部，此外各个业务部门的骨干人员也参与到各子系统的信息化建设中。

（2）第三方代理人的选择。

C 集团采用招标的方式对第三方代理人进行选择，并且按照项目的各个阶段，对代理人进行逐个招标，招标的顺序依次为：咨询、监理和系统集成。对代理人的评选，主要考虑以下几个方面的因素：

①代理人的资信与业绩，包括代理人的资质、社会信誉和类似项目经验等。通过对资信和业绩的考察，可以判断出代理人在代理市场上的声誉和能力，属于代理人素质的考察内容。

②代理人的技术能力，包括企业的规模、技术人员规模、技术投入、信息化相关研究成果等。

③服务报价。报价是招投标中需要考察的一项重要内容。由于受企业自身经济能力的限制，在招投标过程中，企业更希望能够最后选择一个性价比较高的代理人，用较少的成本换取最大的收益。

④项目团队素质，包括招标文件中提出的实际参与和后备参与项目的人员的素质能力、其他技术设备力量等。

⑤对招标文件的响应程度，即投标文件中的相关内容与招标文件要求的相符程度。

集团聘请了五位以上具有不同背景的企业内部和外部专家参与招标。为了保证评标结果的准确性，在招标的过程中各投标人还要进行答辩，就专家提出的问题进行解答。最后，专家根据各自了解的情况对代理人进行打分，分数最高的代理人中标。代理人的选择流程如图 6-6 所示。

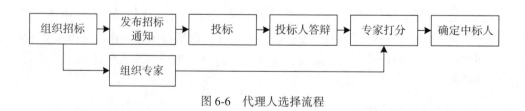

图 6-6　代理人选择流程

2. 激励制度

对集团内部人员主要是通过激励的手段来使委托人的效用达到最大化。C 集团信息化建设过程中，对集团内部人员的激励机制建立不是很完善，缺乏规范性和及时性。

在信息化实施的过程中，特别是新旧系统更换的过渡时期，即新系统和旧系统处于并行使用的时期，各业务部门的员工都付出了很多心血和汗水。由于新信息系统需要在使用的过程中不断调试和改进，以及系统使用前期需要大量基础数据的准备和录入，加大了员工的工作量。集团公司并没有建立相应的奖励制度，使得员工在加大工作量的同时却没有得到相应的物质激励，引发了部分员工的不满情绪。根据各部门和相关单位的反映，集团公司在年底以奖金的形式对在信息化建设中付出努力的员工一定的物质奖励。对于信息部成员，按照公司薪酬机制中的相关规定进行。

3. 风险分担机制

C集团信息化建设中，将信息化的建设过程分解为若干阶段，根据阶段任务的完成情况来支付代理人的酬劳。设 γ_i 为代理人第 i 阶段任务的完成情况，w_i 为代理人第 i 阶段任务的酬劳，于是代理人的激励函数 $s(x)$ 可以表示为：

$$s(x) = \sum_{i=1}^{n} \gamma_i w_i$$

代理人酬劳支付的时间与任务完成的时间相关，并且代理人的代理成本会随着代理时间的延长而增加，收益也会随之减少。于是代理人的成本 C_b 可以表示为时间 t 和努力成本 b 之间的函数：$C_b(t, b)$。代理人的收益可以表示为：

$$u = s(x) - C_b(t, b) = \sum_{i=1}^{n} \gamma_i w_i - C_b(t, b)$$

在这种机制下，任务的完成情况是衡量代理人是否努力工作的重要标准，代理人会为了使自身效益达到最大化而尽最大努力去减少代理成本，即减少任务的完成时间。但是，这种机制也存在着一些问题：

1. 各个代理人的任务的完成情况很难衡量

由于信息化的建设工作需要多方努力共同完成，建设成果受多个人代理人努力程度的影响。单个代理人的任务完成情况会受其他代理人的影响，因而无法客观判断各代理人的任务完成情况。

2. 代理人的收益与项目收益脱节

代理人的收益没有与项目的最终收益相挂钩，使得代理人会仅限于任务的完成，而不会为取得更好的项目收益而努力。

3. 忽视了中间委托人的风险分担

由于信息部在信息化项目中角色的特殊性，也需要承担一部分风险，从而保证其工作的努力程度，并激发其工作的积极性。

4. 监督制度

C集团信息化项目实施过程中，采取了一系列的措施对各代理人进行监督，具体包括：

（1）充分发挥监理的作用。

监理的职责就是对整个项目的实施过程进行监督。因此，C 集团信息化建设过程中，监理在各个阶段中都扮演着十分重要的角色，其职责主要包括以下几个方面：

①对各设计文档的审查。监理方需要对各代理人出示的相关技术文档的可行性和专业性进行审查，避免重大技术问题的发生，以及代理人对业主在技术方面进行欺瞒。

②过程监控。监理方对每次项目会议作翔实的记录，包括参与人，项目实施过程中发现的问题等，并在会后针对各问题的解决情况进行监控。

③建立监理责任制。监理对审查过的设计文档、参与的验收等过程，都必须签字，表示已经经过监理的监督和检查，并对以后产生的后果负担一部分的责任。

（2）建立项目管理制度。

为了确保信息化项目的进程和工作质量，针对信息化项目组制定一套项目管理制度，以约束各方的行为，主要包括：

①例会制度，主要指周例会。针对本周工作情况，召开一次项目内部会议，对项目实施中发现的问题进行讨论，并制订下一周的工作计划，明确各方的任务和成果递交的时间。

②工作报告制度。各代理人需要每周、每月向委托人以书面的形式报告工作情况，包括：下一期间的工作计划、本期出现的问题和拟解决的方法，便于业主及时了解代理人的工作情况。

③项目经理驻场办公制。为确保各方项目经理对项目的精力投入和对项目的全程跟踪，根据实际情况，确定项目经理每周至少驻场办公的工作日。

④监理通知单制度。针对项目中出现的代理人的违规现象，或对整个项目进程造成重大影响的，由监理向代理人单位发出监理通知单。监理通知单分为警告和处罚两种，根据代理人行为的恶劣程度发布。

建立监督机制可以在一定程度上减少委托人的信息不对称，使得委托人能够及时掌握项目进度和存在的问题。但由于中间委托人——信息部在集团内部只是一个专门负责信息化建设的部门，并没有实权。在对代理人进行监督的过程中，无法对其进行实质性的处罚，从而给监督工作带来了一定的困难。

6.1.4　C 集团信息化项目风险治理建议

根据以上分析，针对 C 集团信息化风险治理机制中存在的问题，提出以下几点建议：

1. 完善内部人才选拔机制和激励制度

（1）建立完善的内部人员选拔机制。

在选择技术人员时，除了单位推荐以外，还应当通过适当的考核进行选拔，以便于更好地激发员工的学习积极性，增加内部聘用的透明度。

（2）建立完善的内部激励制度。

建议在信息化实施过程中，在集团内部建立一套完整的内部激励制度，通过对代理人努力程度的判断进行不同程度的奖励。通过将内部子公司任务完成情况进行比较，确定奖励的等级。

在非物质激励方面，对表现突出的个人和集体进行表彰，并给予充分的肯定。建立良好的沟通机制，通过沟通将项目实施过程中产生的矛盾和冲突及时化解，避免不利于项目进行的事件发生。

2. 提高中间委托人的工作效率

(1)建立中间委托人的激励和风险分担制度。

中间委托人——信息部在信息化建设中处于委托代理的核心位置，其工作的努力程度将直接关系到整个信息化建设的成败。C集团原有的制度并不能对中间委托人起到激励的作用。因此建议建立相应的激励和监督机制，并把中间委托人的收益与项目的最终收益和项目的完成情况联系起来，从而激发其工作的积极性。

在激励的同时，必须建立相应的风险分担制度，使得中间委托人承担一定的风险，从而对其行为起到一定的约束作用。

(2)赋予中间委托人一定的权利。

在信息化建设过程中，由于中间委托人肩负着监督第三方代理人的任务，需要赋予其一定的权利对第三方代理人进行实质性的直接惩罚，从而提高其工作效率。

3. 将代理人的收益与项目收益相关联

为了使代理人更关注于项目的最终收益而不是自身任务的完成，需要将原有的报酬函数变为与项目收益相关的函数，于是：

$$s(x) = \alpha + \beta\pi$$

其中，α为固定收入，β为代理人从项目收益中获取的收益比例。

6.2 T集团信息化项目建设

6.2.1 案例背景

1. T集团简介

T集团，成立于2006年，注册资本30亿元，是一家致力于铁路运输和建设业务的大型国有骨干企业。T集团的主要业务涵盖铁路运营、铁路建设以及相关的配套服务。集团的组织结构较为复杂，内部设有多个职能部门，包括办公室、资产管理部、计划财务部、运营管理部、人力资源部、运输管理部、监察部和建设管理部等(见图6-6)。集团内部又根据地区和从事的业务类型划分为不同的下属公司，各公司在各自的业务领域内独立运营，并共同为集团的整体发展贡献力量。

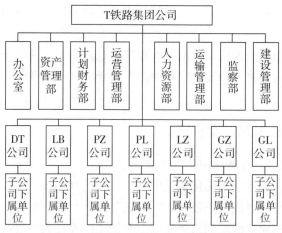

图 6-6　T 集团公司信息化三级管控模式

2. T 集团信息化项目实施背景分析

（1）集团组织结构分析。

C 集团信息化项目的组织结构可以分为组织结构和项目结构两个维度。从组织结构上可以划分为集团内部和第三方两个层次，集团内部包括集团领导层、集团业务部门层、子公司层。项目结构维进一步分为三个层次：运营管理部门（信息化项目组）、公司层、业务部门层。T 集团信息化项目组织结构如图 6-7 所示。

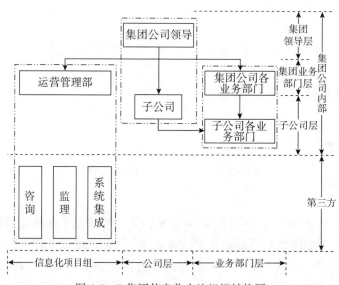

图 6-7　T 集团信息化实施组织结构图

在项目层面，T 集团的三个层次之间形成了紧密的合作关系。公司层包括集团公司领导和各子公司，这些单位在组织结构上存在隶属关系，并为信息化项目提供政策支持。集团公司领导制定总体战略和政策方向，分配资源，确保信息化项目得到必要的支持。各子公司则在集团公司领导的指导下，执行具体的策略和任务，确保集团的整体目标得以实现。运营管理部由信息部和第三方代理组成，成员之间既存在契约关系，也有合作关系。在信息化建设中，运营管理部扮演核心角色，负责具体的项目执行和监督工作，确保信息化项目按照计划顺利推进。运营管理部制订详细的实施计划，协调内部和外部资源，监督项目进度，解决项目过程中遇到的问题，并向公司层汇报项目进展情况。业务部门层由集团公司和子公司的业务部门构成，这些部门在组织结构上与公司层存在隶属关系，主要负责提出各业务系统的建设需求，是信息化建设成果的最终使用者。业务部门层在信息化项目中提供具体的业务需求和反馈，运营管理部负责将这些需求转化为项目计划，并协调第三方代理人实施和监督。业务部门层与公司层之间是隶属关系，而与运营管理部之间则是合作关系，共同推进信息化项目的顺利实施。

（2）系统架构分析。

根据集团公司管理业务分类和流程，整个信息系统将以数据交换平台为中心，构建五大业务系统：铁路运营系统、铁路建设管理系统、财务管理系统、设备管理系统、人力资源系统。T集团信息系统总体设计如图6-8所示。

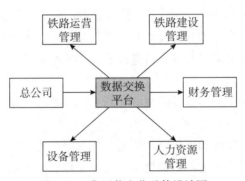

图6-8　T集团信息化总体设计图

根据集团公司管理业务分类和流程，整个信息系统将以数据交换平台为中心，构建五大业务系统：铁路运营系统、铁路建设管理系统、财务管理系统、设备管理系统和人力资源系统。铁路运营系统负责铁路运输业务的管理，包括列车调度、运行监控、票务管理和货运管理；铁路建设管理系统负责铁路建设项目的规划、实施和监控，包括工程进度、质量、成本和安全管理；财务管理系统负责集团的财务管理和会计核算，包括预算编制、资金管理、成本控制和财务报表；设备管理系统负责集团设备的全生命周期管理，包括设备采购、维护和报废；人力资源系统负责集团的人力资源管理，包括人员招聘、培训、绩效考核和薪酬管理。

（3）实施背景分析。

T集团作为一家大型的铁路运输和建设企业，面临着多方面的挑战和需求，促使其实施信息化项目以提升整体管理水平和运营效率。以下是T集团信息化项目实施的背景分析。

①业务发展需求。

T集团的业务包括铁路运营、铁路建设以及相关的配套服务。为了适应快速发展的业务需求，T集团需要通过信息化手段提升管理效率和服务水平。具体来说：

铁路运营管理：包括运输管理和安全检查，需要每天进行运输统计，确保货运请车达成率和安排情况等。同时，信息系统还需具备设置安全警报的功能，以实时提示和生成统计报表。

铁路建设管理：涉及地方铁路的规划、施工检查、项目竣工验收等，需要对全过程进行信息监控，动态反映项目进度、投资、成本、安全和质量信息。

人力资源管理：需要建立人力资源库，规范业务流程，实现从人事管理向人力资源管理的转变。

财务管理：需要集中管控财务数据，建立总账核算系统、报表系统和资金管理系统等，支持全面的预算管理。

物资设备管理：需要对大型设备和大宗材料进行统一组织和管理，及时反映使用情况、技术参数和维修记录等。

②信息化程度较低的问题。

当前，T集团的信息化程度较低，无法满足企业业务快速发展的需求。例如，现有的货运调度系统和货运计划系统没有实现与财务系统的接口，导致信息孤岛现象严重，影响了数据的实时共享和管理决策。此外，机务段管理和安全管理缺乏信息系统的支持，导致管理效率低下。具体问题包括：

信息孤岛：各部门和子公司的系统独立运行，数据难以共享，导致管理层无法获得全面和实时的信息。

管理效率低下：手工操作和纸质文件传递占用大量人力和时间，影响工作效率。

数据准确性差：不同系统之间的数据不一致，难以保证数据的准确性和完整性，影响管理决策。

③集团改制的需求。

T集团正在经历组织改制，为了适应新的管理模式和业务需求，信息化建设成为必要手段。通过信息化手段，可以实现业务流程的标准化和规范化，提高集团整体的管理效率和竞争力。改制带来的变化包括：

管理模式的调整：新的组织结构和管理模式需要信息系统的支持，以实现高效的资源配置和业务流程管理。

业务流程的优化：通过信息化，可以优化各业务环节的流程，提高工作效率，减少人为错误。

监督和控制的强化：信息化系统可以提供实时的监控和分析工具，帮助管理层更好地监督和控制各项业务活动。

④提高管理决策的需求。

为了提升管理决策的科学性和及时性，T集团需要通过信息化手段实现对各类业务数据的实时监控和分析。例如，建立企业信息总线，实现各个业务系统的无缝衔接和信息共享，打破信息孤岛，提升企业经营决策的支持能力。具体需求包括：

实时数据监控：通过信息系统，管理层可以实时监控各项业务的数据，及时发现问题并采取措施。

数据分析和决策支持：信息化系统可以提供强大的数据分析工具，帮助管理层进行科学的决策，提高决策的准确性和有效性。

信息共享和协同工作：各业务系统之间的数据共享和协同工作，提高了工作效率和信息的透明度。

3. T集团信息化项目特点分析

T集团信息化项目旨在解决当前业务发展中的诸多问题，并提升整体管理水平和运营效率。以下是T集团信息化项目的主要特点分析：

(1)综合性和集成性。

T集团的信息化项目涵盖铁路运营、铁路建设、人力资源、财务和物资设备管理等多个核心业务领域。通过建立统一的信息系统，T集团能够实现各业务领域之间的信息共享和数据集成，消除信息孤岛现象，提高整体运营效率和管理水平。

(2)实时数据监控和分析。

信息化项目将实现对各类业务数据的实时监控和分析。例如，运输管理系统将每天收集、传递和统计运输数据，及时上报运输安全情况，生成统计报表。项目管理系统将动态反映项目进度、投资、成本、安全和质量信息。通过实时数据监控和分析，管理层可以及时掌握业务状况，做出科学决策。

(3)业务流程标准化和规范化。

通过信息化建设，T集团能够实现业务流程的标准化和规范化。例如，人力资源管理系统将规范业务流程，实现从人事管理向人力资源管理的转变；财务管理系统将建立统一的会计政策和核算体系，支持全面的预算管理。标准化和规范化的业务流程有助于提高工作效率，减少人为错误。

(4)集中管控和分级管理。

信息化系统将实现集中管控和分级管理。例如，财务管理系统将集中管控财务数据，建立总账核算系统和报表系统，支持总部对下属子公司的财务管理和监督；物资设备管理系统将对大型设备和大宗材料进行统一组织和管理，及时反映设备的使用情况、技术参数和维修记录等。集中管控和分级管理有助于提高资源利用效率，优化集团整体运营。

(5)高效的协同工作和信息共享。

各业务系统之间的数据共享和协同工作是T集团信息化项目的一个重要特点。例如，运输业务系统需要解决与国铁的信息衔接和与客户的沟通需求；人力资源管理系统需要与财务部门、直属下级公司和社保局进行业务协作。高效的协同工作和信息共享能够提高工作效率，增强业务的透明度和可控性。

(6)灵活的扩展性和适应性。

信息化项目具有良好的扩展性和适应性，能够根据业务需求进行灵活调整和扩展。例如，项目管理系统可以逐步拓展为全面的建设管理系统，财务管理系统可以逐步实现全面的预算管理和资金控制。灵活的扩展性和适应性使得信息系统能够满足 T 集团未来业务发展的需求。

6.2.2　委托代理关系风险分析

1. 委托代理关系分析

(1)项目层次角度。

T 集团的项目关系可以分为三个主要层次：公司层、业务部门层和运营管理部。这些层次之间通过委托代理关系和合作关系共同推动信息化项目的实施。

①公司层。

公司层包括集团公司领导、各子公司及其领导层。在组织层面上，集团公司领导和各子公司存在隶属关系，集团公司领导对各子公司进行管理和监督，是第一委托人。公司层的主要职责是为信息化项目提供政策支持和资源保障。例如，集团公司领导制定总体战略和政策方向，分配资源，确保信息化项目得到必要的支持。各子公司则在集团公司领导的指导下，执行具体的策略和任务，确保集团的整体目标得以实现。

②运营管理部。

运营管理部处于信息化项目组的核心位置，由信息部和第三方代理人(包括咨询方、监理方、系统集成方)组成。各成员之间既存在契约关系，也有合作关系。运营管理部的主要职责是负责具体的项目执行和监督工作，确保信息化项目按照计划顺利推进。具体来说，运营管理部制定详细的实施计划，协调内部和外部资源，监督项目进度，解决项目过程中遇到的问题，并向公司层汇报项目进展情况。

③业务部门层。

业务部门层由集团公司的各业务部门和子公司业务部门组成。在组织结构上，业务部门层与公司层之间存在隶属关系。业务部门层的主要职责是提出各业务系统的建设需求，是信息化建设成果的最终使用者。例如，集团公司业务部门和子公司业务部门根据实际运营需求，提出需要改进或新建的业务系统，并与运营管理部沟通，确保这些需求被准确理解和有效实现。

业务部门层与运营管理部之间是合作关系。业务部门层在信息化项目中提供具体的业务需求和反馈，运营管理部负责将这些需求转化为项目计划，并协调第三方代理人实施和监督。业务部门层与公司层之间则是隶属关系。公司层为业务部门层提供政策指导和资源支持，业务部门层根据公司层的战略目标，提出具体的业务需求，确保集团整体目标的实现。

运营管理部与公司层之间存在委托代理关系，运营管理部是中间委托人，也是公司层的代理人。公司层委托运营管理部实施和监督信息化项目，运营管理部则根据公司层的指示，具体执行项目计划，确保项目目标的实现。运营管理部与业务部门层之间是合作关系。业务部门层提出信息化需求，运营管理部负责将这些需求转化为实际的项目计划，并监督项目的实施。

同时运营管理部又是咨询、监理和集成方的委托人，委托咨询、监理和集成系统方进行信息化建设。运营管理部与第三方代理人之间是契约和合作关系。第三方代理人包括咨询方、监理方和系统集成方，各自承担不同的角色和职责：

咨询方：负责帮助企业进行业务流程规划和信息化方案设计，提供专业的咨询服务，确保信息化项目符合企业的战略目标和实际需求。

监理方：负责监督信息化项目的实施过程，确保项目按计划进行，并达到预期的质量标准和进度要求。监理方还负责评估和反馈项目的实施情况，确保各方履行合同义务。

系统集成方：负责提供技术支持和系统集成服务，包括构建集成平台，制定软件的技术接口标准，并配合企业进行软件的选型和实施工作。

运营管理部通过与这些第三方代理人的合作，确保信息化项目的顺利实施。各第三方代理人根据合同约定提供专业服务，运营管理部则负责协调和监督这些服务的执行情况，确保项目按计划推进。

（2）管理方向的分析。

①铁路运营管理的委托代理关系。

在T集团的铁路运营管理中，总部与运营管理部之间存在明确的委托代理关系。总部负责制定整体运营计划、运输计划和新业务开发计划，并将这些计划交由运营管理部执行和监督。运营管理部将总部的计划分解成具体的可执行任务，通过信息系统实时监控下属公司的运营数据，如装卸车情况和运输安全等，确保计划的有效执行。运营管理部与下属公司之间是合作关系。运营管理部负责制定下属公司的具体运营目标和任务，并监督其执行情况。下属公司具体负责铁路运输业务的执行，如货物调运和装卸车管理等。

②铁路建设管理的委托代理关系。

在铁路建设管理方面，总部制定地方铁路规划和建设项目的总体方案，并将这些方案委托给运营管理部实施和监督。运营管理部作为总部的代理方，负责全过程的监控和协调，包括进度、投资、成本、安全和质量等方面的管理。通过信息化管理系统，运营管理部能够对项目的各个环节进行监控，确保项目按照总部的要求进行。同时，运营管理部与下属单位或项目法人（项目指挥部）之间是合作关系。运营管理部监控下属单位的执行情况，确保项目按计划推进，项目法人具体负责施工和项目管理。

③人力资源管理的委托代理关系。

在人力资源管理方面，总部作为委托方，负责制定全集团的人力资源发展规划和管理政策，并将这些政策的执行任务委托给运营管理部。运营管理部作为代理方，具体负责这些政策的实施和监督，通过信息系统对下属单位的人力资源数据进行统一管理和监控，确保各单位的人力资源管理符合总部的规范性和高效性。此外，运营管理部与下属公司之间是合作关系。运营管理部监督下属公司的人员聘用、培训和考核工作，确保其符合集团的整体人力资源政策和目标。下属公司具体负责具体的人事管理工作。

④财务管理的委托代理关系。

财务管理是 T 集团管理的核心业务之一。总部通过建立统一的财务系统，对全集团的财务数据进行集中管理和监控，并将具体的执行和监督任务委托给运营管理部。运营管理部作为代理方，负责监督下属公司的财务操作和数据上报，确保财务数据的准确性和及时性。总部通过预算系统、报表系统和决策支持系统，对下属单位的财务状况进行全面监控和分析，确保财务管理的透明性和效率。同时，运营管理部与下属公司之间是合作关系。运营管理部监督下属公司的日常财务操作和数据上报，确保财务数据的准确性和及时性。下属公司具体负责具体的财务操作。

⑤物资设备管理的委托代理关系。

在物资设备管理方面，总部负责制定大宗物资和设备的采购计划，并将这些计划的执行和监督任务委托给运营管理部。运营管理部作为代理方，通过物资管理系统对下属单位的物资设备使用情况进行监控，确保物资的高效利用和维护。总部通过信息系统实时监控各单位的物资设备信息，确保集中管理的效果。运营管理部与下属公司之间是合作关系。运营管理部负责监督下属公司的物资采购、管理和维护工作，下属公司具体负责具体的物资采购和日常管理。

2. 委托代理风险分析

T 集团在其复杂的委托代理关系中，既面临集团内部的风险，也面临来自第三方代理的风险。这些风险如果不加以有效管理，将对集团的整体运营和效益产生严重影响。以下将从集团内部风险和第三方代理风险两个方面进行详细分析。

(1)集团内部风险。

①信息不对称风险。

在 T 集团内部，总部、运营管理部和下属公司之间的信息传递可能存在延迟、不完整或失真，这会导致信息不对称风险。由于各级管理层和执行层之间的信息传递可能存在问题，总部无法及时准确地了解各单位的实际运营情况。这种信息不对称可能导致总部在决策过程中缺乏必要的信息支持，影响决策的准确性和及时性。例如，运营管理部在监督下属公司的过程中，如果数据更新不及时或不准确，可能导致总部对下属公司的绩效考核和管理出现偏差。

②道德风险。

道德风险在集团内部也是一个重要风险。由于利益冲突和监督不足，运营管理部或下属公司可能会出现隐瞒实际情况、夸大业绩或资源滥用等行为。例如，在铁路运营管理中，下属公司可能夸大运输量或隐瞒运输安全问题，以获取更多的资源或奖励。在财务管理中，可能出现虚报开支、夸大收入等现象。这些道德风险不仅导致资源浪费和效率低下，还可能引发法律和合规问题，严重影响企业的整体运营和声誉。

③监督成本风险。

为了确保下属公司的行为符合总部的要求，集团内部需要投入大量资源进行监督和管理，包括人力、财力和技术支持。这些监督成本可能会对集团的整体效益产生负面影响。同时，如果监督机制不够健全或监督力度不足，可能导致监督效果不佳，进一步加剧信息不对称和道德风险。例如，在物资设备管理中，总部需要对下属公司的物资使用情况进行严格监控，这需要投入大量的人力和时间，增加了运营成本。

④内部冲突风险。

T集团内部的利益分配和资源调配可能引发内部冲突风险。由于各下属单位在贡献和收益上的差异，可能导致利益分配不均，从而引发矛盾。例如，在资源有限的情况下，各下属单位争夺资源的情况可能导致内部矛盾和冲突。这种内部冲突不仅影响各单位的正常运营，还可能影响集团的整体效率和协作能力。此外，内部冲突还可能导致信息传递不畅，进一步加剧信息不对称风险。

⑤人员素质风险。

下属单位在管理水平、技术能力和执行力上的差异，可能导致工作效率低下、项目延期和质量不达标。例如，在铁路建设项目中，管理人员的经验不足可能导致项目管理不善，出现进度延误或质量问题。在运营管理中，技术人员的技能不足可能导致信息系统的使用不当，影响数据的准确性和及时性。人员素质风险不仅影响具体项目的执行效果，还可能对集团的整体运营效率和竞争力产生负面影响。

(2)第三方代理风险。

①信息不对称风险。

在与第三方代理的合作中，由于信息不对称，运营管理部可能无法及时准确地了解第三方代理的实际工作进展和质量。这种信息不对称可能导致项目进度延误、质量不达标等问题。例如，在与咨询方、监理方和系统集成方的合作中，如果第三方代理没有及时、准确地反馈信息，可能会影响项目的整体进度和效果。

②道德风险。

第三方代理在执行项目过程中，可能会出现隐瞒实际情况、夸大业绩或资源滥用等行为。例如，咨询方可能在业务流程规划和信息化方案设计中夸大其能力和效果，监理方可能在监督过程中隐瞒问题，系统集成方可能在技术实施中使用低质量的材料或技术。这些道德风险不仅会影响项目的质量和进度，还可能引发法律和合规问题，严重影响企业的整体运营和声誉。

③监督成本风险。

为了确保第三方代理按照合同要求执行任务，运营管理部需要投入大量资源进行监督和管理。这些监督成本包括合同管理、质量检查和项目评估等。这些成本可能会对项目的整体效益产生负面影响。如果监督机制不够健全或监督力度不足，可能导致监督效果不佳，进一步加剧信息不对称和道德风险。

④合同风险。

在与第三方代理签订的合同中，如果条款不够清晰或没有明确的责任和义务划分，可能导致合同履行过程中出现争议。例如，如果咨询方、监理方或系统集成方在合同中没有明确的工作范围和质量标准，可能会导致项目实施过程中出现纠纷。此外，合同执行不力或缺乏有效的监督机制，可能导致合同条款得不到落实，影响项目的顺利推进和公司的利益保障。

6.2.3 信息化风险治理

为了有效治理信息化项目中的各种风险，T集团可以从代理人选择、激励制度、风险分担机制和监督机制四个方面制定具体措施。这些措施将有助于提高项目的成功率，确保企业的高效运营和信息化目标的顺利实现。

1. 代理人选择

（1）集团内部代理人选择。

①选拔标准。

制定严格的选拔标准，确保选择具备高水平管理能力和技术能力的人员担任运营管理部的关键岗位。选拔标准可以包括学历背景、专业技能、工作经验以及过去的项目绩效记录。

②培训计划。

定期为内部代理人提供专业培训，提升其专业知识和技能，确保他们能够胜任信息化项目的执行和监督工作。培训内容可以涵盖最新的IT技术、项目管理方法、风险管理策略等。

③绩效考核。

建立完善的绩效考核机制，根据代理人的工作表现和项目完成情况进行评估，确保代理人能够积极履行职责。考核指标应包括项目的完成质量、进度、成本控制以及团队协作能力。

（2）第三方代理人选择。

①资质审查。

对咨询方、监理方和系统集成方进行严格的资质审查，选择具备良好信誉和丰富经验的第三方代理。审查内容可以包括公司的资质认证、历史项目案例、客户评价和财务状况。

②竞争性招标。

采用竞争性招标的方式选择第三方代理，确保选择的代理人能够提供高质量、性价比高的服务。招标过程中应公开透明，确保公平竞争。

③合同明确。

在合同中明确第三方代理的责任、工作范围、质量标准和交付时间，确保合作的透明性和可控性。合同还应包括违约条款和纠纷解决机制，以保护各方的合法权益。

2. 激励制度

（1）内部激励。

为T集团的内部代理人（如运营管理部人员）制定合理的激励政策，包括奖金、晋升机会和绩效奖励，激励他们在信息化项目中表现出色。激励措施应与个人绩效紧密挂钩，确保激励效果。

（2）外部激励。

对第三方代理实施激励措施，根据项目的完成质量和进度给予相应的奖励，鼓励他们提供优质服务。可以通过合同中约定的奖励机制实现，如项目提前完成或超出质量标准时的奖金。

（3）绩效挂钩。

将代理人的绩效与项目的成败直接挂钩，确保他们对项目的成功负有责任。绩效评估应透明公正，激励机制应明确且具有可操作性。

3.　风险分担机制

（1）合同约定。

在合同中明确风险分担机制，规定各方在项目中承担的风险和责任，确保风险在各方之间公平分担。例如，可以约定项目延期或质量问题的责任归属及其后果。

（2）保险机制。

为T集团的信息化项目引入保险机制，通过购买保险分担可能的风险，降低企业的直接损失。保险种类可以包括工程险、责任险等，确保覆盖项目可能面临的主要风险。

（3）风险储备。

设立项目风险储备基金，用于应对突发风险事件，确保项目在风险发生时能够及时获得资金支持。风险储备的规模应根据项目的复杂性和风险评估结果确定。

4.　监督机制

（1）信息系统监控。

利用信息系统对项目进行实时监控，确保各环节的数据透明和可追溯，减少信息不对称风险。信息系统应具备数据采集、分析和报告功能，提供实时的项目状态和风险预警。

（2）定期检查。

定期组织内部和外部审计，对项目的各个环节进行检查和评估，确保项目按照计划推进。检查内容应包括进度、质量、成本和风险等方面，检查结果应形成报告并进行反馈。

（3）第三方监督。

引入独立的第三方监督机构，对项目实施过程进行监督和评估，确保各方履行合同义务。第三方监督机构应具有独立性和专业性，能够提供客观、公正的监督服务。

（4）反馈机制。

建立及时的反馈机制，收集项目实施过程中的问题和建议，及时进行调整和改进。反馈机制应包括定期会议、报告和问卷调查等形式，确保各方及时沟通和协调。

6.2.4　T集团信息化项目风险治理建议

结合以上五个方面，可以提出以下风险治理措施。

1. 铁路运营管理

在铁路运营管理中，T 集团总部与运营管理部之间存在委托代理关系。为了有效管理信息不对称风险，总部应通过信息系统对运营数据进行实时监控，确保数据的透明和及时更新。为激励运营管理部的人员，总部可以引入绩效奖励机制，确保他们积极履行职责。通过合同约定和保险机制，可以分担运营过程中可能遇到的风险。此外，总部还应定期组织审计和检查，确保运营管理部和下属公司严格遵守运营计划。

2. 铁路建设管理

在铁路建设管理方面，T 集团可以通过严格的资质审查和竞争性招标选择第三方代理人，如咨询方和监理方。通过明确合同条款和引入保险机制，确保风险在各方之间公平分担。为了激励第三方代理人，T 集团可以在合同中约定完成质量和进度奖励机制。信息系统监控和定期检查可以确保项目按计划进行，第三方监督机构可以提供客观的监督服务，确保项目的质量和进度。

3. 人力资源管理

在人力资源管理方面，T 集团总部可以通过制定严格的选拔标准和培训计划，提升内部代理人的素质和能力。通过绩效考核和激励机制，确保人力资源管理政策的有效执行。信息系统监控可以确保人力资源数据的透明和及时更新。总部还应通过定期检查和审计，确保各下属公司的人事管理工作符合集团的规范和政策。

4. 财务管理

在财务管理中，T 集团可以通过统一的财务系统对全集团的财务数据进行集中管理和监控。通过合同约定和风险储备基金，确保财务管理中的风险得到有效分担。为激励财务管理人员，总部可以制定绩效奖励机制，确保他们积极履行职责。通过信息系统监控和定期审计，确保财务数据的准确性和透明性。

5. 物资设备管理

在物资设备管理方面，T 集团可以通过严格的资质审查和竞争性招标选择第三方供应商和服务商。通过合同条款明确责任和风险分担机制，确保物资设备管理的高效和安全。信息系统监控可以确保物资设备使用情况的透明和及时更新。总部还应通过定期检查和审计，确保下属公司严格遵守物资设备管理政策和程序。

本章思考题

1. 你认为集团信息化项目中应如何有效选择和管理代理人？
2. 你认为应当如何建立有效的激励机制来推动集团信息化项目的成功实施？

3. 请阐述在集团信息化项目中如何实现风险分担和管理？

4. 请阐述如何通过监督机制确保集团信息化项目的顺利实施？

5. 你认为应如何通过集团信息化手段提升内部管理效率？

6. 你认为应如何通过信息化手段实现业务流程的标准化和规范化？

7. 请阐述在集团信息化项目实施过程中如何应对和解决内部冲突？

8. 你认为应如何通过信息化项目提升集团数据管理和决策支持能力？

结　　论

本书以委托代理理论为核心，分析了引起委托代理风险的因素，并建立了集团信息化项目的风险治理框架，提出了通过建立代理人选择机制和风险治理机制来减低委托代理风险发生的概率。

本书主要突出了以下几点：

(1)建立了集团信息化多层次的委托代理关系模型。集团信息化项目的委托代理可以分为两个层次：集团内部之间和集团与第三方代理人之间的委托代理关系。

(2)以委托代理理论为核心，分析了集团信息化项目中存在的委托代理风险，以及影响风险大小的因素。

(3)提出了集团信息化风险治理框架，包括代理人的选择机制、集团内部激励机制和集团与第三方代理人之间的风险分担机制。

(4)通过模型的建立，发现在委托人风险中性和代理人风险规避的情况下，委托人承担的风险主要受代理人综合成本系数 (ρ) 和保留效益与固定收入之间的差值 (Δ) 的影响。

在集团信息化委托代理风险治理方面，包括四方面的内容：

(1)建立代理人的选择机制。在代理人评价指标体系的基础上，通过专家评价的方法对代理人进行评价，以此减少了代理人选择过程中的信息不对称，一定程度上保证了代理人具备的技术能力水平，降低了由代理人素质低下引发的风险。

(2)建立内部和外部的激励制度。通过激励制度的建立，给代理人创造良好的工作环境和和谐的工作氛围，并使得代理人的利益和委托人的利益趋于一致。

(3)建立风险分担机制。将风险进行合理地分担，分配给各个代理人，从而使代理人与委托人利益趋于一致，迫使代理人选择较高的工作努力程度来提高项目的收益，降低风险发生的可能性。

(4)监督制度的建立。监督和激励是共存的，在激励机制的基础上，还需要建立相应的监督机制对代理人的行为进行监控，并对观测到的有损于委托人的行为实施惩罚。

由于个人能力水平的限制，本书还存在许多不足之处，有待于进一步的完善。

(1)基于委托代理的集团信息化风险治理框架需要进一步经过理论和实际的检验。

(2)由于时间的限制，本书建立的风险治理机制还有待于进一步完善，许多因素还需要进一步考虑。

(3)本书没有提出委托风险的评价体系，没有将风险量化，今后还需要经过更进一步的研究将风险进行量化。

(4)本书建立的委托代理风险治理体系还停留在理论层面，还需要做大量的工作才能在实际中得到很好的应用。

参 考 文 献

安庆贤，胡明杰．互惠性偏好视角下医患委托代理模型研究[J]．北京航空航天大学学报(社会科学版)，2021，34(4)：115-123．

本特．霍姆斯特罗姆，保罗．米尔格罗姆．多任务委托代理分析：激励合同、资产所有权设计、企业的经济性质[M]．上海：上海财经大学出版社，2000．

蔡小路．基于数据治理的信息化项目风险管理研究[J]．中小企业管理与科技(中旬刊)，2021(9)：13-15．

曹玉贵．不对称信息下第三方物流中的委托代理分析[J]．管理工程学报，2007(2)．

陈国富．委托代理与机制设计——激励理论前沿专题[M]．天津：南开大学出版社，2003．

陈其安，杨秀苔．基于代理人过度自信的委托代理关系模型研究[J]．管理工程学报，2007，21(1)：7．

陈旭刚．建筑设计中委托代理问题与监督机制研究[J]．基建优化，2007，19(2)：4．

丁荣贵，邹祖烨，刘兴智．政府投资科技项目治理中的关键问题及对策[J]．中国软科学，2012(1)：90-99．

丁齐英，魏玖长．项目风险管理[M]．北京：经济管理出版社，2022．

段磊．企业集团管控[M]．北京：企业管理出版社，2020．

房巧玲，张雨菡，刘明硕．国家审计信息化与金融风险治理——基于中国省级面板数据的实证考察[J]．金融论坛，2023，28(5)：29-40．

范玉顺．信息化管理战略与方法[M]．北京：清华大学出版社，2008．

范道津，陈伟珂．风险管理理论与工具[M]．天津：天津大学出版社，2010．

高程德．现代公司理论[M]．北京：北京大学出版社，2000．

高鹏，谢印成，徐丹．企业信息化概论[M]．徐州：中国矿业大学出版社，2016．

高尚，高文棋，周晶，雷丽彩．考虑承包商过度自信和时间价值的激励契约研究[J]．管理工程学报，2023，37(2)：108-118．

高尚，周晶，罗婷．考虑公平关切和利他偏好的众包竞赛激励契约设计和选择[J/OL]．中国管理科学：1-14[2024-01-26]．

顾大双．信息化项目风险管理模型构建[J]．电力安全技术，2023，25(8)：29-32．

郭晓亭，蒲勇健，林略．风险概念及其数量刻画[J]．数量经济技术经济研究，2004(2)：111-115．

韩姣杰，周国华，李延来，蔡屹．基于互惠偏好的多主体参与项目团队合作行为[J]．

系统管理学报，2012，21（1）：111-119.

郝晓玲，李明. IT 治理对企业的影响分析[J]. 科研管理，2005，26（3）：6.

何伟. 信息不对称与 IT 治理[J]. 重庆工学院学报，2005，19（7）：17-19.

何健佳，葛玉辉，张光远. 信息化进程中的组织变革与 IT 治理[J]. 商业研究，2006（17）：4.

何晓梅，郭以东. 信息化项目合同管理风险分析与应对策略研究[J]. 石油规划设计，2019，30（6）：40-42，48-49.

和征，张志钊，李勃. 服务型制造企业开放式服务创新的声誉激励模型[J]. 运筹与管理，2020，29（9）：8.

Holmstrom B，Milgrom P. 多任务委托代理：激励合同、资产所有权和工作设计、企业的经济性质[M]. 上海：上海财经大学出版社，2002.

尤完. 现代工程项目风险管理[M]. 北京：中国建筑工业出版社，2021.

孔祥印，刘书琪，沈晓蓓，冯耕中. 代理人过度自信条件下最优激励契约与备货联合决策研究[J]. 系统工程理论与实践，2022，42（1）：123-137.

刘义理. IT 治理与企业 IT 风险控制[J]. 同济大学学报（社会科学版），2005（8）.

刘江玲，侯昊辰，范永青. 关于信息化的冷思考[J]. 情报科学，2013，31（8）：157-160.

刘新民，蔺康康，王垒，郑润佳. 带有解聘补偿机制的过度自信高管动态激励契约设计研究[J]. 运筹与管理，2020，29（8）：202-212.

刘俊颖. 工程项目风险管理[M]. 北京：中国建筑工业出版社，2021.

刘阳，田军，冯耕中，周琨. 考虑声誉效应的应急物资储备系统动态激励模型[J]. 系统管理学报，2022，31（1）：1-15.

刘新民，孙向彦，吴士健，曲薪池. 双向委托情景下双重过度自信融资平台多任务动态激励契约设计[J]. 管理工程学报，2023，37（2）：119-130.

李维安，王德禄. IT 治理及其模型的比较分析[J]. 首都经济贸易大学学报，2005（5）：44-48.

李维安，王德禄. 融合互动殊途同归——谈 IT 治理与公司治理[J]. 中国计算机用户，2005（6）：36-36.

李维安，王德禄. IT 治理及其模型的比较分析[J]. 首都经济贸易大学学报，2005，7（5）：44-48.

李训，曹国华. 基于公平偏好理论的激励机制研究[J]. 管理工程学报，2008（2）：107-111，116.

李天球. 信息化项目中的风险管理[J]. 计算机产品与流通，2019（3）：269.

李慧平，张雪丰. 基于信息化的 EPC 项目财务风险控制与管理[J]. 新理财，2021（7）：38-41.

李大海，丁涛，梁樑，杨敏，胡婉婷. 基于多代理人竞争的连续时间风险投资激励机制研究[J]. 系统科学与数学，2023，43（9）：2232-2251.

罗欣伟．大型企业集团管控实践理论与案例［M］．长春：吉林大学出版社，2021.

卢婷．关于电信企业信息化项目财税风险问题研究［J］．财经界，2023（20）：159-161.

卢安文，荆文君．考虑客户对服务质量评价的物流服务供应链激励机制研究［J］．商业研究，2015（1）：166-174.

马海英．项目风险管理［M］．上海：华东理工大学出版社，2017.

孟佳佳．面向多层委托代理关系得IT治理研究［D］．大连：大连海事大学，2007.

米切尔·C.詹森，威廉·Ⅱ.迈克林．企业理论：经理行为、代理成本和所有权结构、企业的经济性质［M］．上海：上海财经大学出版社，2000.

牛华伟．一个连续时间委托代理模型下的私募基金最优激励合约［J］．系统管理学报，2017，26（3）：485-495.

庞恩峰．基层央行信息化项目采购风险防控研究［J］．金融科技时代，2022，30（10）：95-98.

皮光林．中国页岩气产业风险治理研究［D］．北京：中国石油大学（北京），2016.

平新乔，范瑛，郝朝燕．中国国有企业的代理成本估算［J］．经济研究，2003（7）.

钱冬明，王幸娟，罗安妮．基于系统动力学的教育信息化项目风险演化与仿真研究［J］．现代教育技术，2019，29（8）：49-56.

沈建明．项目风险管理［M］．北京：机械工业出版社，2018.

史金平．国有企业：委托代理与激励约束［M］．北京：中国经济出版社，2001.

石友蓉，唐玉莲，周朝阳，赵新娥，沈俊．企业集团财务管理［M］．武汉：武汉理工大学出版社，2003.

宋协栋，李桂青．互联网经济下的企业信息化建设与管理变革研究［M］．北京：中国纺织出版社，2017.

唐志豪，计春阳，胡克瑾．IT治理研究述评［J］．会计研究，2008（5）：76-82，96.

田盈，蒲勇健．多任务委托-代理关系中激励机制优化设计［J］．管理工程学报，2006，1（20）：24-26.

涂伟，张金隆．企业IT治理中的风险识别与规避［J］．统计与决策，2008，24（4）：175-177.

汪莹．企业信息化的效应理论与评价方法研究［M］．北京：中国经济出版社，2006.

王伟强，李录堂．试论知识员工的非物质激励［J］．西北工业大学学报（社会科学版），2007（3）：52-54.

王前，谭望．政府绩效评估中的委托代理风险及其防范［J］．前沿，2007（5）：135-137.

王胜．IT治理——为企业带来革命性的变革［M］．北京：经济科学出版社，2009.

王卓甫，张显成，丁继勇．项目管理与项目治理的辨析［J］．工程管理学报，2014，28（6）：102-106.

王庆磊，张国波．IT治理相关概念辨析［J］．信息技术与标准化，2014（7）：31-34.

王垒，刘新民，丁黎黎．异质委托情境下国企过度自信高管激励合同设计［J］．系统管理学报，2019，28（1）：134-140，154.

王雪青，陈婕，刘云峰．PPP项目动态绩效激励机制的棘轮效应问题研究［J］．工程管理学报，2020，34（2）：101-105.

王先甲，袁睢秋，林镇周，赵金华，秦颖．考虑公平偏好的双重信息不对称下PPP项目激励机制研究［J］．中国管理科学，2021，29（10）：107-120.

温海珍，贾生华．委托代理的风险分析及其对国企改革的启示［J］．商业研究，2003（22）：125-126.

吴勇，王林萍，冯耕中．双边道德风险下供应链互补企业信息安全外包激励契约研究［J］．系统工程理论与实践，2022，42（11）：2916-2926.

向阳．浅析信息化背景下通信工程项目的风险管理［J］．中国新通信，2023，25（10）：7-9，214.

肖荣．企业信息化风险治理研究［D］．上海：同济大学，2005.

谢志华．内部控制，公司治理，风险管理：关系与整合［J］．会计研究，2007（10）：37-45.

徐新，邱菀华．委托-代理理论中自然状态的不确定性对最有契约影响的研究［J］．中国管理科学，1999（2）：62-66.

徐飞，宋波．公私合作制（PPP）项目的政府动态激励与监督机制［J］．中国管理科学，2010，18（3）：167-173.

杨一平，马慧．IT治理——公司治理中的重要组成部分［J］．计算机系统应用，2005，14（7）：2-4.

严复海，党星，颜文虎．风险管理发展历程和趋势综述［J］．管理现代化，2007（2）：30-33.

严玲，尹贻林．公共项目治理［M］．天津：天津大学出版社，2006.

严玲，邓娇娇，邓新位．公共项目治理评价的定量化研究［J］．工程管理学报，2014，28（3）：84-88.

雅克．拉丰，大卫．马赫蒂摩．激励理论——委托代理模型［M］．北京：中国人民大学出版社，2002.

易靖韬，张修平，王化成．企业异质性、高管过度自信与企业创新绩效［J］．南开管理评论，2015，18（6）：101-112.

尹晓阳．企业集团投资风险管理体系研究［D］．大连：东北财经大学，2011.

约瑟夫·E.斯蒂格利茨．契约理论与宏观经济波动．契约经济学［M］．北京：经济科学出版社，1999.

张维迎．博弈论与信息经济学［M］．上海：上海人民出版社，2004.

张红金．试论信息化项目风险评估的算法模型［J］．信息系统工程，2020（7）：54-56，58.

张克勇，张娜．政府补贴下具互惠偏好的绿色供应链定价与协调［J］．山东大学学报（理学版），2021，57（1）：30-41.

张凤华，张德鹏，陈春峰．考虑互惠公平的创新顾客激励契约研究［J］．运筹与管理，

2022，31（8）：189.

张磊．企业管理信息化项目建设风险研究［J］．商场现代化，2022（10）：101-103.

张雅文．基于 AHP 的水利信息化项目风险管理研究——以某引黄灌区农业节水工程信息化项目为例［J］．工程技术研究，2023，8（1）：124-126.

章文光，蔡翔．中国企业信息化研究［M］．贵阳：贵州人民出版社，2010.

赵刚．制造企业 IT 治理［J］．机械工业信息与网络，2004（5）：3.

朱宾欣，马志强，LEON W．考虑声誉效应的众包竞赛动态激励机制研究［J］．运筹与管理，2020，29（1）：116-123，164.

朱宾欣，马志强，李钊．风险偏好下协作型众包项目绩效激励机制研究［J］．工业工程与管理，2019，24（3）：60-68.

朱海荣，傅铅生．企业信息化水平模糊评价模型的研究［J］．价值工程，2005（10）：78-81.

朱琪，李燕冰，曹文婷．公平偏好下混改国企双委托人薪酬激励机制研究［J］．中国管理科学，2023，31（10）：74-84.

Ahola T, Ruuska I, Artto K, et al. What is project governance and what are its origins？［J］. International Journal of Project Management, 2014, 32（8）：1321-1332.

Adi M P H, Nahartyo E. The effect of faultline and incentive schemes on knowledge-sharing behaviour［J］. VINE Journal of Information and Knowledge Management Systems, 2022, ahead of print, https：//doi. org/10. 1108/VJIKMS-03-2022-0081.

Ako-Nai A, Singh A M. Information technology governance framework for improving organisational performance［J］. South African Journal of Information Management, 2019, 21（1）：1-11.

Almaqtari FA, Farhan, N H S, Yahya A T, Al-Dalaien B O A, Shamim M. The mediating effect of IT governance between corporate governance mechanisms, business continuity, and transparency & disclosure：An empirical study of Covid-19 Pandemic in Jordan［J］. Information Security Journal, 2023, 32（1）：39-57.

Antle R, Bogetoft P. Mix stickiness under asymmetric cost information［J］. Management Science, 2019, 65（6）：2787-2812.

Awwad B, El Khoury R. Information technology governance and bank performance：evidence from Palestine［J］. Journal of Decision Systems, 2021：https：//doi. org/10. 1080/12460125. 2021. 2005860.

Barta Z, McNamara J M, Huszár D B, Taborsky M. Cooperation among non-relatives evolves by state-dependent generalized reciprocity［J］. Proceedings of the Royal Society B：Biological Sciences, 2011, 278（1707）：843-848.

Barile J F. Information Technology Governance in a Risk-Averse World, Chain Store age, 2004.

Boonstra A, Eseryel U Y. Stakeholders' enactment of competing logics in IT governance：

polarization, compromise or synthesis[J]. European Journal of Information Systems, 2018, 27 (4): 415-433.

Broadbent M. Designing Effective IT Governance[C]. ACIS Conference, 2002.

Chaudhry TT, Tirmazee Z, Ayaz U. Experimental Evidence on Group-based Attendance Bonuses in Team Production[J]. Journal of South Asian Development, 2023, 18(1): 90-110.

Chan T Y, Li J, Pierce L. Compensation and Peer Effects in Competing Sales Teams[J]. SSRN Electronic Journal, 2012, 60(8): 1861-2109.

Chambers RG, Quiggin J. Non-point-source pollution regulation as a multi-task principal-agent problem[J]. Journal of Public Economics, 1996, 59(1): 95-116.

Chen H I, Ma D Z, Fan F Y. A Methodology for Evaluating Enterprise Informatization in Chinese Manufacturing Enterprise [J]. International Journal of Advanced Manufacturing Technology, 2004, 23(4): 541-545.

Chen Y, Chen W. Incentive contracts of knowledge investment for cooperative innovation in project-based supply chain with double moral hazard[J]. Soft Computing, 2020, 24: 2693-2702.

Chi MM, Zhao J. The influence of inter-firm IT governance strategies on relational performance: The moderation effect of information technology ambidexterity [J]. International Journal of Information Management, 2017, 37(2): 43-53.

DeHaes S, Huygh T, Joshi A, Caluwe L. National Corporate Governance Codes and IT Governance Transparency in Annual Reports [J]. Journal of Information Global Management, 2019, 27(4): 91-118.

DeHaes S, Huygh T. Exploring the Contemporary State of Information Technology Governance Transparency in Belgian Firms[J]. Information Systems Management, 2017, 34(1): 20-37.

DeMarzo P M, Fishman M J, He Z, Wang N. Dynamic agency and the q theory of investment[J]. The Journal of Finance, 2012, 67(6): 2295-2340.

Dempsey, K. The Impact of IT Risk on External Audit Reports [D]. University of Johannesburg (South Africa), 2018.

Demski J S, Frimor H. Performance measure garbling under renegotiation in multi-period agencies[J]. Journal of Accounting Research, 1999, 37: 187-214.

Eichholtz P, Yönder E. CEO overconfidence, REIT investment activity and performance [J]. Real Estate Economics, 2015, 43(1): 139-162.

Elazhary M, Popovič A, de Souza Bermejo P H, Oliveira T. How Information Technology Governance Influences Organizational Agility: The Role of Market Turbulence[J]. Information Systems Management, 2023, 40(2): 148-168.

Fasihuddin H, Alharbi S. Measuring the maturity of Information Technology Governance based on COBIT[J]. Romanian Journal of Information Technology and Automatic Control-Revista Romana DE Informatica SI Automatica, 2022, 32(2): 65-78.

Franks J, Mayer C. Hostile takeovers and the correction of managerial failure[J]. Journal of Financial Economics, 1996, 40(1): 163-181.

Fu R, Subramanian A, Venkateswaran A. Project Characteristics, Incentives, and Team Production[J]. Management Science, 2016, 62(3): 785-801.

Gao X, Tian J. Multi-period incentive contract design in the agent emergency supplies reservation strategy with asymmetric information[J]. Computers & Industrial Engineering, 2018, 120: 94-102.

George A. The market for lemons: Quality uncertainty and the market mechanism[J]. Quarterly Journal of Economics, 1970: 488-500.

Gewald H, Wagner H T. Using Lessons from the COVID-19 Crisis to Move from Traditional to Adaptive IT Governance[J]. MIS Quarterly Executive, 2022, 21(4): 287-299.

Gretschko V, Pollrich M. Incomplete Contracts in Multi-period Procurement[J]. Management Science, 2022, 68(7): 5146-5161.

Grossman S, Hart O D. The cost and benefits of ownership: A theory of vertical and lateral integration[J]. Journal of Political Economy. 1986, 94(4): 691-719.

Hamdan A, Khamis R, Razzaque A. IT Governance and Firm Performance: Empirical Study from Saudi Arabia[J]. Sage Open, 2019, 9(2): https://doi.org/10.1177/2158244019843721.

Han H, Shen J, Liu B, Han H. Dynamic Incentive Mechanism for Large-scale Projects Based on the Reputation Effects[J]. SAGE Open, 2022, 12(4): 21582440221133280.

Han H, Wang Z, Liu B. Tournament incentive mechanisms based on fairness preference in large-scale water diversion projects[J]. Journal of Cleaner Production, 2020, 265: 121861.

Harris M, Raviv A. Corporate control contests and capital structure[J]. Journal of Financial Economics, 1988, 20(3-4): 55-86.

Hart O D, Moore J. Property rights and the nature of firm[J]. Journal of Political Economy, 1990, 98(6): 1119-1158.

Héroux S, Fortin A. Exploring IT Dependence and IT Governance[J]. Information Systems Management, 2014, 31(2): 143-166.

Holmstrom B, Milgrom P. Multitask principal-agent analyses: Incentive contracts, asset ownership, and job design[J]. The Journal of Law, Economics, and Organization, 1991(7): 24-52.

Holmstrom B. Moral hazard in teams[J]. The Bell Journal of Economics, 1982, 13(2): 324-340.

Hribar P, Yang H. CEO overconfidence and management forecasting[J]. Contemporary Accounting Research, 2016, 33(1): 204-227.

Huygh T, De Haes S. Investigating IT Governance through the Viable System Model[J]. Information Systems Management, 2019, 36(2): 168-192.

Hwang I, Kim Y, Lim M K. Optimal Ratcheting in Executive Compensation[J]. Decision Analysis, 2023, 20(2): 166-185.

Itoh H. Incentives to help in multi-agent situations [J]. Econometrica: Journal of the Econometric Society, 1991, 59(3): 611-636.

Jensen M C, Meckling W H. Theory of firm: managerial behavior, agent cost and ownership structure[J]. Journal of Financial Economics, 1976, 3(4): 305-360.

Jensen M C, Meckling W H. Theory of the firm: managerial behavior, Agency costs and ownership structure[J]. International Library of Critical Writings in Economics, 1999, 103: 3-58.

Jokonya O, Lubbe S. Using Information Technology Governance, Risk Management and Compliance (GRC) as a Creator of Business Values — A Case Study[J]. Outh African Journal of Economic and Management Sciences, 2009, 12 (1): 115-125.

Joshi A, Benitez J. Impact of IT governance process capability on business performance: Theory and empirical evidence[J]. Decision Support Systems, 2022, 153: 113668.

Joshi A, Bollen L. An Empirical Assessment of IT Governance Transparency: Evidence from Commercial Banking[J]. Information Systems Management, 2013, 30(2): 116-136.

Juhn S. On the Two Conceptually Thorny Issues in IT Governance Definition[J]. Information Systems Review, 2011, 13 (1): 97-114.

Kamei K, Markussen T. Free Riding and Workplace Democracy—Heterogeneous Task Preferences and Sorting[J]. Management Science, 2023, 69(7): 3884-3904.

Kang Y, Zheng C. A multi-period game model between venture capitalists and entrepreneurs for optimal incentive program[C]. 2009 International conference on management science and engineering. IEEE, 2009: 1727-1732.

Khan H. Optimal Incentives Under Gift Exchange [J]. The BE Journal of Theoretical Economics, 2019, 20(1): 20180041.

Kim C. An Exploratory Study on the Research Framework of IT Governance and its Elements [J]. Journal of Digital Convergence, 2013, 11(4): 25-33.

Kreps D M, Milgrom P, Roberts J, Wilson R. Rational cooperation in the finitely repeated prisoners' dilemma[J]. Journal of Economic theory, 1982, 27(2): 245-252.

Kude T, Lazic M. Achieving IT-based synergies through regulation-oriented and consensus-oriented IT governance capabilities[J]. Information Systems Journal, 2018, 28(5): 765-795.

Kvaløy O, Olsen T E. Relational contracts, multiple agents, and correlated outputs[J]. Management Science, 2019, 65(11): 5360-5370.

Ladley D, Wilkinson I, Young L. The impact of individual versus group rewards on work group performance and cooperation: A computational social science approach [J]. Journal of Business Research, 2015, 68(11): 2412-2425.

Leff N H. Industrial organization and entrepreneurship in the developing countries: The economic groups[J]. Economic development and cultural change, 1978, 26(4): 661-675.

Li H, Su L, Zuo J, Zhao X, Chang R, Wang F. Incentive mechanism for performance-based payment of infrastructure PPP projects: coupling of reputation and ratchet effects[J]. International Journal of Strategic Property Management, 2022, 26(1): 35-55.

Li Y. Mechanism design with costly verification and limited punishments[J]. Journal of Economic Theory, 2020, 186: 105000.

Lim N, Chen H. When Do Group Incentives for Salespeople Work[J]. Journal of Marketing Research, 2014, 51(3): 320-334.

Lin L, Wang H. Dynamic incentive model of knowledge sharing in construction project team based on differential game[J]. Journal of the Operational Research Society, 2019, 70(12): 2084-2096.

Liu J, Gao R, Charles Y. J. Cheah, Luo J. Incentive mechanism for inhibiting investors' opportunistic behavior in PPP projects[J]. International Journal of Project Management, 2016, 34(7): 1102-1111.

Liu P, Turel O. Board IT Governance in Context: Considering Governance Style and Environmental Dynamism Contingencies[J]. Information Systems Management, 2019, 36(3): 212-227.

Liu Z, Shang J, Lai M. Incentive mechanism for knowledge sharing in e-commerce service supply chain: complementarity, integration and risk attitude[J]. Journal of Electronic Commerce Research, 2015, 16(3): 175.

Livio L, De Chiara A. Friends or foes? Optimal incentives for reciprocal agents[J]. Journal of Economic Behavior & Organization, 2019, 167: 245-278.

Louise C D. Information technology governance maturity and technology innovation in higher education: Factors in effectiveness[M]. The University of North Carolina at Greensboro, 2015.

Lu J, Liu H, Jia R, Zhang Z, Wang X, Wang J. Incentivizing proportional fairness for multi-task allocation in crowdsensing[J]. IEEE Transactions on Services Computing, 2023: 1-14.

Luciano E M, Fantinel L M, Lübeck R M. The Impact of Information Technology Governance Institutionalization on the IT Governance Performance and the Role of Job Crafting [J]. Revista Administração em Diálogo, 2021, 23(1): 86-105.

Mann R P, Helbing D. Optimal incentives for collective intelligence[J]. Proceedings of the National Academy of Sciences, 2017, 114(20): 5077-5082.

Medaglia R, Eaton B. Mechanisms of power inscription into IT governance: Lessons from two national digital identity systems[J]. Information Systems Journal, 2022, 32(2): 242-277.

Mirrlees J A. The optimal structure of incentives and authority within an organization[J]. The Bell Journal of Economics, 1976, 7(1): 105-131.

Mirrless J. The optimal structure of authority and incentive within an organization[J].

Journal of Economics, 1976, 7(1): 105-131.

Muammar S, Nicho M. IT Governance Practices in the Gulf Cooperation Council Region [J]. International Journal of Information Technology Project Management, 2019, 10 (4): 137-159.

Nalebuff B, Stiglitz J E. Prizes and incentives: towards a general theory of compensation and competition[J]. Bell Journal of Economics, 1983, 14(1): 21-43.

Okonofua H I. The Effects of Information Technology Leadership and Information Security Governance on Information Security Risk Management in USA Organizations [D]. Capella University, 2018.

Parent M, Reich B H. Governing Information Technology Risk[J]. California Management Review, 2009, 51(3): 134-152.

Parry A. The relationship between effective information technology governance and project portfolio control, risk management, and business/information technology alignment in an organization[M]. Capella University, 2014.

Peterson R. Crafting Information Technology Governance [J]. Information Systems Management, 2004, 21(4): 7-22.

Rabin M. Incorporating fairness into game theory and economics [J]. The American economic review, 2001, 91(4): 1281-1302.

Rau K G. Effective governance of IT: Design objectives, roles, and relationships [J]. Journal of information systems management, 2004, 21(4): 35-42.

Richter M. Mechanism design with budget constraints and a population of agents[J]. Games and Economic Behavior, 2019, 115: 30-47.

Ross S A. The economic theory of agency: The principal's problem [J]. The American economic review, 1973, 63(2): 134-139.

Ross S. The Economic Theory of Agency: the principle's problem [J]. The American Economic Review, 1973, 63(2): 134-139.

Saddiqa A, Shehzad M U. Effects of Contractual Governance on IT Project Performance under the Mediating Role of Project Management Risk: An Emerging Market Context [J]. Information, 2023, 14 (9): 490.

Sambamurthy V, Zmud R W. Arrangements for information technology governance: A theory of multiple contingencies[J]. MIS Quarterly, 1999, 23(2): 261-290.

Sannikov Y. A continuous-time version of the principal-agent problem[J]. The Review of Economic Studies, 2008, 75(3): 957-984.

Shu Y, Dai Y, Ma Z, Hu Z. Venture investment under multi-stage incentive model based on fairness concerns[J]. Kybernetes, 2023, 52(1): 344-361.

Sibanda M, vonSolms R. Devising a strategy for IT governance implementation in municipalities. A case study of South Africa[J]. Electronic Journal of Information Systems in

Developing Countries, 2019, 85（2）: e12067.

Simonsson M, Johnson, P. The Effect of IT Governance Maturity on IT Governance Performance[J]. Information Systems Management, 2009, 27(1): 10-24.

Siregar S V, Harahap S N. The effect of business uncertainty on IT governance[J]. Journal of Financial Reporting and Accounting, 2023, 21(2): 420-433.

Sirisomboonsuk P, Gu V C. Relationships between project governance and information technology governance and their impact on project performance [J]. International Journal of Project Management, 2018, 36(2): 287-300.

Song Y-J. Risk Management interaction model for Process of Information Security Governance[J]. KIPS Transactions on Computer and Communication Systems, 2012, 1(2): 103-108.

Soo M T. The Impact of IT Governance Competence on IS Effectiveness and Organizational Performance[J]. Korean Management Review, 2015, 44(3): 909-932.

Spence M, Zeckhauser R. Insurance, information, and individual action[M]. Uncertainty in Economics. Academic Press, 1978: 333-343.

Strachan H W. Family and other business groups in economic development: The case of Nicaragua[M]. Westport: Praeger, 1976.

Su P, Peng Y, Hu Q, Tan R. Incentive mechanism and subsidy design for construction and demolition waste recycling under information asymmetry with reciprocal behaviors [J]. International Journal of Environmental Research and Public Health, 2020, 17(12): 4346.

Sundarsanam S. Large shareholders, takeovers and target valuation[J]. Journal of Business, Finance and Accounting, 1996, 23(2): 295-314.

Tang H W, Chang CC. CEO overconfidence, risk-taking, and firm value: Influence of incentive compensation and financial constraints[J]. The North American Journal of Economics and Finance, 2024, 69: 102034.

Tang W, Wang T, Sun H, Qi D. Game analysis of design incentives for delivering international hydropower EPC projects [J]. Journal of Tsinghua University (Science and Technology), 2016, 56(4): 354-359.

Tiwana A, Kim S K. Discriminating IT Governance [J]. Information Systems Research, 2015, 26(4): 656-674.

Turel O, Liu P, Bart C. Board-level IT governance[J]. IT Professional, 2019, 21(2): 58-65.

Urda J, Loch C H. Social preferences and emotions as regulators of behavior in processes [J]. Journal of Operations Management, 2013, 31(1-2): 6-23.

Villas-Boas J M. Repeated interaction in teams: Tenure and performance[J]. Management Science, 2020, 66(3): 1496-1507.

Wang D, Liu W, Liang Y. Green innovation in logistics service supply chain: the impacts of relationship strength and overconfidence[J]. Annals of Operations Research, 2022·Springer: 1-31.

Wang H, Lai C, Lai S. A study on the incentive compensation structure with payroll tax: A continuous-time principal-agent model[J]. The North American Journal of Economics and Finance, 2021, 58: 101489.

Wang L, Pan F. Incentive Mechanism Analysis of Environmental Governance Using Multitask Principal-Agent Model[J]. Sustainability, 2023, 15(5): 4126.

Wang X, Lan Y, Tang W. An uncertain wage contract model for risk-averse worker under bilateral moral hazard[J]. Journal of Industrial and Management Optimization, 2017, 13(4): 1815-1840.

Wang X, Wu X. Compensation contracts for multiple agents with helping effort under bilateral moral hazard[J]. Journal of Intelligent & Fuzzy Systems, 2021, 40(1): 271-293.

Weill P, Ross J W. IT governance: How top performers manage IT decision rights for superior results[M]. Harvard Business Press, 2004.

Willett A H. The economic theory of risk and insurance[M]. Columbia University Press, 1901.

Wilson R B. The structure of incentives for decentralization under uncertainty[M]. Graduate School of Business, Stanford University, 1967.

Xiao J H, Xie K. Inter-firm IT governance in power-imbalanced buyer-supplier dyads: exploring how it works and why it lasts[J]. European Journal of Information Systems, 2013, 22(5): 512-528.

Xie Y, Ding C, Li Y, Wang K. Optimal incentive contract in continuous time with different behavior relationships between agents[J]. International Review of Financial Analysis, 2023, 86: 102521.

Yang N, Yang J, Chen Y. Contracting in a Continuous-Time Model with Three-Sided MoralHazard and Cost Synergies[J]. Kelley School of Business Research Paper, 2018 (18-14): http://dx. doi. org/10. 2139/ssrn. 3119398.

Yin X, Li J, Bao T. Does overconfidence promote cooperation? Theory and experimental evidence[J]. Journal of Behavioral and Experimental Economics, 2019, 79: 119-133.

Zhao N, Chong H-Y, Li Q. Agent-based modelling of helpingbehaviour diffusion in project teams as an evolutionary process[J]. Journal of Simulation, 2022, 17: 279-296.

Zhang H, Yu L, Zhang W. Dynamic performance incentive model with supervision mechanism for PPP projects[J]. Engineering, Construction and Architectural Management, 2020, 27(9): 2643-2659.

Zhang P Q, Zhao K X. Impact of ITGovernance and IT Capability on Firm Performance[J]. Information Systems Management, 2016, 33(4): 357-373.

Zhang Y, Zhu J, Ge C, et al. Multi-stage incentive contract design of aviation complex product multi-task delivery strategy [J]. Computers & Industrial Engineering, 2024·Elserier: 110297.

Zhen J, Xie Z X. Impact of IT governance mechanisms on organizational agility and the role of top management support and IT ambidexterity [J]. International Journal of Accounting Information Systems, 2021, 40: 100501.

附录：课后思考题解析

第1章思考题解析

1. 请简述项目风险管理的核心

解析：

项目风险管理的核心是三全管理，分别是全员管理、全过程管理和全要素管理。

（1）全员管理。项目风险管理不仅要管理所有参与者，而且要求所有人员都要成为项目风险管理者的一员。项目风险管理包括对外部环境不确定性的管理，以及项目本身在规划、组织和协调等过程中产生的不确定性。因此，项目风险管理不只是项目风险管理职能部门的问题。

（2）全过程管理。全过程管理指的是对整个项目风险过程的管理。包括项目实施前识别、估计影响项目的不确定因素，设计严格的项目风险管理措施，在项目实施过程中实际项目风险发生时的应急准备、危机管理以及发生项目风险后的补救方案设计和事后风险总结等一系列的项目风险管理过程。

（3）全要素管理。项目风险管理过程不单纯追求单一目标，它是一个多目标的决策过程，它追求较短的项目工期、最低成本和最高质量，这是因为项目的工期、造价和质量是三全管理直接关联和相互作用的相关要素。

2. 请简述什么是主动风险管理

解析：

主动风险管理是指利用过去的经验、项目环境等能收集到的信息，对风险进行识别、评估，并采取相应的对策，从而有效地管理风险。主动进行风险管理可以在以上几个方面取得良好的效果。①关于对项目目标不知道的不安和担心可变成明确已知的不安和担心。②当风险发生时能够沉着地采取行动。③对项目而言，重要的是如何减少风险和监视风险，并不一定要将风险化为零。④使问题明朗化，让相关人员都知道风险管理是非常重要的。

3. 你认为项目风险管理的最佳时机是什么？

解析：

通常，在项目生命周期中风险分析开始得越早，有效风险管理的范围就越宽。但是，在项目开始的早期，由于缺乏项目的详细信息，如设计方案是初步的，框架式的，没有具体详细的设计方案，对项目的了解不深入，因此，风险分析开始得越早就越难做，而较宽的范围既是机会也是挑战。在项目生命周期较早阶段实施的风险管理过程具有战略性强、战术性差、难以定量、不太正式、更具有创造性的特点。但是在项目生命周期早期实施的风险管理运作通常更有用。可为项目计划中更多的改进留有余地，包括由风险推动的重新设计或项目产品的初始设计。要在目标、利益、设计和执行的框架中进行正式的风险管理，需要尽早对风险管理过程予以明确的关注，最好是在概念阶段，早期实施风险管理可以促进有关风险应对措施的思考，从而可以充分探讨实现目标的全新方式。

在项目生命周期的较晚阶段才首次实施风险管理将很难得到良好效果，没有明显补偿性的利益。早期的警告比项目晚期才发现目标不一致或者不能实现更为可取。计划阶段完成之后，合同已经签署，设备已经购买，承诺已经做出，名誉处于危险之中，所以对变化的管理困难相对较大，而且得不偿失。作为一般原则，风险管理的过程实施得越早越好。

4. 请简述项目风险治理的意义

解析：

项目风险治理是一项综合性极强，也比较复杂的工作。由于产生项目风险的原因十分复杂，比方说项目的多目标特征（投资、进度、质量等目标），而且影响也十分广泛。所以，做好风险治理工作采取的控制措施也就要求综合性极强。因此，要想有效降低甚至消除风险因素的影响，就必须遵从系统科学，综合治理的原则，联合各个环节的力量，合理落实风险责任，建立风险利益的共同体和全面的项目风险治理体系。

首先，风险治理能促进管理层决策的科学化、合理化、有效化，能促进其经济效益的提高，并保障其目标的顺利实现；其次，风险治理有利于资源分配达到最优配置，有利于减少风险带来的损失以及不利后果；最后项目风险治理不仅可以提高项目的成功率，通过识别、评估、监控和应对潜在的风险，项目风险治理能够减少不利事件发生的可能性或减轻其影响，从而增加项目成功的机会，还起到节约社会资源，推进经济发展的重要意义。

5. 你认为应当如何对项目进行全过程风险识别？

解析：

项目的风险存在于项目整个过程中，人们可以按照项目阶段进行风险识别，识别出项目各个阶段可能存在的风险，以及引起这些项目风险的原因和影响因素，并对这些项目风险进行初步的评估，以明确项目各个阶段的风险情况，然后才能通过对项目风险的度量和监控，从而保证项目风险治理的顺利进行。项目全过程风险识别的另外一层含义是，项目风险识别活动不仅在项目初始阶段进行，还需要随着项目开展过程中不断完备，即在项目后续各阶段不断进行项目风险的识别。

项目的全过程是指项目的全寿命周期。它从项目可行性研究开始，经过项目定义与决策，设计与计划，实施与控制，最后到项目的完工与交付阶段。在项目生命周期的各个阶段都会存在着风险，而随着项目的开展，项目各阶段的风险也会发生变化。同时，根据项目生命周期曲线可知，项目信息也在项目过程中不断得以完备，所以项目风险识别也就需要伴随着项目过程的开展而不断进行，分析给出项目不同阶段中风险的发展变化。这就是项目全过程的风险识别，有关项目各个阶段的风险识别工作分述如下。

项目定义与决策阶段的风险识别。项目定义与决策阶段的风险主要是项目定义和决策失误方面的风险，由于在这个项目阶段的信息是不完备的，结果就会导致人们在选择项目方面存在风险。这就要求人们在项目机会研究、项目建议书、可行性分析阶段必须收集好项目相关信息，同时对项目分析研究报告进行严格的评估和审批。这个阶段的主要风险包括项目机会研究阶段的风险、项目建议书阶段的风险、项目可行性报告的风险、项目可行性报告审理的风险等内容。

项目计划与设计阶段的风险识别。项目计划与设计阶段的风险识别的主要工作，是识别项目方案设计和各种计划中的风险，主要包括明确项目各种资源计划中的风险，项目各专项计划编制中的风险项目集成计划编制中的风险，以及对项目产出物和项目工作设计过程中存在的风险。另外，如果这个阶段对设计任务是通过承发包而外包时，人们还需要识别订立承包合同时存在的各种风险。

项目实施与控制阶段的风险识别。项目实施与控制阶段最主要的工作，是依据项目计划去开展项目实施。项目实施所涉及的影响因素比较多，如项目环境发展变化比较快等，这些都可能会引发风险问题。另外，项目风险会随着项目实施与控制的展开而发生变化，从而引发和出现一些新的风险。做好这一阶段的项目风险识别工作，以便识别出项目实施与控制阶段的主要风险。

项目完工阶段与交付阶段的风险识别。这个项目阶段的不确定性是最低的，所以这一阶段的项目风险也是比较低的。这一阶段的项目风险识别工作主要包括以下两个方面。①项目完工阶段的风险识别。项目完工阶段的主要工作是对于项目实施和治理结果进行总结和评估，以确认项目已经可以交付使用。②项目交付阶段的风险识别。在这个项目阶段中，人们需要将项目实施与治理的最终成果交付给项目业主或用户，此时最大的项目风险是没有做好与项目相关利益主体的沟通和协调而无法保证项目的顺利终结与交付。所以此时的项目风险识别工作包括：在项目交付阶段中的项目相关利益主体识别、沟通、协调等方面的风险，项目产出物和文件无法交付或出现交付纠纷的风险等。

6. 请简述项目风险监控的作用

解析：

项目风险监控计划工作的作用相对比较复杂，因为这是对于监督和控制项目风险工作的计划安排，而项目风险本身就比较复杂和不确定。具体而言，项目风险监控的主要作用体现在以下几个方面：

(1)监视项目风险进程和征兆。项目风险监控工作的根本作用是通过开展项目风险监视工作发现项目风险本身的发展变化。这主要是通过对项目、项目风险、项目的环境与条件三者发展变化的严密监视，实现在出现项目风险征兆后给出项目风险的预警信息，使人们能及时制定项目风险应对决策。

（2）监督项目风险应对的工作情况。项目风险监控工作的第二个作用是通过开展对项目风险监督工作去发现和解决项目风险应对中出现的问题并尽快做出某些反应。这主要是通过监视和督促项目风险应对措施的实施情况和效果来实现，最重要的是在监视中一旦发现问题或不当，就督促人们改进或改善，从而确保项目风险应对的顺利进行。

（3）保障项目风险应对工作处于受控状态。这是项目风险监控最为重要的作用，因为任何监控工作的最主要目标都是为了使被监控的工作处于受控状态，项目风险监控工作也不例外。这主要通过开展项目风险应对的事前和事中控制实现，具体方法是努力开展协调和纠偏等方面的工作，设法使项目风险应对不失控或失控后能重返既定的受控状态。

（4）及时修订或变更项目风险应对的措施和工作。在项目风险的应对中，人们很难使项目风险应对工作总是处于"受控状态"，因为项目风险和项目的环境与条件等方面并不是人们能够控制的。所以，在项目风险出现失控情况的时候，人们要能够设法通过修订或变更项目风险应对的措施和工作，实现在全新基础上的项目风险应对的受控状态。

（5）优化和改善项目风险治理的结果。在项目风险监控计划中，人们分析、预测规划、安排各种项目风险监控工作，这将在很大程度上起到更好地监督和控制项目风险，努力获得或扩大项目风险收益，规避和降低项目风险损失等方面的作用。实际上，项目风险监控计划的完善与正确程度直接决定了项目风险治理的效果，因此人们必须制定完善而正确的项目风险监控计划。

7. 请简述 IT 风险治理环境

解析：

（1）外部环境。治理主体应分析国家、行业等的相关要求，规范 IT 风险治理的实施，包括但不限于：①遵循法律法规、行业监管要求，满足 IT 及其应用风险管控的符合性要求；②识别并评估市场发展、竞争地位和技术变革等变化。

（2）内部环境。治理主体应为 IT 风险治理开展创造必要的环境，包括但不限于：①治理主体应培养信息化下的风险治理（全面风险管理）理念，转变风险管理思路；②规划并满足 IT 风险治理对各类资源的需求，包括人员、经费和基础设施等；③建立 IT 风险治理文化；④明确治理主体、三道防线相关部门和机构的 IT 风险治理、管理相关职责；⑤审查批准 IT 风险治理战略，确保其与组织发展战略、业务战略相适应；⑥建立与组织信息化规模相适应的 IT 风险治理机构，予以授权并明确由其向治理主体报告；⑦指派具有专业胜任能力的人员担任 IT 风险综合管理机构负责人。

8. 请简述如何规范 IT 风险管理活动，构建科学的 IT 风险治理体系

解析：

建立科学的风险治理体系。建立项目经理为主要负责人的项目风险管理机构，以 IT 项目开发周期内的各工作为主线，合理划分风险责任矩阵，明确参与各方的权利关系，加强各项工作的协调，落实风险责任制。使每个项目成员意识到风险治理的重要性，承担起相应的风险识别、风险分析、风险应对的责任，并抓好风险责任落实工作，建立实时风险

监控机制，由责任人定期反馈风险点动态，做到早发现早应对。

制定统一的开发架构标准。规避不同部门交接风险统一的技术框架，不仅可以解决因为开发人员流动引起的人手不足的问题，还可以对人员结构进行快速调整，减缓人员流动，确保项目如期完工。通过统一的开发架构，可以达到不同系统之间快速协作，横向流动的目的，同时还有利于技术问题的解决并提高开发效率。按照统一的标准可以提高维护效率，还可以解决诸如代码编写质量低下，开发人员技术水平不一而导致的项目进度缓慢的问题，此外，还可以方便评审人员对相关代码进行规范化评审。

加强开发过程的信息透明化及可视化，为风险预警提供基础。项目的顺利进行离不开项目组成员的协作，但协作的前提是信息共享。如果协作双方不知道对方进程的话，很难形成良好的协同效应，况且各方利益是一致的，不存在信息泄露的问题。在各行各业信息化的背景下，生产过程信息化、项目管理信息化还需要进一步深入。

IT 产品组织作为信息技术的发起者，更应在过程化管理领域起引领作用。项目管理信息系统，作为项目信息跟踪平台，可以减少项目成员之间因为信息不对称引起的冲突或失误，减少系统内耗。而且需要从集团文化角度营造信息共享的氛围，使每个项目成员在关注技术的同时，也关注项目管理，养成在做每一件工作时在系统中留痕的习惯。只有这样，才能使开发过程透明化，大家才能共享信息，查漏补缺，提示风险点，尽早发现问题，为规避风险提供支持。

第 2 章思考题解析

1. 请简述企业信息化的意义

解析：

企业信息化的意义可以分为宏观和微观两方面。其宏观意义主要体现在：

(1) 增强经济可持续性：企业信息化有助于推动国家经济的快速和可持续发展，提升国家综合实力。

(2) 适应国际竞争：使企业能够更好地适应全球市场的竞争，提升国际竞争力。

(3) 支持国企改革：信息化有助于国有企业进行必要的改革，实现脱困和持续发展。

(4) 捕捉发展机遇：企业信息化为企业提供了捕捉新兴市场和技术趋势的新机遇。

(5) 提升行业技术水平：通过技术流通，企业信息化有助于提升整个行业的技术水平。

其微观意义主要体现在：

(1) 管理模式变革：信息化推动企业管理模式的变革，通过并行工程、企业流程重组等新管理理论，实现业务流程的优化。

(2) 提高员工素质：信息化要求企业制定严格的操作规程和工作规范，通过持续培训提高员工素质，促进企业信息文化的形成。

(3) 加快信息流动：信息化通过总体规划信息资源和简化业务流程，缩短信息流动路径，提高信息资源利用率，从而带来经济效益。

（4）加强对外交流：信息化工程，尤其是 Intranet 和 Extrnet 的建立，为企业提供了网络宣传和交流的平台，创造商机。

（5）提高市场竞争力：信息化通过提升产品功能、质量、服务、缩短上市时间和绿色生产，增强企业的市场竞争力。

（6）提高经济效益：信息化通过精简机构、无纸化办公、压缩库存和减少废品损失等措施，直接降低企业成本，提高经济效益。

企业信息化是企业适应知识经济和全球化的关键，对企业的长期发展和国际竞争力至关重要。在全球经济一体化和信息化快速发展的背景下，信息化已成为企业实现可持续发展和增强竞争力的重要前提。

2. 请简述集团信息化有哪些应用？

解析：

企业信息化是现代企业发展的关键驱动力，其应用涵盖了设计与生产、管理决策以及商务活动等多个方面：

（1）设计与生产过程的信息化：企业生产过程的信息化建立在机械化基础之上，通过实现监测和控制的自动化来提升效率。目前已经发展出多种自动化技术，包括：

①计算机辅助设计（CAD）：利用计算机技术进行设计工作，提高设计效率和精确度。

②计算机辅助制造（CAM）：使用计算机控制制造过程，实现生产自动化。

③计算机辅助生产准备（CAPP）：辅助生产前的准备工作，优化生产流程。

④产品数据管理（PDM）：集中管理产品数据，确保数据的一致性和可追溯性。

⑤现代集成制造系统（CIMS）：集成企业内的各种信息流和物流，实现资源的优化配置。

（2）管理决策的信息化：在现代企业管理决策中，信息的作用至关重要。企业通过以下系统提升决策的科学性和效率：

①管理信息系统（MIS）：为企业管理层提供准确的业务运作数据。

②办公自动化系统（OA）：自动化日常办公任务，提高行政效率。

③决策支持系统（DSS）：辅助决策者进行决策分析，提供决策支持。

④制造资源计划（MRP II）：优化制造过程中的资源分配。

⑤企业资源计划（ERP）：整合企业内各个部门的资源，实现资源的全局优化。

（3）商务活动电子化：企业商务活动电子化是信息化的另一重要方面，通过以下技术和系统实现商务交易的网络化：

①供应链管理（SCM）：优化供应链流程，提高供应链效率和响应速度。

②客户关系管理（CRM）：管理客户信息，提升客户服务质量和客户满意度。

③电子商务（EC）：通过电子方式进行商业交易，拓宽市场范围。

④企业内部网（Intranet）：建立企业内部的通信和信息共享平台。

⑤外部网（Extranet）：实现企业与外部合作伙伴的网络连接和信息交换。

⑥因特网(Internet)：利用互联网进行商务活动，提高企业的市场接入能力。

3. 你认为风险管理和管理风险有哪些联系与区别？

解析：

风险管理侧重于构建整体框架，涉及原则、流程、技术和方法的建立。它是组织层面的活动，由风险管理部门或委员会负责。主要任务包括制定风险管理策略、确立内部控制标准、监控重大风险，并推动风险管理融入企业运营和管理流程中。风险管理部还负责培育风险管理文化，确保风险意识在组织内得到广泛认同。

管理风险则更侧重于具体实施，是各职能管理部门和子组织根据统一的风险管理原则和框架，针对特定风险进行的管理活动。这些部门和组织负责将风险管理融入日常运营，执行组织制定的风险管理政策，确保风险得到有效控制。

国资委在《中央企业全面风险管理指引》中强调，全面风险管理应融入企业管理的每个环节，成为内部控制系统的一部分。集中化的风险管理不应取代原有单位和部门的风险管理职能，而是要与它们进行有效对接。

在组织中，风险管理与子组织层面的管理风险应形成良性循环。组织层面负责制定整体风险战略，子组织则负责执行并反馈执行情况。这种分工明确、各司其职的模式有助于优化和完善全面风险管理体系，实现组织整体的风险管理目标。

此外，内部审计作为企业全面风险管理的第三道防线，以风险为导向，通过内部控制审计发挥预防、揭示和抵御风险的功能。这有助于确保风险管理措施到位、执行有力，支持全面风险管理体系的有效运转。通过这种多层次、多角度的风险管理，组织能够更科学、全面地应对各种风险挑战。

4. 请阐述信息化项目风险管理的原则

解析：

IS031000：2009《风险管理——原则与实施指南》标准为组织实施风险管理工作提出了11项风险管理原则，这些原则是组织风险管理的理论指导和有效性评价的重要依据。

(1)风险管理创造并保护价值：风险管理有助于组织目标的实现，如提升健康与安全、合规性、公众认可度、环境保护、产品质量等。

(2)风险管理是组织整体的一部分：风险管理不是孤立的活动，而是管理职责的一部分，应与组织的主要活动和过程相结合。

(3)风险管理是决策的一部分：风险管理帮助决策者进行选择、优化活动顺序，并识别行动路线，为正确决策提供支持。

(4)风险管理清晰地阐明不确定性：组织在管理风险时必须对风险的不确定性有清晰的认识，并进行严格分析和准确判断。

(5)风险管理是系统的、结构化的和适时的：系统化和结构化的方法有助于提高效率，获得一致、可比较和可靠的结果。

(6)风险管理以最可利用的信息为基础：风险管理依赖于历史数据、经验、利益相关方反馈等多种信息源。

（7）风险管理具有适应性：风险管理应与组织的外部和内部环境及风险状况相适应，确保有效性和资源的合理配置。

（8）风险管理考虑人和文化因素：识别人员的能力、感知和意愿，促进或阻碍组织目标的实现，强调风险文化在风险管理中的重要性。

（9）风险管理是透明的、包容的：确保利益相关方特别是决策者适当、及时地参与风险管理，提高透明度。

（10）风险管理是动态的、往复的，并对变化保持响应：随着环境和知识的变化，风险管理应持续适应新风险的出现和变化。

（11）风险管理促进组织的持续改进：组织应制定战略，改进风险管理成熟度，推动组织其他领域的持续改进。

5. 你认为现阶段风险管理工作中面临的问题？

解析：

（1）缺乏对全面风险管理体系的认识。

①缺乏正确的风险理念。

风险理念是指对风险的态度和认识。风险理念应该与企业所处的内外部环境、企业的资源状况以及企业战略相适应，应该有助于企业战略目标的实现。正确的风险理念既不是对风险的刻意回避，也不是片面为高回报而刻意追求；既不是对风险视而不见，也不是对风险过分强调。

②缺乏战略高度认识。

组织对风险管理的认识大多停留在职能管理的层次上，风险管理缺乏必要的高度，也没有得到组织高层的必要关注。

③缺乏系统性风险管理手段。

中国组织的风险管理缺乏风险分析和度量手段，缺少专门化的风险管理工具，往往按职能被切分到财务、运营、市场、法律等多个层面，缺乏全局性的整合框架和主线。

④全面风险管理渗透程度低。

组织的风险理念往往缺乏清晰的表达和内部贯彻，并没有被大多数员工理解和认同，也无法落实到具体的日常工作中。

（2）各类重大风险事件频发。

如果组织未建立风险管理机制或组织的风险管理失效，将会在某种程度上毁灭股东价值甚至社会价值，将会面临丢失客户、丧失信誉、丢失合作伙伴、营业中断或直接导致破产等风险。国内外许多著名的企业已为我们敲响警钟。

①巴林银行破产案。

原因：运营风险管理失效，特别是职责划分不明确和缺乏有效监控。

过程：银行交易员里森因操作失误，使用错误账户隐瞒亏损，最终导致巨额损失和银行破产。

②日本八佰伴公司倒闭。

原因：战略风险管理失误，盲目投资和错误战略定位。

过程：八佰伴在国内外过度扩张，经营非核心业务和新市场风险评估不足，导致资金链断裂和破产。

③中航油新加坡有限公司风险管理失效。

原因：风险管理体系形同虚设，未能有效监控和控制风险。

过程：公司总裁擅自从事高风险交易，导致巨额亏损，风险管理政策未被执行，最终导致公司损失巨大。

6. 你认为应当如何构建企业风险预警系统？

解析：

(1)建立风险预警机构：风险预警机构是预警系统的核心，负责组织和决策。该机构由企业管理层直接领导，负责制定预警策略、设定目标，并迅速响应经营中的问题。预警部门则专注于风险预测和报告，利用先进的计算机技术，采用科学方法分析财务数据，为管理指挥中心提供及时的风险预警决策信息。

(2)完善数据资料库：准确的数据是风险预警系统的基础。因此，必须构建或完善企业的数据资料库，确保提供全面、准确、客观且及时的数据，以增强风险预警系统的信息价值。

(3)配备专业人才：风险预警工作需要具备高度专业性和综合性。预警人员不仅需要掌握管理、财务、会计、金融、法律等知识，还应熟练使用计算机软硬件，尤其是计算机网络技术，以拓宽信息获取渠道，提升信息传递效率。

(4)促进部门间协调：企业作为一个有机整体，风险预警机构应与各部门建立和谐的合作关系。需要考虑不同部门的数据需求和传递方式，实现数据共享，从而促进部门间的和谐与协同。

7. 请分析 IT 项目管理中的风险类型

解析：

(1)IT 项目管理中的系统风险。

系统风险主要是指那些超出项目经理乃至整个项目组织控制范围的影响项目成功的干扰因素，主要体现在：

①市场和政策的变化。市场需求的不确定性和政策的不断调整，如新法规的出台或市场需求的突然变化，都可能迫使项目方向发生重大调整。这种变化不仅难以预测，而且可能对项目的成功产生致命影响。

②行业发展迅速，产品更新换代快。IT 行业以其快速发展著称，新技术和标准的不断涌现要求项目必须不断适应。这种快速变化不仅增加了项目的复杂性，还可能引发战略和竞争优势的变化，从而影响项目的整体发展。

③自然灾害的出现。自然灾害如火灾、洪水、地震等，其随机性和破坏力往往超出预

期。尽管项目组织难以预测这些事件，但它们对项目的影响可能是毁灭性的。

（2）IT 项目管理中的技术风险。

①技术成熟度不够。尽管新技术具有吸引力，但它们的不成熟可能带来风险。将这些技术应用于项目可能会因技术缺陷而导致项目失败。

②开发与管理工具选择不当。"工欲善其事，必先利其器"凸显了 IT 项目管理中工具选择的重要性，项目管理工具的选择至关重要。错误的选择可能会影响项目的效率和效果，从而影响项目的成功。

③项目测试不严谨。项目测试是发现和修正错误的关键环节。如果测试不严格，可能会导致项目在运行中出现问题，增加后期维护成本。

④软硬件的集成矛盾。不同厂商的软硬件在集成时可能会产生兼容性问题。缺乏统一标准和尺度使得这些问题难以预测和解决，影响项目的整体实施效果。

（3）IT 项目管理中的成本风险。

①项目运营成本存在溢出性。项目运营成本可能因人员流动性和不可控因素而超出预算。项目团队和相关人员在运营过程中的决策和行为都可能引发成本溢出。

②项目范围的改变，导致成本上升。随着业务需求的变化和信息技术的发展，项目范围可能会调整，这通常会导致成本的增加。需求的不断变化使得项目成本难以控制。

③出现未估算的项目成本。尽管项目在规划时会进行成本估算，但预测性工作的性质使得成本估算可能存在误差。人力成本的变动、设备价格的上涨、项目工期的延误等都可能导致预算超支，影响项目的整体成本和绩效。

8. 请阐述 IT 项目风险的特征

解析：

（1）需求不稳定。

软件项目的需求变化是项目成功的最大挑战之一。需求的不断变化使得传统的瀑布模型受到质疑，并催生了原型模型和敏捷方法论。这些方法论强调对变化的适应，而不是试图在项目初期就固定需求。在项目实施过程中，如果客户无法明确其需求，将导致开发团队在不断变化的需求中迷失方向，增加项目的不确定性和风险。这种需求的不确定性类似于盲人走路，每一步都充满风险，稍有不慎就可能导致项目失败。

（2）项目规模估计不准确。

在软件项目中，准确估计项目规模和所需资源是一项极具挑战性的任务。与建筑工程相比，软件项目的需求和工作量往往难以量化。尽管存在代码行估算法和功能点方法等估算工具，但这些方法的准确性和可靠性仍不如传统的建筑工程预算。软件项目的资金问题通常不是主要风险，因为软件项目很少因资金不足而失败。相反，需求不明确和项目规模估计不准确是导致项目延期和成本超支的主要原因。

（3）人的因素对项目影响很大。

人是软件项目的核心，软件项目的成功依赖于项目团队的能力和协作。软件项目的原材料是人的思想和智慧，而计算机和开发工具则是实现这些思想的工具。优秀的程序员和系统分析师对项目的贡献远远超过新手或不熟练的员工。新手的错误不仅影响自身的工作效率，还可能降低整个团队的工作效率，增加项目的风险。此外，软件项目的角色分工和管理虽然已经实施，但分工的复杂性和工作内容的多样性使得培训和管理工作更具挑战性。

第3章思考题解析

1. 委托代理关系中存在的常见基本问题是什么？

解析：

在委托代理关系中，委托人是拥有某种权益、利益或权力，并对他人（代理人）进行授权的一方。委托人的主要目标是通过代理人的行为实现自身利益的最大化。代理人是接受委托人授权并代表其执行任务或决策的一方。尽管代理人有义务履行委托任务，但他们可能会有自己的动机和利益，这可能与委托人的利益不完全一致。委托代理人关系中经常存在着以下问题：

（1）代理人问题（agent problem）。

代理人问题源于代理人作为理性个体，可能为了自身利益而行动，不总是为了委托人的最佳利益行事。代理人有自己的目标和动机，这些目标和动机可能与委托人的目标不一致，甚至相冲突。

例如，在集团信息化项目中，代理人（如项目经理或技术团队）可能会为了降低自己的工作难度或提高自己的经济收益，而选择低成本但低质量的方案。这种行为可能会导致项目进度缓慢、质量不达标，最终损害委托人的利益。为了减轻代理人问题的影响，委托人需要通过有效的监督和激励机制，确保代理人的行为符合委托人的目标和利益。

（2）信息不对称（information asymmetry）。

信息不对称是指在委托代理关系中，委托人和代理人掌握的信息不对等。代理人通常比委托人掌握更多关于其行为和能力的信息。这种信息不对称可以在签约前（事前）和签约后（事后）存在，并且可能涉及信息或行动方面的差异。

在签约前的信息不对称（事前）中，委托人无法准确评估代理人的真实能力和行为，从而可能选择了不合适的代理人，导致逆向选择问题。而在签约后的信息不对称（事后）中，委托人无法实时掌握代理人的工作表现和努力程度，这就容易导致道德风险问题。

信息不对称的存在使得委托人在选择和监督代理人的过程中面临诸多挑战。委托人可能会因为缺乏足够的信息而做出错误的决策，导致项目失败或效益降低。为了减少信息不对称，委托人需要采取一系列措施，例如加强信息披露、进行第三方评估以及建立透明的沟通机制。

（3）逆向选择（adverse selection）。

逆向选择问题是指在信息不对称的情况下，委托人可能会选择不合适的代理人，导致项目失败或效益降低。由于无法准确评估候选代理人的真实能力和行为，委托人可能会选择那些看似优秀但实际上不适合的代理人。

例如，在选择系统集成商时，如果委托人仅依赖于代理人提供的表面信息，可能会选择技术水平较低的供应商，导致项目进展缓慢、质量不达标。逆向选择会导致项目实施过程中出现各种问题，增加项目的风险和不确定性。

为了避免逆向选择问题，委托人应采取以下措施：首先，制定详细的代理人选择标准，包括技术能力、项目管理经验和客户满意度等。其次，通过公开招标、多轮面试和第三方评估等手段，确保选择过程的科学性和公正性。此外，委托人还应参考代理人的客户反馈和过往项目案例，了解其实际工作表现，确保选择的代理人具备良好的工作记录。

2. 常见的激励措施有哪些，如何将这些激励在集团信息化项目中设计合理的激励机制？

解析：

在委托代理关系中，设计合理的激励措施是确保代理人行为符合委托人利益的关键。以下是一些常见的激励措施及其在集团信息化项目中的具体应用：

（1）绩效奖金。

绩效奖金是根据项目的关键里程碑和任务节点，设定明确的绩效考核指标和奖金来激励代理人。通过将绩效指标与奖金挂钩，激励代理人实现项目目标。在集团信息化项目中，可以设定具体的关键绩效指标（KPI），如项目按时交付率、客户满意度等。当项目按时完成并达到预期效果后，团队成员可以获得相应的绩效奖金。例如，如果项目在预定时间内高质量地完成，团队成员可以获得额外的奖金或其他形式的奖励。这种做法不仅能够激励代理人按时完成项目，还能确保项目的质量和成本控制。

（2）长期激励与短期激励相结合。

长期激励与短期激励相结合，通过提供长期回报（如股权激励计划）和短期奖励（如年度奖金），将代理人的利益与企业的长期和短期发展挂钩，激励他们关注项目的全面成功。在集团信息化项目中，可以设计股权激励计划和年度奖金制度。项目成功实施后，给予项目经理和核心技术人员一定比例的公司股份，同时根据年度绩效给予短期奖励。例如，项目成功实施并显著提升了企业的运营效率和市场竞争力后，代理人可以获得公司股票，这不仅提高了他们的长期收入，还使他们在公司的未来发展中有了更强的参与感和责任感。同时，根据年度绩效评估，代理人可以获得年度奖金，激励他们在短期内努力工作，确保项目的阶段性目标得以实现。通过这种长期和短期激励相结合的机制，代理人会更加关注项目的短期和长期效果和质量，从而推动公司的持续发展。

（3）职业发展机会。

职业发展机会通过提供晋升和发展机会，激励代理人在项目中表现出色。

适用：在集团信息化项目中，可以设计明确的职业发展通道。项目成功后，为项目经理和关键团队成员提供晋升机会。例如，项目成功实施后，表现优秀的团队成员可以获得晋升至更高职位的机会，或者获得更多的培训和发展资源。企业可以设立明确的晋升通道，并将项目成功作为晋升的重要考核标准。这种职业发展机会不仅能够激励代理人在项目中付出更多努力，还可以提高他们的职业满意度和忠诚度，确保项目的顺利实施和长期成功。

（4）团队激励与个人激励相结合。

团队激励通过设定团队目标和奖励，增强团队凝聚力和合作精神，而个人激励通过强调个人贡献和绩效，确保团队成员共同努力实现项目目标。在集团信息化项目中，可以设定团队和个人绩效考核指标和奖励机制。当项目团队整体表现优秀时，团队所有成员可以共享奖金或其他福利。同时，突出表现的个人也可以获得额外的奖励和认可。例如，企业可以通过团队建设活动、年度表彰等方式增强团队的合作精神和归属感，激励团队成员相互支持、共同努力完成项目任务。此外，对于在项目中有突出贡献的个人，企业可以提供个人奖金、表彰或晋升机会，以认可他们的努力和成就。这种团队激励与个人激励相结合的机制不仅能够提高团队的工作效率，还可以激励每个团队成员发挥最大的潜力，确保项目的成功。

（5）及时反馈和认可。

及时的反馈和认可可以有效提升代理人的工作积极性和满意度。通过公开表扬和奖励，激励代理人继续努力。在集团信息化项目中，可以定期提供反馈和认可。例如，当项目进展顺利时，企业高层可以通过公开表扬、颁发奖状等形式，激励团队继续努力。及时的反馈和认可能够有效提升代理人的工作积极性和满意度，确保他们在项目中持续付出高水平的努力。

3. 如何识别和解决集团信息化项目中的逆向选择问题？

解析：

逆向选择是指在信息不对称的情况下，委托人无法准确评估代理人的真实能力和行为，从而可能选择了不合适的代理人。逆向选择在集团信息化项目中表现为：

（1）代理人资质不明。

委托人在选择项目实施团队或外部供应商时，无法准确评估其资质和能力，可能导致选择了不合适的合作伙伴。例如，一家企业在实施信息化项目时，由于缺乏对市场上各供应商的深入了解，选择了一家技术水平较低的供应商，导致项目进展缓慢，质量不达标。

（2）项目初期评估不足。

项目初期评估阶段，由于信息不对称，委托人无法全面了解项目的潜在风险和挑战，导致项目推进过程中遇到意外问题。例如，某企业在启动信息化项目前，没有进行充分的需求分析和风险评估，结果在项目实施过程中发现系统无法满足实际需求，不得不进行二次开发，增加了成本和时间。

解决逆向选择的策略

（1）加强信息披露。

委托人可以通过要求代理人提供详细的资质证明、过去项目的案例分析和客户反馈等方式，获取更多信息，从而更准确地评估代理人的能力。例如，在选择系统集成商时，企业可以要求其提供过往成功案例、技术团队的资质证书等信息，以确保其具备完成项目的能力。

（2）实施第三方评估。

委托人可以聘请独立的第三方机构对代理人的资质和项目可行性进行评估，减少信息不对称带来的风险。例如，企业可以聘请专业的咨询公司对信息化项目的实施团队进行评估，确保其具备必要的技术能力和项目管理经验。

（3）试点项目。

在正式启动大型信息化项目之前，委托人可以选择先进行小规模的试点项目，以评估代理人的能力和合作效果。例如，企业可以在一个部门或子公司先行实施信息化系统，通过试点项目评估代理人的实际表现和项目效果，再决定是否进行全面推广。

（4）设定明确的选择标准。

委托人应制定明确的代理人选择标准和评估指标，包括技术能力、项目管理经验、客户满意度等方面，确保选择符合标准的代理人。例如，企业可以设定最低资质要求、技术测试和客户满意度调查等多维度评估指标，筛选出最合适的代理人。

4. 集团信息化项目中如何通过强化监督机制减少信息不对称带来的风险？

解析：

在集团信息化项目中，由于信息不对称，委托人无法实时掌握代理人的行为和项目进展，容易导致项目风险增加。因此，强化监督机制对于减少信息不对称带来的风险至关重要，可以通过以下方式进行：

（1）实时监控系统。

实施实时监控系统，确保委托人能够随时掌握项目进展和代理人的行为。例如，通过项目管理软件实时跟踪项目进度、任务完成情况和资源使用情况。企业可以利用项目管理系统，如 Microsoft Project 或 JIRA，实时更新项目任务状态，让委托人随时了解项目的最新进展。

（2）定期审计与检查。

委托人可以设立定期审计与检查机制，对项目的关键环节进行审查，确保代理人按照预期执行任务。例如，每季度对项目的进度、质量和成本进行全面审计。企业可以建立内部审计团队，定期对项目进行审查，确保代理人遵循项目计划并按时交付。

（3）第三方监督。

委托人可以聘请独立的第三方机构对项目进行监督和评估，提供客观的第三方意见。例如，聘请咨询公司对项目实施过程进行独立评估，确保项目按计划进行。企业可以与知名咨询公司合作，如德勤（Deloitte）等，通过他们的专业评估确保项目的合规性和进度。

（4）反馈机制。

建立反馈机制，确保代理人和委托人之间的信息沟通顺畅。例如，定期召开项目进展会议，代理人向委托人汇报项目进展和存在的问题，委托人及时提供反馈和指导。企业可以每周或每月召开项目进展会议，确保所有参与方及时沟通，解决项目过程中出现的问题。

5. 委托代理理论研究中的非理性因素有哪些？如何在集团信息化项目中应对这些非理性因素？

解析：

在委托代理关系中，传统理论假设委托人和代理人都是理性决策者，能够完全理解和预测对方的行为，并根据对方的行为做出最优决策。然而，在实际操作中，完全理性的假设并不总是成立。人类的行为往往受到多种非理性因素的影响，这些因素在委托代理关系中起着重要作用。以下是几种常见的非理性因素及其在集团信息化项目中的具体应对措施：

（1）公平偏好。

公平偏好指的是决策者在做决策时，不仅考虑个人收益，还关心收益的分配是否公平。在集团信息化项目中，公平偏好可以通过设计公平合理的激励机制来应对。例如，在项目的各个阶段设定明确的绩效考核标准，并确保每个团队成员的贡献都能够得到公平评价和回报。同时，建立透明的沟通机制，让所有团队成员了解决策过程和结果，从而增强团队的凝聚力和合作精神。

（2）互惠偏好。

互惠偏好指的是决策者在做决策时会考虑与他人的互动关系，基于对方的行为表现出相应的反应。如果决策者感受到他人对自己的善意，他们可能表现出更多的善意；反之，如果感受到对方的不公或背叛，则可能采取惩罚措施。在集团信息化项目中，可以通过以下措施来引导和利用互惠偏好：

①建立互惠激励机制，设计激励措施时，考虑到团队成员之间的相互影响，鼓励他们在工作中互相帮助和支持。例如，可以设立团队合作奖，奖励那些在项目中表现出良好合作精神的团队成员。

②增强团队沟通和协作，通过定期的团队会议和沟通活动，增强团队成员之间的了解和信任，促进他们在工作中的互惠行为。

③设立反馈机制，建立及时的反馈机制，让团队成员了解他们的合作和互惠行为如何影响整体项目的成功，从而激励他们在未来的工作中继续保持互惠精神。

（3）利他偏好。

利他偏好指的是决策者在决策时，倾向于帮助他人，甚至以牺牲自身利益为代价。这种行为往往源于对他人的关心和对社会责任的承担。在集团信息化项目中，可以通过以下措施来引导和利用利他偏好：

①通过团队建设活动和增强集体荣誉感来培养团队合作精神，增强团队成员之间的互助合作意识，使他们在工作中更加愿意帮助他人，共同完成项目目标。

②在项目中引入公益性奖励，设立公益激励机制，如表彰对团队有突出贡献的成员，或者将部分绩效奖金用于慈善活动，激励团队成员在工作中体现利他精神。

③定期开展社会责任感教育活动，提升团队成员的社会责任意识，使他们在项目中更加关注社会效益和公共利益。

（4）过度自信。

过度自信是指个体对自身能力和知识的过高评价，往往低估风险和困难，过高估计自己的成功概率。这种心理倾向在决策过程中可能导致不理性的冒险行为和错误判断。在集团信息化项目中，为了应对代理人的过度自信，可以采取以下措施：

①设立严格的风险评估机制，在项目启动前，进行全面的风险评估，制定详细的风险管理计划，确保项目各个阶段都有清晰的风险控制措施。

②建立科学的决策流程，在项目决策过程中，引入多方评审和意见反馈机制，避免个人过度自信导致的决策失误。

③提供持续的培训和教育，定期为项目团队成员提供培训，更新他们对技术和市场的认知，提升他们的风险意识和决策能力。

6. 集团信息化项目中的多层委托代理关系如何影响项目的整体协调和管理？

解析：

集团信息化项目中涉及多个层次的委托代理关系，包括集团内部的委托代理关系和集团与外部第三方之间的委托代理关系。多层委托代理关系的存在使得信息化项目的协调和管理变得复杂。在这些关系中，信息部/CIO 处于核心位置，既是代理人又是委托人，负责信息化建设的具体实施和管理。

首先，集团内部的委托代理关系主要发生在企业高层管理者与信息部/CIO 之间。高层管理者负责制定信息战略和提供政策支持，而信息部/CIO 负责信息化建设的具体实施。这一层次的委托代理关系要求信息部/CIO 具备足够的专业知识和经验，并且需要高层管理者的支持和信任。

其次，集团与外部第三方之间的委托代理关系主要涉及咨询方、监理方和系统集成方等。这些第三方代理人在信息化建设中提供技术支持和监督，确保项目按计划进行。然而，这些外部代理人与集团之间的信息不对称可能导致项目风险增加。因此，集团需要通过合同和监督机制，确保外部代理人按照委托人的利益行事。

为了有效管理这些多层委托代理关系，集团需要建立健全的沟通和反馈机制，确保各方信息共享和协同工作。同时，通过设定明确的任务和绩效考核指标，激励各层代理人实现项目目标，从而提高项目的整体协调和管理效率。

7. 如何有效管理集团信息化项目中的第一层委托代理关系？

解析：

集团信息化项目中的第一层委托代理关系发生在企业内部，包括集团高层与信息部门（或 CIO）、信息部门（或 CIO）与企业其他部门以及子公司之间。这一层次的委托代理关系对项目的整体成功具有重要影响。为了有效管理这一层次的委托代理关系，以下是一些关键策略和措施

（1）明确角色和职责。

在第一层委托代理关系中，各方的角色和职责需要明确划分。集团高层管理者是项目

的发起者和战略制定者，负责提供相关政策、人力、物力、财力支持，并在信息化建设过程中的关键问题上做出决策。信息部门（或 CIO）是信息化建设的执行者和推动者，负责制定信息战略和信息化项目实施计划，并推进项目实施。各业务部门和子公司是信息化建设成果的最终使用者，需要明确各自的业务需求，并根据项目计划实施。通过明确各方的角色和职责，可以避免因职责不清而导致的项目延误和冲突，确保信息化建设工作顺利进行。

（2）建立有效的沟通机制。

在信息化项目中，良好的沟通是确保各方协同合作、减少误解和冲突的重要手段。为此，可以采取以下措施：

①定期召开项目进展会议，确保各方及时了解项目的最新进展，讨论存在的问题并寻找解决方案。

②建立信息共享平台，使所有相关方能够方便地获取项目的最新信息和文档。

③设置专门的沟通渠道，确保各方在遇到问题时能够及时沟通和反馈。

（3）实施绩效考核和激励机制。

①为了激励代理人（如信息部门和各业务部门）积极投入信息化建设工作，可以实施绩效考核和激励机制。例如：

②设定明确的绩效考核指标（如项目进度、质量、成本控制等），并将这些指标与绩效奖金挂钩。通过这种方式，激励代理人按时完成项目并确保项目质量。

③提供职业发展机会和晋升通道，激励代理人在项目中表现出色。例如，项目成功实施后，表现优秀的团队成员可以获得晋升机会或更多的培训和发展资源。

④及时提供反馈和认可，通过公开表扬和奖励，激励代理人继续努力。例如，当项目进展顺利时，企业高层可以通过公开表扬、颁发奖状等形式，激励团队继续努力。

（4）加强风险管理。

信息化项目中不可避免地会遇到各种风险，特别是在第一层委托代理关系中，管理和控制风险尤为重要。为此，可以采取以下措施：

①进行全面的风险评估，识别可能影响项目的各种风险因素，并制定相应的风险应对策略。

②建立风险监控机制，定期监控和评估项目风险，确保及时发现和应对潜在问题。

③制定应急预案，在发生风险事件时能够迅速响应和处理，确保项目的连续性和稳定性。

（5）建立持续改进机制。

信息化建设是一个持续发展的过程，在项目实施过程中需要不断进行改进和优化。为此，可以采取以下措施：

①定期进行项目评估和总结，分析项目实施中的经验和教训，寻找改进的机会和方法。

②建立持续改进机制，鼓励各方提出改进建议，并及时采纳和实施。

③通过培训和学习，不断提升各方的专业知识和技能，确保项目团队具备应对复杂信

息化建设工作的能力。

④通过建立持续改进机制，可以不断优化信息化建设过程，提高项目的成功率和效果。

8. 在集团信息化项目的第二层委托代理关系中，如何通过合同设计实现风险分担，从而确保代理人积极履行职责？

解析：

在集团信息化项目中，第二层委托代理关系主要涉及企业信息部/CIO 与外部第三方（如咨询方、监理方、系统集成商、软件提供商和硬件提供商）之间的合同关系。为了使代理人和委托人的利益趋于一致，并确保代理人选择努力工作，合同的设计应当合理分担风险。以下是一些具体措施和策略：

(1)明确的职责分工和绩效指标。

在合同中，明确各方的职责分工和具体的绩效指标，是确保代理人履行职责的基础。

①职责分工：合同应详细列明各方在项目中的具体职责。例如，咨询方负责业务流程规划和信息系统建设规划，监理方负责监督项目进度和质量，系统集成商负责系统的集成和调试，软件和硬件提供商分别负责相应的产品供应和技术支持。

②绩效指标：设定具体的绩效考核标准，如项目按时交付率、系统运行稳定性、用户满意度等。通过这些指标，可以量化代理人的工作表现，并作为绩效考核的依据。

(2)合理的激励和惩罚机制。

通过在合同中设立合理的激励和惩罚机制，可以有效促使代理人积极履行职责，承担相应的风险。

①激励机制：对于按时、高质量完成任务的代理人，可以给予额外的奖励，如奖金、合同续约机会或其他形式的激励。例如，系统集成商按期完成系统集成任务并通过验收测试，可以获得额外的奖金。

②惩罚机制：对于未能达到绩效标准或出现重大失误的代理人，设立相应的惩罚措施，如扣减款项、延迟付款或终止合同。通过这种方式，可以有效约束代理人的行为，促使其严格按照合同要求履行职责。

(3)明确的风险分担条款。

在合同中，应明确各方在项目实施过程中可能面临的风险，并规定相应的风险分担条款。

①技术风险：明确规定在项目实施过程中出现技术问题时，各方的责任和义务。例如，系统集成过程中出现技术难题，系统集成商应承担相应的技术风险，并负责解决问题。

②进度风险：对于项目进度延误的风险，应在合同中设立明确的处理机制。例如，因代理人原因导致项目延误，代理人需承担相应的经济损失，并采取措施加快进度。

③质量风险：在合同中规定，若项目质量不达标，代理人需负责整改并承担相应的成本。例如，软件提供商提供的软件存在严重漏洞，需负责修复并承担相应的修复成本。

（4）建立严格的监督和评估机制。

在合同中，应规定严格的监督和评估机制，确保各方按照合同要求履行职责，并及时发现和解决问题。

①定期监督：通过定期检查和监督，确保代理人按照合同要求执行任务。例如，监理方定期检查项目进度和质量，确保各项工作按计划进行。

②独立评估：聘请独立第三方机构对项目进行评估和审计，提供客观、公正的评估报告。通过独立评估，可以有效减少信息不对称，确保项目实施的透明度和可靠性。

（5）灵活的调整机制。

在合同设计中，应包含灵活的调整机制，以应对项目实施过程中可能出现的变化和风险。

①变更管理：在合同中设立变更管理条款，规定项目实施过程中出现重大变化时，各方应通过协商调整合同条款。例如，因技术升级或市场变化导致项目需求发生变化，各方应及时调整项目计划和合同内容。

②应急预案：制订详细的应急预案，规定在发生突发事件时的处理机制和责任分担。例如，项目实施过程中出现不可抗力事件，各方应按照合同约定，共同应对并分担相应的风险和损失。

第 4 章思考题解析

1. 请解释委托代理风险的概念，并详细描述委托风险和代理风险的不同之处。

解析：

委托代理风险是指在委托代理关系中，由于委托人和代理人之间的利益不一致以及信息不对称等原因，可能导致代理人采取不利于委托人的行为，从而给委托人带来的风险。委托代理风险进一步可以分为委托风险和代理风险。

（1）委托风险：委托风险是指委托人在选择和监督代理人过程中所面临的风险。这种风险主要来源于委托人自身的限制和外部环境的影响，导致他们可能无法选择到合适的代理人，或无法有效地监督和约束代理人的行为。委托风险主要包括以下两个方面：

选择不力：由于委托人的信息不对称或评估能力有限，他们可能选择到不合适的代理人。这些代理人可能缺乏必要的能力或意愿来完成任务。

监督不力：委托人可能没有有效行使对代理人的监督和约束权力，导致代理人可能采取不利于委托人的行为，从而损害委托人的利益。

（2）代理风险：代理风险是指代理人在追求自身利益最大化时，可能采取不利于委托人的行为，导致委托人的利益受损。这种风险是存在委托代理关系的情况下不可避免。代理风险通常表现为：

道德风险：代理人可能由于道德水平较低而进行欺诈、不诚实或其他不道德的行为，以获取个人利益。

逆向选择：代理人在信息不对称的情况下，可能选择隐瞒或夸大信息，以获取更有利的合同或条件。

委托风险和代理风险是相互关联的，委托风险的存在会直接影响代理风险。例如，如果委托人选择了不合适的代理人(选择不力)，那么代理人更有可能采取不利于委托人的行为，从而增加代理风险。

2. 委托代理风险产生的原因有哪些？请结合集团信息化项目进行具体分析。

解析：

委托代理风险产生的原因主要包括以下几个方面：

(1)所有权和经营权的分离：在集团信息化项目中，所有权和经营权的分离是委托代理问题产生的根本原因。所有者(股东)将经营权委托给管理者(代理人)，管理者负责具体的运营和决策。然而，管理者的目标和所有者的目标不完全一致，管理者可能更倾向于追求自身利益，而不是股东利益。这种情况下，管理者可能采取风险较高或不道德的行为，从而产生委托代理风险。

(2)信息不对称：信息不对称是指委托人无法完全掌握代理人的信息。在集团信息化项目中，委托人可能无法充分了解代理人的实际能力、努力程度和工作进展。即使通过一定的监督手段来减少信息不对称，监督成本和技术的限制使得完全透明的信息共享变得困难。代理人可能利用信息不对称采取有利于自己的行为，增加了委托代理风险。

(3)监督成本：在集团信息化项目中，监督成本是指委托人对代理人进行监督所需的资源和精力。由于信息化项目的复杂性和规模，监督代理人的成本较高。委托人在追求利益最大化时，可能会降低对代理人的监督力度，以节省成本。然而，这种行为会降低对代理人的约束，增加代理人采取不利行为的可能性，进而提高委托代理风险。

(4)激励机制的不健全：激励机制的设计直接影响代理人的行为。如果激励机制设计不合理，可能会挫伤代理人的工作积极性，甚至导致代理人为了自身利益而损害委托人的利益。在集团信息化项目中，若没有有效的激励机制来平衡代理人的个人利益和项目目标，代理人可能选择偷懒或采取其他不利行为。

(5)责任不对等：在集团信息化项目中，委托人和代理人之间的责任不对等也是风险产生的原因之一。通常，委托人承担更多的风险和责任，而代理人承担较少的后果。这种不对等会降低对代理人的约束力，使其更容易采取不利于委托人的行为。

结合具体案例，例如在一个大型集团的信息化项目中，高层管理者(委托人)委托信息技术部门(代理人)实施新的信息系统。由于高层管理者无法全面了解技术细节(信息不对称)，且监督技术部门的成本较高(监督成本)，技术部门可能会选择较为简单的技术方案或推迟项目进度，以减少自身工作量。如果没有有效的激励机制来激励技术部门努力工作(激励机制不健全)，以及责任分配不明确(责任不对等)，则可能导致项目失败或未能达到预期目标，进而产生较高的委托代理风险。

3. 信息不对称在委托代理关系中有哪些具体表现？在集团信息化项目中可以如何减轻信息不对称带来的风险？

解析：

信息不对称在委托代理关系中的具体表现包括以下几个方面：

（1）信息获取不完全：委托人无法全面获取代理人的信息，包括代理人的能力、工作努力和决策依据。在集团信息化项目中，委托人可能无法充分了解信息技术部门的技术能力、资源配置和实际执行情况。

（2）信息传递不对称：信息在传递过程中可能会失真或遗漏，导致委托人无法准确掌握代理人的真实情况。代理人可能选择性地传递信息，夸大自己的努力程度或隐瞒问题。在集团信息化项目中，技术部门可能会夸大项目进展，掩盖实际的延误或问题。

（3）信息处理能力有限：委托人可能由于自身信息处理能力的限制，无法全面分析和利用从代理人处获取的信息。这使得委托人难以做出准确的判断和决策。在集团信息化项目中，委托人可能无法充分理解复杂的技术报告和数据分析，导致决策失误。

为了减轻信息不对称带来的风险，可以采取以下措施：

（1）加强信息透明度：提高信息透明度是减少信息不对称的关键。可以通过建立完善的信息共享机制，确保代理人及时、准确地报告项目进展和问题。例如，在集团信息化项目中，可以建立定期汇报制度，要求技术部门定期提交详细的项目进度报告和风险评估。

（2）建立有效的监督机制：有效的监督机制可以减少信息不对称带来的风险。委托人可以通过内部审计、外部审计和第三方评估等手段，对代理人的行为进行监督和评估。在集团信息化项目中，可以引入独立的第三方咨询公司，对项目进展和技术方案进行审查和评估。

（3）提高信息处理能力：委托人应提高自身的信息处理能力，增强对技术报告和数据分析的理解能力。可以通过培训和引进专业人才，增强委托人团队的技术能力。在集团信息化项目中，高层管理者可以参加信息技术培训，了解基本的技术概念和项目管理方法，以便更好地理解和评估项目进展。

（4）设计合理的激励机制：合理的激励机制可以激励代理人提供真实的信息和努力工作。可以根据项目进展和绩效指标，设计相应的奖励和惩罚措施，确保代理人行为符合委托人的期望。在集团信息化项目中，可以根据项目的里程碑节点和完成质量，设定奖励和奖金，激励技术部门按时保质完成任务。

4. 如何通过设计合理的激励机制来减少集团信息化项目中的委托代理风险？请举例说明。

解析：

合理的激励机制是减少集团信息化项目中委托代理风险的重要手段。通过科学设计激励机制，可以激励代理人努力工作，确保其行为符合委托人的利益，从而降低委托代理风险。设计合理的激励机制可以从以下几个方面入手：

绩效考核与奖励：建立基于绩效的考核和奖励机制，将代理人的薪酬和奖励与其工作绩效直接挂钩。例如，在集团信息化项目中，可以设定明确的项目里程碑和关键绩效指标（KPIs），如项目进度、预算控制和质量标准。技术部门在每个阶段达到预期目标后，可以获得相应的奖金和奖励。

长期激励机制：设计长期激励机制，如股权激励或期权计划，将代理人的长期利益与公司的长期发展绑定。这可以激励代理人关注长期目标，而不仅仅是短期利益。在集团信息化项目中，可以为关键技术人员提供股权激励，鼓励他们在项目完成后继续致力于公司的信息化建设和发展。

负面激励措施：设定明确的惩罚措施，对于未能完成任务或违反合同约定的代理人，实施相应的惩罚措施。例如，在集团信息化项目中，可以规定如果技术部门未能按时完成某个里程碑任务，将扣减相应的奖金或罚款。

透明的沟通与反馈：建立透明的沟通和反馈机制，确保代理人及时了解委托人的期望和要求，委托人也能及时了解代理人的工作进展和困难。例如，在集团信息化项目中，可以定期召开项目进展会议，双方共同讨论项目进展、存在的问题和解决方案，确保项目按计划顺利进行。

参与感与责任感：提高代理人的参与感和责任感，使其对项目的成功充满责任感和成就感。例如，在集团信息化项目中，可以让技术部门参与项目规划和决策过程，充分听取他们的意见和建议，使其对项目目标和计划有更深入的理解和认同。

培训与发展机会：提供培训和发展机会，提升代理人的能力和素质，使其具备更高的工作效率和解决问题的能力。例如，在集团信息化项目中，可以定期组织技术培训、项目管理培训和职业发展培训，帮助技术人员提升技能和知识，增强其解决复杂问题的能力。

举例说明：假设某大型集团公司正在实施一项全面的信息化项目，涉及多个部门和子公司的协调和合作。为了减少委托代理风险，公司设计了一套合理的激励机制：

绩效考核与奖励：公司设定了详细的项目进度计划和关键绩效指标（KPIs），如项目里程碑完成时间、预算控制和系统稳定性等。技术部门在每个阶段达到预期目标后，可以获得相应的奖金和奖励。例如，完成第一阶段系统需求分析后，技术部门可以获得 10% 的项目奖金。

长期激励机制：公司为关键技术人员提供股权激励计划，技术人员可以在项目完成后获得一定比例的公司股权。这激励他们关注项目的长期成功，而不仅仅是短期目标。例如，项目经理在项目完成后，可以获得公司 0.5% 的股权。

负面激励措施：公司规定如果技术部门未能按时完成某个里程碑任务，将扣减相应的奖金或罚款。例如，如果系统开发阶段未能按时完成，将扣减技术部门 5% 的项目奖金。

透明的沟通与反馈：公司定期召开项目进展会议，技术部门和管理层共同讨论项目进展、存在的问题和解决方案。管理层及时了解技术部门的困难，并提供必要的支持和资源，确保项目顺利进行。

参与感与责任感：公司邀请技术部门参与项目规划和决策过程，听取他们的意见和建议，使其对项目目标和计划有更深入的理解和认同。技术人员感受到自己的意见被重视，增强了责任感和成就感。

培训与发展机会：公司定期组织技术培训、项目管理培训和职业发展培训，提升技术人员的能力和素质。例如，公司邀请外部专家进行系统架构设计和项目管理培训，帮助技术人员提升技能和知识，增强解决复杂问题的能力。

5. 请解释委托代理风险模型的基本要素，并分析这些要素在集团信息化项目中的具体表现。

解析：

委托代理风险模型的基本要素包括以下几个方面：

(1) 代理人的行动组合 (a)。

代理人的行动组合指的是代理人在执行任务时可能采取的所有行动的集合。理论上讲，行动组合可以是任何维度的决策变量，但在实际研究中，通常简化为一维的连续变量，代表代理人的努力程度。例如，在集团信息化项目中，代理人可能会选择不同的工作态度和方法来完成任务，这些都属于行动组合的一部分。

(2) 自然状态变量 (θ)。

自然状态变量表示项目过程中不可控的外部环境因素。例如，市场环境、政策变化、技术进步等都会影响项目的进展和结果。在信息化项目中，自然状态变量可能包括技术的成熟度、市场的需求变化、政策的支持力度等。

(3) 代理人行为的可观测结果 (x)。

代理人的行为结果通常由代理人的努力程度和自然状态变量共同决定。在信息化项目中，这些结果可以是项目的进展情况、关键里程碑的完成度、系统的稳定性和性能等。

(4) 收益函数 (π)。

收益函数表示的是代理人在一定努力程度和自然状态变量下所能产生的总收益。在信息化项目中，收益函数可能包括项目的成本节约、效率提升、市场竞争力增强等多个方面。

(5) 代理人的努力成本 $(c(a))$。

代理人的努力成本是指代理人在执行任务过程中所付出的成本，包括时间、精力和资源等。在信息化项目中，代理人的努力成本可能涉及学习新技术的时间成本、加班的精力消耗、额外资源的投入等。

(6) 委托人的激励合同 $(s(x))$。

委托人的激励合同是指根据代理人行为结果所制定的奖励或惩罚机制。在信息化项目中，激励合同可能包括绩效奖金、项目成功后的股份分红、失败后的责任追究等。

(7) 委托人和代理人的收益期望函数 (E_p, E_a)。

委托人和代理人的收益期望函数分别表示委托人和代理人在不同努力程度和环境条件下的期望收益。在信息化项目中，委托人的收益期望函数可能是项目成功后带来的公司整体收益增长，而代理人的收益期望函数可能是基于绩效的奖金或提升。

(8) 参与约束 (participation constraint)。

参与约束指的是代理人在接受委托时，其期望收益必须大于或等于不接受委托时的收益。在信息化项目中，代理人(如项目经理或团队)需要确保所获得的报酬和激励足够吸引他们投入足够的努力。

(9)激励相容约束 (incentive compatibility constraint)。

激励相容约束是指在任何激励合同下，代理人总是会选择使自己期望收益最大化的行动。在信息化项目中，激励相容约束确保代理人不会因为个人利益而采取损害项目整体利益的行动。

集团信息化项目中的具体表现

在集团信息化项目中，这些基本要素具体表现如下：

(1)代理人的行动组合(a)。

代理人在信息化项目中的行动组合可能包括选择不同的软件供应商、采用不同的技术方案、调配团队资源等。例如，项目经理可以选择是亲自监督每个任务，还是依赖下属的反馈来管理项目。

(2)自然状态变量(θ)。

项目外部环境如市场需求的变化、政府政策的调整、技术进步等都会影响信息化项目的成败。比如，某项新技术的突然兴起可能使原有的技术方案失效，从而影响项目的进展。

(3)代理人行为的可观测结果(x)。

信息化项目的可观测结果包括项目的里程碑进展、系统的稳定性、用户满意度等。例如，项目上线后系统的稳定性和用户反馈都是衡量代理人行为结果的重要指标。

(4)收益函数(π)。

信息化项目的收益可以表现为企业运营效率的提升、市场竞争力的增强、客户满意度的提高等。比如，通过实施新的信息管理系统，企业的订单处理效率提高了30%，这就是收益函数的具体表现。

(5)代理人的努力成本($c(a)$)。

项目实施过程中，代理人需要付出的努力成本包括学习新系统、适应新流程、投入额外的工作时间等。例如，项目团队为了确保系统按时上线，可能需要加班加点，增加了时间和精力的投入。

(6)委托人的激励合同($s(x)$)。

在信息化项目中，委托人可能会设计一系列激励措施来鼓励代理人。例如，项目成功上线并达到预期效果后，团队成员可以获得额外奖金；如果项目延期或效果不佳，项目经理可能会面临绩效考核的压力。

(7)委托人和代理人的收益期望函数(Ep, Ea)。

委托人的收益期望函数包括项目成功后企业整体收益的增加，而代理人的收益期望函数包括基于项目绩效的奖金和职业发展机会。比如，成功的项目实施可能使企业市场份额提升，项目经理则可能获得升职机会。

(8)参与约束 (participation constraint)。

参与约束要求代理人在接受项目委托时，其预期收益不能低于不接受项目时的收益。例如，项目经理在接受信息化项目时，需要确保其付出的努力和承担的风险能得到足够的回报，否则可能会拒绝参与项目。

（9）激励相容约束（incentive compatibility constraint）。

激励相容约束确保代理人在追求自身利益最大化时，其行为也有利于项目的成功。例如，设计合理的绩效考核制度，使代理人在实现个人绩效目标的同时，也推动了项目的整体进展。

6. 在集团信息化项目中，如何通过优化委托代理链的层次结构来减少信息不对称带来的风险？

解析：

信息不对称是委托代理关系中的一个核心问题，具体表现为委托人无法完全了解代理人的能力、努力程度和行为结果。这种信息不对称可能导致代理人在追求自身利益时损害委托人的利益。在集团信息化项目中，信息不对称的具体表现包括：

（1）代理人能力的不确定性。

委托人可能无法准确评估代理人的技术能力和项目管理能力。例如，某些团队成员可能声称具有某项技术的专业知识，但委托人无法验证其实际能力，导致项目质量和进度无法保证。

（2）努力程度的不确定性。

委托人无法实时监督代理人的工作努力程度。例如，项目经理可能无法监控每个团队成员的工作时间和投入力度，导致部分成员可能偷懒或投入不足。

（3）行为结果的不确定性。

委托人可能无法及时了解代理人行为的结果。例如，项目中的某些问题可能被代理人隐瞒，导致项目进度延误或质量问题在后期才被发现。

为了减少信息不对称带来的风险，可以通过优化委托代理链的层次结构。具体措施包括：

（1）减少委托代理链的层次。

通过减少中间环节，直接监督和管理代理人。例如，企业高层管理者可以直接参与关键项目决策，减少信息传递过程中的损耗和扭曲。这样可以确保高层管理者能够及时了解项目进展，减少信息不对称带来的风险。

（2）增强信息透明度。

通过建立透明的信息共享机制，使委托人能够实时获取代理人的工作进展和行为结果。例如，实施项目管理信息系统，实时监控项目进度、任务完成情况和资源使用情况，使委托人能够及时发现和解决问题。

（3）强化监督机制。

增加监督和审计环节，确保代理人的行为符合预期。例如，设立独立的审计团队，定期审查项目进展和代理人行为，确保代理人按要求履行职责。同时，可以通过外部专家评估项目质量, 提供客观的第三方意见。

（4）设计合理的激励机制。

通过设计合理的激励机制, 激励代理人提高工作努力程度。例如, 设置明确的绩效考核指标, 将代理人的绩效与项目结果直接挂钩, 确保代理人在追求自身利益的同时, 也推动项目的成功。

（5）提升代理人的专业素质。

通过培训和发展计划, 提高代理人的专业素质。例如, 企业可以定期组织技术培训和项目管理培训, 提升代理人的技能和能力, 减少因能力不足带来的风险。

7. 在集团信息化项目中, 如何设计一个合理的委托代理激励机制, 以兼顾代理人的努力成本和初始委托人的激励因素？

解析：

设计合理的委托代理激励机制, 需考虑以下几个原则：

（1）激励相容。

确保代理人在追求自身利益时, 其行为也有利于委托人的目标。例如, 设定明确的绩效指标和奖励制度, 使代理人在实现个人绩效目标的同时, 推动项目的整体成功。

（2）公平合理。

确保激励机制公平合理, 避免代理人因觉得待遇不公而降低工作积极性。例如, 根据不同岗位和职责的工作量和复杂程度, 设定不同的绩效考核标准和奖励金额。

（3）激励适度。

激励应当适度, 避免过度激励带来的负面影响。例如, 过高的奖励可能导致代理人追求短期利益, 忽视长期目标；而过低的激励则可能无法充分调动代理人的积极性。

激励机制的具体设计, 在集团信息化项目中, 可以采用以下具体措施设计合理的激励机制：

（1）绩效考核与奖励。

根据项目的关键里程碑和任务节点, 设定明确的绩效考核指标。例如, 完成某一关键任务后, 团队成员可以获得相应的奖金；项目按时上线并达到预期效果, 项目经理可以获得额外奖励。

（2）股权激励。

对于核心团队成员, 企业可以考虑实施股权激励计划。例如, 项目成功实施后, 给予项目经理和核心技术人员一定比例的公司股份, 激励他们在项目中付出更多努力。

（3）职业发展机会。

提供职业发展机会也是一种有效的激励措施。例如, 项目成功后, 项目经理和关键团队成员可以获得晋升机会, 激励他们在项目中表现出色。

（4）团队激励。

除了个人激励外, 还可以设定团队激励措施。例如, 项目团队整体表现优秀时, 团队所有成员可以共享奖金或其他福利, 增强团队凝聚力和合作精神。

（5）及时反馈和认可。

及时的反馈和认可也是激励的重要手段。例如，项目进展顺利时，企业高层可以通过公开表扬、颁发奖状等形式，激励团队继续努力。

8. 在集团信息化项目中，如何利用现代技术手段改进委托代理风险管理？

解析：

随着技术的进步，越来越多的现代技术手段被应用于项目管理，以改进委托代理风险管理。以下是一些主要的技术手段及其应用：

（1）大数据分析。

大数据分析可以帮助企业从大量数据中提取有价值的信息，用于风险评估和决策支持。例如，通过分析项目历史数据、市场趋势和竞争对手动态，企业可以更好地预测项目风险并制定应对策略。

（2）人工智能和机器学习。

人工智能和机器学习技术可以用于自动化风险检测和预测。例如，通过训练模型，企业可以识别出潜在的项目风险，如代理人行为异常、项目进度延迟等，并提前采取措施加以应对。

（3）区块链技术。

区块链技术可以提高信息透明度和数据的不可篡改性，增强信任机制。例如，企业可以使用区块链技术记录项目关键数据和合同条款，确保所有参与方都能访问真实、透明的信息，减少信息不对称和道德风险。

（4）物联网（IoT）。

物联网技术可以实时监控项目执行情况和关键指标。例如，通过安装传感器和智能设备，企业可以实时收集项目现场数据，如设备运行状态、环境条件等，确保项目按计划进行，并及时发现和处理异常情况。

（5）云计算。

云计算提供了强大的数据存储和计算能力，支持大规模数据分析和实时信息共享。例如，企业可以利用云计算平台建立统一的数据管理系统，实时监控项目进展，快速处理和分析海量数据，提升决策效率。

将现代技术手段具体应用在委托代理风险管理中

（1）大数据分析在风险评估中的应用。

企业可以通过大数据分析，识别出项目中的关键风险因素。例如，分析项目历史数据、市场趋势和竞争对手动态，预测项目的潜在风险，并制定相应的应对策略。例如，发现某个阶段的项目进度经常延迟，企业提前安排了更多资源以应对可能的风险。

（2）人工智能和机器学习在自动化风险检测中的应用。

企业可以利用人工智能和机器学习技术，自动化检测和预测项目风险。例如，通过训练模型，识别出代理人行为异常、项目进度延迟等潜在风险，提前采取措施加以应对。例如，模型预测某个子公司的项目进度可能出现延迟，企业立即派遣专家团队进行现场支持，确保项目按时完成。

（3）区块链技术在提高信息透明度中的应用。

企业可以利用区块链技术，记录项目关键数据和合同条款，确保所有参与方都能访问真实、透明的信息。例如，使用区块链技术记录项目的里程碑进展、资源使用情况和合同履行情况，减少信息不对称和道德风险。

（4）物联网技术在实时监控中的应用。

企业可以利用物联网技术，实时监控项目执行情况和关键指标。例如，安装传感器和智能设备，实时收集项目现场数据，如设备运行状态、环境条件等，确保项目按计划进行，并及时发现和处理异常情况。例如，通过物联网技术监控设备的运行状态，企业及时发现并修复了潜在的故障，避免了项目进度的延误。

（5）云计算在数据管理中的应用。

企业可以利用云计算平台，建立统一的数据管理系统，实时监控项目进展。例如，通过云计算平台，企业可以快速处理和分析海量数据，提升决策效率，并通过实时信息共享，确保项目团队的协同工作。例如，云计算平台实现了项目数据的实时更新和共享，各部门和子公司可以随时获取最新的项目进展信息，确保项目团队的高效协同。

第 5 章思考题解析

1. 在集团信息化项目中，如何通过优化内部激励机制提升员工的工作积极性和项目成功率？

解析：

（1）物质激励。

物质激励是最直接、最基本的激励方式，主要包括薪酬、奖金、股票和福利等形式。在集团信息化项目中，可以通过以下方式优化物质激励：

薪酬激励：将员工的薪酬与其工作绩效挂钩，制定明确的绩效考核标准和薪酬分配方案，使员工的努力与回报成正比。

奖金激励：设立项目奖金，根据项目进展情况和员工的贡献度分配奖金，激励员工在项目中的积极表现。

股票激励：对于核心员工和高层管理人员，可以采用股票期权等长效激励手段，使其与公司的长期发展利益绑定，激发其工作的主动性和责任感。

福利激励：提供全面的员工福利，如健康保险、带薪休假、培训机会等，提高员工的工作满意度和归属感。

（2）非物质激励。

非物质激励通过满足员工的精神需求和自我实现需求，提升其工作积极性。以下是优化非物质激励的具体策略：

成就激励：设定具有挑战性的工作目标，使员工在完成任务时能够获得成就感。通过评选优秀员工、颁发荣誉证书等方式，激励员工不断进取。

情感激励：营造良好的工作氛围，建立和谐的团队关系，使员工在工作中感受到尊重和支持。通过团队建设活动、员工关怀计划等方式，增强员工的归属感和凝聚力。

能力激励：提供持续的学习和发展机会，帮助员工提升专业技能和综合素质。通过培训、进修、岗位轮换等方式，激发员工的学习动力和成长欲望。

环境激励：创造舒适的工作环境和良好的办公条件，使员工在工作中保持积极的心态。提供人性化的工作场所、舒适的办公设施和丰富的办公资源，提升员工的工作效率和满意度。

（3）激励机制的整合。

为了实现最佳的激励效果，需要将物质激励和非物质激励有机结合，形成综合的激励机制。具体措施包括：

设立综合绩效考核体系：将物质激励和非物质激励纳入统一的绩效考核体系，通过量化指标和定性评价相结合的方法，全面评估员工的工作表现。

建立激励反馈机制：定期进行激励效果评估和员工满意度调查，及时了解员工的需求和反馈，持续改进激励策略。

个性化激励方案：根据员工的个体差异和工作特性，制定个性化的激励方案，做到因人而异、因岗施策，最大限度地激发员工的潜力和创造力。

通过优化内部激励机制，能够有效提升员工的工作积极性，增强其对集团信息化项目的投入度和责任感，从而提高项目的成功率和实施效果。

2. 如何通过委托代理理论的框架有效治理集团信息化项目中的风险？

解析：

在集团信息化项目的风险治理中，委托代理理论提供了一个有效的框架，通过规范和约束代理人的行为，最大化初始委托人的期望效益，同时降低项目风险。这个框架主要包括代理人的选择、内部激励和控制、风险分担和监督机制四个方面。

（1）代理人的选择。

代理人的选择是风险治理的基础，因为代理人的素质和努力程度直接影响项目的成功。为了降低项目风险，企业应建立严格的代理人选择机制。在选择过程中，进行背景调查和能力评估是必不可少的环节。通过详细的背景调查，可以了解候选人的历史表现和专业能力。能力评估则可以帮助企业确定候选人是否具备完成项目所需的技能和经验。此外，设立试用期也是一种有效的筛选手段，通过试用期的实际工作表现，企业可以评估代理人的适应能力和执行力。提供必要的培训和职业发展机会，提升代理人的专业能力和项目管理水平，也有助于降低风险。

（2）内部激励和控制。

在集团信息化项目中，内部激励和控制机制可以有效提升员工的积极性和工作效率。内部激励机制通过制定绩效奖金、晋升机会和荣誉奖励等措施，激发员工的积极性和创造性。例如，通过实施绩效奖金制度，企业可以激励员工积极参与项目，提高工作效率和项目成功率。内部控制机制则通过建立跨部门协作机制和企业文化建设，促进信息部与其他部门的沟通与合作，形成合力推进项目。定期审查和反馈机制也是内部控制的重要组成部分，可以确保项目按计划推进，及时发现并解决潜在问题。

（3）风险分担。

风险分担机制在委托代理关系中扮演着"保险"的角色，通过合理的契约设计，实现各方的风险分担。通过将项目收益与代理人的绩效挂钩，企业可以激励代理人积极参与风险治理。例如，通过设计合理的契约条款，明确各代理人的责任和义务，将项目风险分散到各个代理人中，减少初始委托人承担的风险。此外，引入保险和对冲工具也可以为信息化项目提供额外的风险保障，进一步降低风险。

（4）监督机制。

监督机制在风险治理中至关重要，通过减少报酬结构中的效率损失，确保代理人的行为符合预期。单纯的激励机制无法完全控制代理人的行为，因此必须建立有效的监督机制。通过定期审计、项目进度检查和绩效评估等措施，企业可以确保代理人行为符合预期。例如，通过定期的内部审计，可以及时发现并纠正项目中的潜在问题，确保项目的顺利推进。提高信息透明度，确保各级代理人和委托人之间的信息对称，减少信息不对称带来的风险，也是监督机制的重要内容。

3. 集团信息化项目中的代理人选择模型如何建立？其综合评价因素有哪些？

解析：

在集团信息化项目中，代理人选择模型的建立是确保项目成功的重要环节。代理人的综合素质评价结构分为两部分：道德素质和技术能力。根据不同类型的代理人，其评价因素有所不同。

对于信息部/CIO 而言，道德素质主要参考其过去在集团公司的工作努力程度和忠诚度，技术能力主要通过对其信息化相关知识和经验、管理协调能力等进行评估。对于第三方代理人，道德素质主要通过代理人的声誉、企业的信用度等来衡量，技术能力则主要表现为代理人的技术投资、企业规模、企业资质、企业等级以及信息化相关项目经验。

基本思路

代理人的选择包括中间委托人（如信息部/CIO）和第三方代理人（如信息化咨询方、监理、系统集成方）。选择过程需要对潜在代理人的素质和能力进行全面评估。通过专家打分的方法，综合评价各个代理人的表现。主要步骤包括确定评价因素、分配各指标的权重以及确定专家评分的权重。

代理人综合评价因素

代理人的综合素质评价因素分为主观因素和客观因素。主观因素主要是代理人的道德水平，而客观因素则是其技术能力。对信息部/CIO 而言，道德素质包括工作努力程度、忠诚度和思想道德素质；技术能力则包括信息化相关知识、信息化相关经验和管理协调能力。对于第三方代理人，道德素质通过其声誉和信用度来衡量；技术能力则体现在技术投资、企业规模、企业资质、企业等级和相关项目经验上。通过这些评价因素，能够全面评估代理人的综合素质，为选择最合适的代理人提供依据。

代理人选择模型的基本思路是通过专家打分的方法进行，主要包括三部分：代理人综合评价因素的确定、各指标因素权重的确定和专家权重的确定。基本模型如下：

假设第一层中的评价因素记为 F_j，如道德素质和技术能力，每个因素有其权重 r_j。

假设 F_j 下的子因素记为 F_{jl}，如在第三方代理人的综合评价中，市场声誉作为一个子因素，其权重为 r_{jl}。

第一层中有 n_1 个评价因素，F_j 下包括有 n_{2j} 个评价因素。

设有 $m(m \geq 2)$ 位专家参与评分，每位专家的评分权重为 w_i，第 i 位专家对第 k 个潜在代理人的评分为 M_{ik}。

最后，设第 k 个潜在代理人的综合得分为 $\mathrm{Score}(k)$.

在评价过程中，上一级的因素得分依赖于其下一级的子因素得分，因此专家评分针对最底层的因素。专家对代理人的评分计算如下：

$$M_{ik} = \sum_{j=1}^{n_1} r_j \Big(\sum_{l=1}^{n_{2j}} r_{jl} F_{jl} \Big)$$

综合得分为：

$$\mathrm{Score}(k) = \sum_{i=1}^{m} w_i M_{ik} = \sum_{i=1}^{m} w_i \Big(\sum_{j=1}^{n_1} r_j \Big(\sum_{l=1}^{n_{2j}} r_{jl} F_{jl} \Big) \Big)$$

4. 集团信息化项目中的风险分担机制如何设计？信息不对称条件下的风险分担如何实现？

解析：

集团信息化项目中的风险分担机制是确保项目成功的重要手段。风险分担机制主要通过将项目收益与代理人的收益相关联，将项目风险分散到各个代理人中，从而减少初始委托人承担的风险。

在信息对称的条件下，委托人可以完全观测到代理人的行为，通过制定强制合同确保代理人选择最优努力程度。然而，在信息不对称的条件下，委托人无法完全观测到代理人的努力程度，无法确定激励水平，使得代理人只能选择最符合自身利益的行为。

在信息不对称条件下，应该按照以下步骤进行设计：

步骤一：设计激励合同

假设委托人是风险中性的，代理人是风险规避的，代理人的激励合同可以表示为：

$$S_{bi}(\pi) = \alpha_i + \beta_i \pi$$

其中，α_i 为固定收入，β 为代理人从项目中获得的收益比率（$0 \leq \beta \leq 1$，也可以表示为代理人承担的风险比率）。

步骤二：计算期望效用

代理人的努力成本函数为：

$$C_b(b_i) = \frac{1}{2} \gamma_{bi} b_i^2$$

代理人的期望效益函数：

$$Eu_{bi}(s_b(\boldsymbol{\pi}) - C_b(b_i)) = E\left(\alpha_{bi} + \beta_{bi}\boldsymbol{\pi} - \frac{1}{2}\gamma_{bi}b_i^2\right) = \alpha_{bi} - \frac{1}{2}\gamma_{bi}b_i^2 + \beta_{bi}E(\boldsymbol{\pi})$$

设中间委托人的努力变量为 b_c，努力成本为 $C_c = \frac{1}{2}\gamma_c b_c^2$，期望收益为：

$$Eu_c(s_b(\boldsymbol{\pi}) - C_b(b_c)) = E\left(\alpha_c + \beta_c\boldsymbol{\pi} - \frac{1}{2}\gamma_c b_c^2\right) = \alpha_c - \frac{1}{2}\gamma_c b_c^2 + \beta_c E(\boldsymbol{\pi})$$

步骤三：确定参与约束

设第 i 个代理人的保留效用为 $\overline{u_i}$，满足条件：

$$\alpha_{bi} - \frac{1}{2}\gamma_{bi}b_i^2 + \beta_{bi}E(\boldsymbol{\pi}) = \overline{u_i}$$

同理设中间委托人的保留效用为 $\overline{u_c}$，满足条件：

$$\alpha_c - \frac{1}{2}\gamma_c b_c^2 + \beta_c E(\boldsymbol{\pi}) = \overline{u_c}$$

项目的收益为 $\boldsymbol{\pi}$，是关于代理人的努力程度 b_i 和 θ 的函数，可以简单得表示为：$\boldsymbol{\pi} = \sum_{i=1}^{n} b_i + b_c + \theta$，于是：

$$E(\boldsymbol{\pi}) = \sum_{i=1}^{n} b_i + b_c$$

初始委托人的期望收益函数为：

$$Ev\left(\boldsymbol{\pi} - \sum_{i=1}^{n} S_{bi}(\boldsymbol{\pi}) - S_c(\boldsymbol{\pi})\right) = E\left(\boldsymbol{\pi} - \sum_{i=1}^{n}(\alpha_{bi} + \beta_{bi}\boldsymbol{\pi}) - (\alpha_c + \beta_c\boldsymbol{\pi})\right)$$

可以进一步化简为：

$$E(v) = -\sum_{i=1}^{n}\alpha_{bi} - \alpha_c + \left(1 - \sum_{i=1}^{n}\beta_{bi} - \beta_c\right)\left(\sum_{i=1}^{n} b_i + b_c\right)$$

步骤四：计算最优努力水平和激励系数

通过计算可以得到代理人的最优努力水平 b_i 和委托人给出最优激励系数 β_i。

步骤五：设计和实施风险分担合同

根据上述分析结果，设计风险分担合同，使代理人的努力程度与其承担的风险和收益相关联。在信息不对称的条件下，需要根据项目的具体情况和代理人的特点，调整激励比率和固定收入，以确保代理人能够积极参与并努力工作。初始委托人需要对代理人的工作进行定期评估和监督，确保风险分担机制的有效实施。

5. 集团信息化项目的监督机制如何建立？有哪些关键的监督手段和方法？

解析：

在集团信息化项目中，监督机制的建立是确保项目成功的关键。由于激励机制本身存在效率损失的现象，必须通过建立监督机制来减少委托人的损失。监督机制的设计可以从以下几个方面进行：

（1）将中间委托人的收益与项目收益相关联。

根据影响中间委托人努力程度的因素，设定激励函数，使中间委托人的收益与项目的观测结果（如项目收益）相关联。这样可以避免中间委托人与代理人相勾结的现象发生。例如，可以设定中间委托人的收益函数为：

$$S(x_{am}) = \alpha + \beta \pi(a, b, \theta)$$

（2）将中间委托人的收益与代理人的行为相关。

为了保证中间委托人对代理人的监督力度，需要将中间委托人的收益与代理人的行为相关联。当项目进度发生严重的拖期、技术问题等，根据问题的严重性对中间委托人实施惩罚。例如，可以设定代理人行为的观测结果为 x_b，惩罚界限为 $\underline{x_b}$，当 $x_b \leq \underline{x_b}$ 时，对中间委托人进行惩罚，则收益函数变为：

$$S(x_{am}) = \begin{cases} \alpha + \beta \pi x_b > \underline{x_b} \\ \alpha + \beta \pi - \eta x_b x_b \leq \underline{x_b} \end{cases}$$

（3）充分发挥监理的作用。

监理的职责是对信息化的建设过程进行监督，对项目的实施结果肩负直接的责任。初始委托人可以通过薪酬设计的方式来减低代理人带来的风险，也可以通过监理来对整个项目进行监控，降低信息的不对称程度。在实际项目中，监控手段主要有：项目日志、项目会议记录、项目阶段报告等。

（4）发挥市场约束的作用。

根据法玛（Fama，1980）的观点，代理人在代理市场上的声誉是其激发其努力工作的因素之一。代理人现在的收入由其过去的业绩而决定，因此代理人必须对自己的行为负责。在集团信息化项目中，许多代理人都需要在代理市场进行长期的生存，因此其关注的是长远的效益，而非眼前的效益。集团公司应当充分发挥媒体的作用，使得代理人的行为对其声誉产生影响，从而达到市场对代理人行为约束的目的。通过上述监督机制的设计，可以有效减少信息不对称带来的风险，确保集团信息化项目的顺利实施。

6. 集团信息化项目中，如何应对多层次委托代理关系带来的信息不对称问题？

解析：

在集团信息化项目中，多层次的委托代理关系容易导致信息不对称问题，这对项目的成功实施构成了重大挑战。为应对这一问题，可以采取以下策略：

（1）提高信息透明度。

信息透明度是减少信息不对称的关键。可以通过以下方式提高信息透明度：

建立信息共享平台：创建一个信息共享平台，使所有参与者能够实时获取项目进展、任务分配、工作成果等信息。利用现代信息技术，如云计算和大数据分析，确保信息的准确性和及时性。

定期汇报机制：设立定期的项目汇报机制，要求各级代理人定期向上级汇报工作进展和存在的问题。通过项目会议、工作报告等形式，确保信息的透明传递。

公开监督机制：建立公开的监督机制，让各级代理人了解监督的标准和程序，减少信息不对称带来的不确定性。

（2）完善激励机制。

激励机制是减少信息不对称、提高代理人工作积极性的有效手段。可以通过以下方式完善激励机制：

绩效考核与激励挂钩：将绩效考核结果与激励措施挂钩，通过明确的绩效指标和奖励标准，激励代理人提高工作透明度和效率。

差异化激励：根据代理人的不同特点和需求，制定差异化的激励方案，激发其工作的主动性和创造性。

长期激励与短期激励结合：在激励措施中，既要考虑短期的绩效奖励，又要注重长期的职业发展和成长激励，增强代理人的责任感和忠诚度。

（3）强化监督管理。

监督管理是减少信息不对称的重要手段。可以通过以下方式强化监督管理：

内部审计与外部监督结合：建立健全的内部审计机制，同时引入第三方监督机构，对项目的各个环节进行独立审查和监督，确保信息的客观性和公正性。

分层次监督：针对不同层次的代理人，制定不同的监督方案和标准，确保监督的全面性和有效性。

实时监控与反馈机制：利用信息技术手段，建立实时监控系统，对项目的关键环节和重要节点进行实时监控，并及时反馈问题和改进建议。

（4）建立信任机制。

信任机制是减少信息不对称、提高代理人合作效率的重要保障。可以通过以下方式建立信任机制：

培养信任文化：在企业内部倡导诚信、透明、合作的文化，增强各级代理人之间的信任感和合作意愿。

契约精神的培育：通过培训和教育，提高各级代理人的契约精神，增强其对合同和协议的遵守意识。

建立长期合作关系：通过长期合作，逐步建立起稳固的信任关系，减少信息不对称带来的不确定性和风险。

7. 集团信息化项目中多层次委托代理关系的管理如何优化，以提高项目的整体效益？

解析：

在集团信息化项目中，多层次委托代理关系的管理是提高项目整体效益的关键。通过优化管理，可以有效降低信息不对称和代理问题，增强各级代理人的工作积极性和责任感。以下是优化多层次委托代理关系管理的具体策略：

（1）建立清晰的权责关系。

在多层次的委托代理关系中，明确各级代理人的权责关系是优化管理的基础。通过制订详细的项目管理方案，明确各级代理人的职责和权限，避免职责不清和推诿扯皮现象。具体措施包括：

制定项目管理手册：编制项目管理手册，详细说明各级代理人的职责、权限和工作流程，确保各方对项目目标和任务的理解一致。

签订明确的委托合同：在项目启动前，与各级代理人签订明确的委托合同，明确各方的权利和义务，确保合同的规范性和可执行性。

建立工作分工表：制定详细的工作分工表，明确各级代理人在项目各个阶段的具体任务和职责，确保工作分配的合理性和科学性。

（2）优化沟通与协调机制。

有效的沟通与协调是优化多层次委托代理关系管理的关键。通过建立畅通的信息沟通渠道和高效的协调机制，可以增强各级代理人之间的协作和配合，提高项目整体效益。具体措施包括：

建立定期沟通机制：定期召开项目例会，汇报工作进展，交流经验和问题，确保各级代理人之间的信息畅通和工作协调。

设立项目协调小组：成立专门的项目协调小组，负责处理各级代理人之间的协调问题，及时解决项目实施中的矛盾和冲突。

利用信息技术手段：借助现代信息技术手段，如项目管理软件、协同办公系统等，实现信息的实时共享和高效传递，提高沟通效率和协调水平。

（3）强化激励与约束机制。

激励与约束机制是优化多层次委托代理关系管理的重要手段。通过科学合理的激励措施和有效的约束手段，可以激发各级代理人的工作积极性和责任感，提高项目整体效益。具体措施包括：

建立绩效考核体系：根据项目目标和任务，建立科学的绩效考核体系，定期评估各级代理人的工作表现，并将考核结果与激励措施挂钩。

设立奖惩机制：制定明确的奖惩机制，对表现突出的代理人给予奖励，对工作不力的代理人进行惩罚，确保激励措施的公平性和有效性。

签订目标责任书：与各级代理人签订目标责任书，明确工作目标和任务，确保其对项目目标的高度认同和全力投入。

（4）加强监督与审计。

监督与审计是优化多层次委托代理关系管理的重要保障。通过建立健全的监督与审计机制，可以有效防范风险和纠正偏差，确保项目的规范实施和顺利推进。具体措施包括：

设立内部审计部门：成立专门的内部审计部门，定期对项目实施情况进行独立审查，发现问题及时纠正，确保项目的规范运行。

引入外部审计机构：邀请第三方审计机构对项目进行独立评估和审计，提供客观公正的审计意见和改进建议。

建立监督反馈机制：设立监督反馈机制，及时收集和处理各级代理人的意见和建议，确保监督工作的透明性和公正性。

（5）培育项目管理文化。

项目管理文化是优化多层次委托代理关系管理的软实力。通过培育积极向上的项目管理文化，可以增强各级代理人的责任感和使命感，提高项目整体效益。具体措施包括：

倡导团队合作精神：在项目中倡导团队合作精神，鼓励各级代理人之间的协作与支持，形成良好的团队氛围。

树立共同的项目目标：通过宣传和教育，使各级代理人树立共同的项目目标和价值观，增强其对项目目标的认同感和责任感。

建立激励与认可机制：在项目中建立激励与认可机制，及时表彰和奖励表现突出的代理人，增强其工作积极性和责任感。

8. 如何在集团信息化项目中设计和实施有效的培训和发展计划，以提升员工技能和项目成功率？

解析：

在集团信息化项目中，设计和实施有效的培训和发展计划是提升员工技能和项目成功率的重要手段。通过系统化的培训和持续的职业发展计划，可以提高员工的专业能力和综合素质，增强他们在项目中的贡献度和工作积极性。以下是具体的设计和实施策略：

（1）确定培训需求。

确定培训需求是设计有效培训计划的第一步。可以通过以下方式进行培训需求分析：

岗位分析：根据项目的具体需求，分析各岗位所需的知识和技能，确定员工需要掌握的核心能力。

技能评估：对员工现有技能进行评估，识别技能差距和需要提升的领域。可以通过问卷调查、技能测试和绩效评估等方式进行评估。

项目需求：结合项目的阶段性目标和任务，确定各阶段对员工的技能要求，制订针对性的培训计划。

（2）制订培训计划。

根据培训需求分析结果，制订系统化的培训计划。具体步骤包括：

确定培训目标：根据不同岗位和项目需求，设定明确的培训目标，确保培训的针对性和有效性。

设计培训内容：根据培训目标，设计具体的培训内容，包括基础知识、专业技能和项目管理等方面。可以结合实际案例和项目经验，增加培训的实用性和互动性。

选择培训方式：根据培训内容和员工特点，选择适当的培训方式，如课堂培训、在线学习、实操演练、工作坊和导师制等。可以采用混合培训模式，结合线上和线下的优势，提高培训效果。

制订培训计划表：根据项目进度和员工工作安排，制定详细的培训计划表，明确培训时间、地点、内容和培训师等，确保培训的有序进行。

（3）实施培训计划。

在实施培训计划时，需要关注以下几点：

确保培训质量：选择经验丰富的培训师，确保培训内容的专业性和实用性。可以邀请外部专家或内部优秀员工担任培训师，分享他们的经验和知识。

提高培训参与度：通过互动式培训、实操演练和团队活动等方式，提高员工的培训参与度和积极性。可以设置培训奖励机制，激励员工积极参与培训。

提供培训支持：为员工提供必要的培训资源和支持，如培训教材、学习资料和在线学习平台等，确保员工能够顺利完成培训任务。

(4)评估培训效果。

培训效果评估是确保培训计划成功实施的重要环节。可以通过以下方式进行培训效果评估：

反馈调查：在培训结束后，进行员工反馈调查，了解员工对培训内容、培训师和培训方式的满意度和建议。可以通过问卷调查和面谈等方式进行反馈收集。

技能测试：通过技能测试评估员工的培训成果，了解培训对员工技能提升的实际效果。可以在培训前后进行对比测试，评估培训的效果。

绩效评估：结合员工的工作绩效，评估培训对员工工作表现和项目成功率的影响。通过绩效评估，了解培训对员工实际工作的支持和帮助。

持续跟踪：对培训后的员工进行持续跟踪，了解培训对其职业发展的影响和帮助。可以通过定期面谈和绩效评估，持续关注员工的成长和进步。

(5)制订职业发展计划

在培训计划的基础上，制订员工的职业发展计划，帮助员工实现长期职业目标。具体措施包括：

设定职业发展目标：根据员工的职业兴趣和发展潜力，设定明确的职业发展目标，制订具体的发展路径和阶段性目标。

提供职业发展机会：为员工提供多样化的职业发展机会，如岗位轮换、晋升机会、跨部门交流和项目管理等，帮助员工不断提升职业能力和综合素质。

建立导师制度：通过导师制度，为员工提供职业指导和支持。导师可以是经验丰富的高管或专业人员，帮助员工规划职业发展路径，提供职业建议和支持。

定期职业发展评估：定期对员工的职业发展进行评估，了解员工的职业发展进展和需求，及时调整和优化职业发展计划，确保职业发展的持续性和有效性。

第6章思考题解析

1. 你认为集团信息化项目中应如何有效选择和管理代理人？

解析：

选择和管理代理人是成功实施集团信息项目的关键步骤之一。代理人的选择包括集团内部代理人的选择和第三方代理人的选择。集团内部代理人的选择主要通过内部选拔机制进行，从子公司抽调具有信息化建设相关经验的技术人员，成立信息部，同时各个业务部门的骨干人员也参与到各子系统的信息化建设中。在第三方代理人的选择中，T 集团采用了竞争性招标的方式，确保选择的代理人能够提供高质量的服务。选择的标准包括代理人的资质与业绩、技术能力、服务报价、项目团队素质和对招标文件的响应程度。为了保证评标结果的准确性，集团聘请了五位以上具有不同背景的内部和外部专家参与招标，并要求投标人进行答辩，最终由专家打分确定中标人。

为了确保代理人选择的有效性，T 集团采取了严格的资质审查和竞争性招标的方式。资质审查包括对代理人公司的资质认证、历史项目案例、客户评价和财务状况的全面评估。通过对代理人资质和业绩的考察，可以判断其在代理市场上的声誉和能力，从而降低选择不合格代理人的风险。竞争性招标则确保了代理人的公平竞争，选择出的代理人不仅具备良好的技术能力，还能够提供性价比高的服务。此外，合同明确了第三方代理的责任、工作范围、质量标准和交付时间，确保合作的透明性和可控性。

在管理代理人方面，T 集团通过建立绩效考核机制，对代理人的工作表现和项目完成情况进行评估。绩效考核的指标包括项目的完成质量、进度、成本控制以及团队协作能力。通过定期的绩效考核，T 集团能够及时发现和解决代理人在项目实施过程中的问题，确保项目的顺利推进。此外，集团还定期组织内部和外部审计，对项目的各个环节进行检查和评估，确保代理人按照合同要求执行任务。

2. 你认为应当如何建立有效的激励机制来推动集团信息化项目的成功实施？

解析：

为了推动集团信息化项目的成功实施，建立有效的激励机制至关重要。激励机制不仅能够提高代理人和内部员工的工作积极性，还能确保项目按时、按质完成。激励机制主要分为内部激励和外部激励两部分。

内部激励主要针对集团内部的代理人，如运营管理部的人员。集团可以通过制定合理的激励政策，包括奖金、晋升机会和绩效奖励，激励他们在信息化项目中表现出色。具体措施包括：

绩效奖励：根据项目的完成质量和进度，给予运营管理部人员相应的绩效奖励。绩效奖励应与个人绩效紧密挂钩，确保激励效果。

晋升机会：为在信息化项目中表现突出的员工提供晋升机会，激励他们继续努力工作。

物质奖励和非物质奖励：除了金钱奖励外，还可以通过表彰和荣誉称号等非物质激励措施，提高员工的工作积极性。

外部激励主要针对第三方代理人。集团可以在合同中约定完成质量和进度奖励机制，根据项目的完成情况给予第三方代理人相应的奖励。具体措施包括：

项目提前完成奖励：如果第三方代理人能够提前完成项目，并且质量达标，可以给予一定的奖金。

质量超出预期奖励：如果第三方代理人在项目实施过程中，质量超出了预期标准，可以给予额外的奖励。

长期合作激励：对于表现优异的第三方代理人，可以考虑建立长期合作关系，给予更多的项目机会。

此外，集团可以将代理人的绩效与项目的成败直接挂钩，确保他们对项目的成功负有责任。绩效评估应透明公正，激励机制应明确且具有可操作性。通过这些措施，集团能够有效激发内部员工和外部代理人的工作积极性，提高信息化项目的成功率。

3. 请阐述在集团信息化项目中如何实现风险分担和管理？

解析：

在信息化项目中，风险分担和管理是确保项目成功的重要环节。T 集团通过合同约定、保险机制和风险储备基金来实现风险分担和管理，确保项目在遇到风险时能够顺利推进。

合同约定：在与第三方代理签订的合同中，明确风险分担机制，规定各方在项目中承担的风险和责任。例如，可以在合同中约定项目延期或质量问题的责任归属及其后果。通过合同约定，确保风险在各方之间公平分担，减少由于责任不明确而引发的争议。

保险机制：集团可以为信息化项目引入保险机制，通过购买工程险、责任险等保险产品，分担可能的风险，降低企业的直接损失。例如，可以为关键设备购买保险，以应对设备损坏或故障带来的风险。保险机制能够提供额外的财务保障，确保项目在遇到风险时能够及时获得资金支持。

风险储备基金：设立项目风险储备基金，用于应对突发风险事件。风险储备基金的规模应根据项目的复杂性和风险评估结果确定。风险储备基金可以在项目遇到资金短缺或需要额外资源时提供及时的支持，确保项目的顺利推进。

信息系统监控：利用信息系统对项目进行实时监控，确保各环节的数据透明和可追溯，减少信息不对称风险。信息系统应具备数据采集、分析和报告功能，提供实时的项目状态和风险预警。例如，通过信息系统监控项目进度，及时发现和解决潜在问题，确保项目按计划推进。

定期检查和审计：定期组织内部和外部审计，对项目的各个环节进行检查和评估，确保项目按照计划推进。检查内容应包括进度、质量、成本和风险等方面，检查结果应形成报告并进行反馈。通过定期检查和审计，及时发现和纠正问题，减少风险的发生。

通过以上措施，集团能够有效实现信息化项目中的风险分担和管理，确保项目的顺利实施和目标的实现。

4. 请阐述如何通过监督机制确保集团信息化项目的顺利实施？

解析：

为了确保信息化项目的顺利实施，建立完善的监督机制。监督机制包括信息系统监控、定期检查、第三方监督和反馈机制。这些措施能够确保项目按计划推进，及时发现和解决问题，减少风险的发生。

信息系统监控：利用信息系统对项目进行实时监控，确保各环节的数据透明和可追溯，减少信息不对称风险。信息系统应具备数据采集、分析和报告功能，提供实时的项目状态和风险预警。例如，通过信息系统监控项目进度，及时发现和解决潜在问题，确保项目按计划推进。实时数据监控能够帮助管理层及时掌握项目的最新进展，做出科学决策。

定期检查和审计：定期组织内部和外部审计，对项目的各个环节进行检查和评估，确保项目按照计划推进。检查内容包括进度、质量、成本和风险等方面，检查结果应形成报告并进行反馈。通过定期检查和审计，T 集团能够及时发现和纠正问题，确保项目按计划推进。例如，在物资设备管理中，通过定期检查设备的使用情况和维护记录，确保设备管理的高效和安全。

第三方监督：引入独立的第三方监督机构，对项目实施过程进行监督和评估，确保各方履行合同义务。第三方监督机构应具有独立性和专业性，能够提供客观、公正的监督服务。例如，在铁路建设管理中，第三方监理机构负责监督施工进度、质量和安全，确保项目按照合同要求执行。第三方监督机构的引入能够增强监督的独立性和客观性，提高项目管理的透明度和公信力。

反馈机制：建立及时的反馈机制，收集项目实施过程中的问题和建议，及时进行调整和改进。反馈机制包括定期会议、报告和问卷调查等形式，确保各方及时沟通和协调。例如，通过定期召开项目协调会，及时解决项目实施过程中遇到的问题，确保项目按计划推进。反馈机制能够帮助管理层及时了解项目的进展情况和存在的问题，做出必要的调整和改进措施。

5. 你认为应如何通过集团信息化手段提升内部管理效率？

解析：

通过实施信息化项目，大大提升了集团内部管理效率，实现了数据的集中管理和业务流程的优化。信息化项目的实施使得各个业务系统实现了无缝衔接，消除了信息孤岛现象，提高了数据的实时共享和管理决策的支持能力。

首先，通过构建数据交换平台，实现了集团各业务系统的数据集成和共享。铁路运营系统、铁路建设管理系统、财务管理系统、设备管理系统和人力资源系统通过数据交换平台实现信息的互通互联。例如，铁路运营系统负责铁路运输业务的管理，包括列车调度、运行监控、票务管理和货运管理；铁路建设管理系统负责铁路建设项目的规划、实施和监控，包括工程进度、质量、成本和安全管理。各业务系统的数据通过数据交换平台进行实时更新和共享，使得管理层能够及时掌握各业务领域的最新情况，做出科学决策。

其次，信息化项目的实施使得业务流程得以优化和标准化。通过信息系统的支持，集团可以实现从手工操作向自动化管理的转变。例如，在财务管理中，通过建立统一的财务系统，实现了预算编制、资金管理、成本控制和财务报表的自动化处理，提高了财务管理的效率和准确性。在人力资源管理中，通过人力资源管理系统，规范了人员招聘、培训、绩效考核和薪酬管理等业务流程，提高了人力资源管理的效率和规范性。

此外，信息化项目还提高了集团的管理透明度和监督力度。通过信息系统的实时监控和数据分析，管理层能够及时发现和解决潜在问题，确保各项业务活动的顺利进行。例如，通过财务管理系统的实时监控，管理层能够及时发现财务数据中的异常情况，采取相应的措施加以解决；通过设备管理系统的实时监控，管理层能够及时掌握设备的使用情况和维护状态，确保设备的高效利用和安全运行。

6. 你认为应如何通过信息化手段实现业务流程的标准化和规范化？

解析：

通过实施信息化项目，集团可以成功实现业务流程的标准化和规范化，提高整体管理效率和运营水平。信息化项目的实施不仅优化了各个业务环节的操作流程，还建立了统一的标准和规范，确保各业务流程的高效运行。

首先，通过信息化手段对集团业务流程进行了全面的梳理和优化。各业务系统在实施过程中，通过对现有业务流程的分析和评估，找出存在的问题和改进的空间。例如，在铁路运营管理中，通过信息系统对列车调度、运行监控、票务管理和货运管理等业务流程进行优化，提高了业务操作的效率和准确性。在铁路建设管理中，通过信息系统对项目规划、实施和监控进行优化，实现了项目管理的标准化和规范化。

其次，通过信息化系统建立了集团统一的业务标准和操作规范。各业务系统在实施过程中，制定了详细的业务操作手册和标准操作程序，确保各业务环节按照统一的标准和规范进行操作。例如，在财务管理中，通过建立统一的财务系统，实现了财务数据的集中管理和标准化处理，确保了财务报表的准确性和一致性。在人力资源管理中，通过建立统一的人力资源管理系统，规范了人员招聘、培训、绩效考核和薪酬管理等业务流程，提高了人力资源管理的效率和规范性。

此外，信息化项目的实施还提高了业务流程的透明度和可追溯性。通过信息系统的支持，各业务环节的数据能够实时更新和共享，管理层能够及时掌握业务的最新进展情况。例如，通过设备管理系统，管理层能够实时监控设备的使用情况和维护记录，确保设备的高效利用和安全运行；通过财务管理系统，管理层能够实时掌握各项财务数据，确保财务管理的透明性和规范性。

7. 请阐述在集团信息化项目实施过程中如何应对和解决内部冲突？

解析：

在信息化项目的实施过程中，集团通过一系列的措施有效应对和解决了内部冲突，确保项目的顺利推进。内部冲突主要来源于不同部门和子公司之间的利益矛盾、资源争夺以及对新系统的适应过程中的阻力。

首先，可以通过建立良好的沟通机制，有效缓解内部冲突。在信息化项目的实施过程中，集团定期召开项目协调会议，邀请各部门和子公司的代表参与，共同讨论和解决项目实施过程中遇到的问题。通过这种方式，各部门和子公司能够及时了解项目的进展情况，提出各自的需求和建议，减少了由于信息不对称引发的矛盾。例如，在新系统上线前，集团通过多次召开协调会议，确保各部门和子公司对新系统的功能和操作流程有充分的了解，减少了上线后的适应阻力。

其次，通过利益共享机制，调动了各部门和子公司的积极性。在信息化项目的实施过程中，集团制定了明确的利益分配方案，将项目成功实施后的效益与各部门和子公司的绩效挂钩。例如，在财务管理系统的实施过程中，集团通过奖励机制，将系统上线后的效率提升和成本节约部分转化为对各部门和子公司的奖励，激励他们积极配合系统的实施和推广。

此外，通过培训和支持，帮助各部门和子公司顺利适应新系统。在信息化项目的实施过程中，集团组织了多次培训，邀请专业讲师对新系统的操作流程、功能特点和使用方法进行详细讲解，帮助各部门和子公司的员工快速掌握新系统的使用技能。例如，在人力资源管理系统上线前，集团组织了多次培训，确保各子公司的人事管理人员能够熟练操作新系统，减少了上线后的操作失误和阻力。

最后，通过建立有效的反馈机制，及时解决实施过程中遇到的问题。在信息化项目的实施过程中，集团建立了完善的反馈机制，鼓励各部门和子公司及时报告项目实施过程中遇到的问题和困难。例如，通过建立项目问题反馈平台，各部门和子公司的员工可以随时提交问题，项目管理团队会及时进行分析和解决，确保项目的顺利推进。

8. 你认为应如何通过信息化项目提升集团数据管理和决策支持能力？

解析：

通过信息化项目的实施，可以大大提升集团数据管理和决策支持能力，实现了数据的集中管理、实时监控和科学决策。

首先，通过建立统一的数据交换平台，实现了各业务系统的数据集成和共享。如：T集团信息化项目使得铁路运营系统、铁路建设管理系统、财务管理系统、设备管理系统和人力资源系统通过数据交换平台实现信息的互通互联。各业务系统的数据通过数据交换平台进行实时更新和共享，使得管理层能够及时掌握各业务领域的最新情况。例如，铁路运营系统通过数据交换平台实时更新列车调度、运行监控、票务管理和货运管理等数据，确保管理层能够及时了解运营状况。

其次，信息化项目的实施使得数据管理更加规范和高效。通过信息系统的支持，T集团实现了从手工操作向自动化管理的转变，提高了数据的准确性及及时性。例如，在财务管理中，通过建立统一的财务系统，实现了财务数据的集中管理和标准化处理，确保了财务报表的准确性和一致性。在设备管理中，通过设备管理系统，规范了设备的采购、维护和报废流程，确保了设备数据的准确性和完整性。

此外，信息化项目还提升了集团的决策支持能力。通过信息系统的实时监控和数据分析，管理层能够及时发现和解决潜在问题，确保各项业务活动的顺利进行。例如，通过财务管理系统的实时监控，管理层能够及时发现财务数据中的异常情况，采取相应的措施加以解决；通过设备管理系统的实时监控，管理层能够及时掌握设备的使用情况和维护状态，确保设备的高效利用和安全运行。信息系统还提供了强大的数据分析工具，帮助管理层进行科学决策，提高决策的准确性和有效性。

　　通过信息化项目，集团不仅实现了数据的集中管理和实时监控，还提高了管理透明度和监督力度。管理层能够通过信息系统实时掌握各业务领域的最新进展情况，做出科学决策，确保企业的高效运营和信息化目标的顺利实现。例如，通过人力资源管理系统，管理层能够实时了解人员招聘、培训、绩效考核和薪酬管理等情况，确保人力资源管理的规范性和高效性；通过财务管理系统，管理层能够实时掌握各项财务数据，确保财务管理的透明性和规范性。